U0928185

杭州师范大学人文社科优秀著作出版计划资助

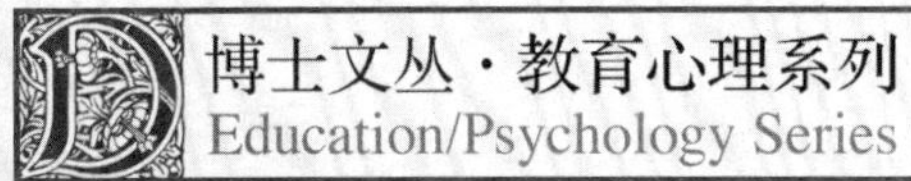

The Teacher's Curriculum Journey: Decision-making and Implementation

教师课程实施之旅：决策与执行

◎ 黄小莲 著

序

人的一生，很多事情都是一旦经过便消逝殆尽，不留任何痕迹。但有些事情，却会留在心灵的深处，成为难忘的记忆。

黄小莲是我担任博士生导师之后带的第一个提早攻博的博士生，也是我的一个学有成就的学生。我和她很有师生情缘，早在1993年，黄小莲来原杭州大学脱产进修“教育管理”本科专业，我正好成为她本科论文的指导老师，她当年的本科论文拿了优秀的等第；2006年，她报考了浙江大学“课程与教学论”全日制硕士，选我做她的硕士导师；在攻读硕士学位过程中她由于成绩优异，获得了提早攻博的资格，于是成为在学术上跟了我五年的弟子。不知谁曾经这么说过，真正好的教学是一种心灵与智慧的引导，心灵引导是一个真正意义上的教学相长的过程，不仅学生要遇上合适的导师，导师也要遇到合适的学生。在这种心灵相遇的过程中，正如美国学者帕尔默所说：师徒是人类古老的共舞舞伴，教学的一个伟大收益就在于它每天都提供给我们重返这古老舞池的机会。这是螺旋上升地发展的代际舞蹈，在此过程中，长辈以他们的经验增强晚辈的能量，年轻人以他们新的生机充实、激发年长者，在他们的接触和交流中重新编织人类社会的结构。

五年的学术历练虽说是弹指一挥间，但通过这五年的学习深造，黄小莲顺利地完成了她的博士论文《教师课程实施之旅：决策与执行》。她的整个研究主要探讨的是教师的课程实施究竟是一个怎样的过程？作者以局内人与局外人的身份踏上了探索教师课程实施的内外之旅。作为局内人，黄小莲结合自己十几年的教学经历和实践智慧，不断反思自我课程实施的内部景观，深入追问自我对课程实施本质的认识；作为局外人，黄小莲一方面以杭州卖鱼桥小学与武义县武阳中学老师的课程实施行为作为关照对象，另一方面结合了中外教师课程实施的经典案例，站在他者角度客观分析教师在课程实施中的行为与心理。在此基础上,基于复杂理论与决策理论的基础,从课程与教学整合的视角,作者将教师的课程实施隐喻为“旅”之行程。中小学教师对于国家课程实施,在课程层次上始发于领悟课程,行动于运作课程,反思于经验课程;在教学实践上是一个从备课、上课到评课的过程。教师整个课程的实施之旅是一个不断做出决策并加以执行的过程,在这一过程的不同阶段表现出了不同的决策特征。领悟课程中的备课过程体现的是一种追求满意的有限理性决策;运作课程的上课过程展现的是一种边走边看的渐进决策性格;而经验课程的反思过程则主要呈现的是一种基于问题解决的混合扫描的决策。课程实施需要教师在适当的时候,适当的情境,做出适当的决策。不同的决策导致教师不同的课程实施行为,决策的改变意味着教师课程实施行为的改变,教师课程实施行为的改变也就意味着静悄悄的变革正在自觉与不自觉中慢慢地发生。

固然黄小莲对于教师课施的研究有待进一步提升的空间还很大,但在学术研究过程中黄小莲表现的对学术的执着精神与钻研态度颇让我欣慰。现欣闻她的博士论文获“杭州师范大学人文社科优秀著作出版计划资助”得以出版,很为她高兴!虽说她的这一研究成果只是从课程决策与执行的角度对教师的课程实施进行了有限的探讨,但对于她个人的学术成长来说一定具有里程碑的意义,也一定会在她的学术生涯中留下永远无法抹去的痕迹!作为导师,希望她对学术依旧心存敬畏,不断提升自我的学术境界与学术品质,在学术旅程上留下芳香!

是为序!

刘　力

2012.6.18

摘 要

Abstract

课程实施是教师日常的学校行为。借用古德莱德(Goodlad)的分析框架,对于国家课程的实施,教师一般开始于领悟课程,行动于运作课程,反思于经验课程。教师课程实施的过程,是一个在复杂的不确定场域不断地对课程内容与实施策略做出选择并加以执行的过程,是一次次向"未知之地"的旅行。教师的课程实施旅程不一,短至一节课或一个单元的行程,也可以是一学期或一学年的旅程,但一定是贯穿整个教师生涯的长途旅行。

只要有选择,就会有决策。教师日常课程实施过程面临着大大小小、各不相同的决策,大到决策课程实施追求怎样的教育价值,小到决策课堂教学中叫谁发言。基于对M小学与W中学课程实施的田野研究以及国内外相关的课程实施案例的叙事研究,发现中小学教师在课程实施的不同阶段表现出不同的决策特征。

在领悟课程的备课阶段,教师的决策包括从"教什么"、"怎么教"到"形成教案"的过程。教师决策"教什么"主要基于对正式课程的理解与重构;对于"怎么教"的策略选择基于"风险规避"的决策心理;对"教案设计"体现的是追求"满意"的有限理性决策。

在运作课程的上课阶段,教师的决策重点一般放在"教案的调适"、"课堂秩序的管理"以及"课堂时空的调控"等方面。面对课堂情境的紧迫性和多变性,教师对于"教案调适"具有一种决策的"锚定效应";对"课堂管理"表现的是一种经验的"直觉决策";对"时空调控"体现的是一种边走边看的"渐进决策"性格。

在经验课程的反思阶段,教师通过自我或同伴课堂观察评课的方式进行"经验课程"、"运作课程"、"领悟课程"的反思,整个课程实施过程表现为基于良构和非良构问题解决的"混合扫描"的决策特征。教师课程实施的质量在很大程度上取决于教师课程实施过程中的决策水平,而教师决策水平的改善依赖于教师是否能够对自己课程实施中的决策做出反思。

同时,在课程实施的每个阶段,我国教师对待常态课和公开课的实施态度是截然不同的,居家过日子的常态课决策表现了教师课程实施的真实水平和生存状态,期望给人"眼睛一亮"的公开课虽然存在不少诟病,但确是产生决策创新思想和传播创新行为的超级高速公路。

不同的决策导致教师不同的课程实施行为,决策的改变意味着教师课程实施行为的改变,教师课程实施行为的改变也就意味着静悄悄的变革正在自觉与不自觉中慢慢地发生……教师课程实施是一个没有终点的旅程,每次回归后的重新出发,仰望星空,期待新的课程之旅是优质教学之旅,是心灵对话之旅,是智慧生成之旅;脚踏实地,优质的课程实施需要教师合理利用沿途的积极因素,化解消极因素,除了技术层面的努力,更需要教师通过向自我、向同事、向理论、向实践学习的方式解放自我,提升课程实施智慧,叙写课程实施的意义故事。教师带着经验上路,通过减少决策偏差,优化实施过程,迈步新的旅程。

关键词:教师;课程实施;有限理性决策;渐进决策;混合扫描决策

Abstract

Curriculum implementation is a teacher's daily behavior of school life. According to Goodlad's analytical framework, for implement the national curriculum, teachers usually begin in the perceived curriculum, act on the operational curriculum, reflect on the experiential curriculum. The process of a teacher's curriculum implementation is a complex and uncertain in the field of course, keep making decisions and implementing about content or strategies. It is journals to the " wonder land ". The teacher's curriculum implementation can be seen as several kinds of journey, the short one like one lesson or a unit is a short term trip, or a longer one like one semester or academic year is a long time travel, but as to the teacher's self, it must be a long-distance journey that runs through the entire teaching life.

As long as there is choice, there will be decision-making. The daily decision-making in teacher's curriculum implementation is different. Form the major aspects that what educational value to pursue of curriculum implementation to the micro aspects that who answer the question in the classroom. Based on the Field Research Programs about curriculum implementation with M primary school and W secondary school, and domestic and international narrative case studies, it is found that primary and secondary school teachers in various stages of curriculum implementation showed a different decision-making characteristics.

Teachers have experienced the understanding and reconstruction of the formal curriculum in the preparation stage. It mainly reflects the risk aversion and a quest for "satisfactory" bounded rationality decision-making for "what to teach" and "how to teach" in the "lesson plans" design.

As to the operational curriculum stages, teachers are faced the urgent and varied situation, it reflects the anchoring and adjustment heuristics for the "adaptation lesson plans", the incremental decision-making depend on the character of intuition "classroom management" and "space control".

In the experiential curriculum stage, through self and collective Class Evaluation, teachers are reflected on the whole course of the implementation process based on "the well-structured and ill-structure problem solving" mixed scanning decision-making characteristics. The quality of curriculum implementation largely depends on the level of teacher decision-making in the curriculum implementation process, and teachers decision-making improve largely depends on whether the teachers make reflection on their own decisions in curriculum implementation.

Moreover, each stage of the curriculum implementation, teacher's decision-making is different between normal class and open class. The normal class represents the true level of teachers curriculum implementation, the open class that teacher hope to give "eye-catching" brings about innovative ideas and it is the super highway of spread innovative behavior, although it is be criticized.

It is what different decision-making lead to different teacher's curriculum implementation behavior. The decision-making's transforming stands for those teachers have changed their curriculum implementation behavior, and it also means that quiet revolution is slowly occurred consciously and unconsciously... The Implement Curriculum is a never-ending journey. Everyone is looking forward to the new curriculum implementation because it is the journey of quality of instruction, of the spiritual dialogue and of the generation of wisdom. On the other side, high-quality curriculum implementation requires teachers usage of the positive factors rationally, resolve the negative factors. In addition to work hard on the technical level, it needs teachers liberate themselves through study form themselves, their colleagues, theories in books and practice. Then they would rewrite the story of curriculum implementation. With their own experiences, teachers would set foot on a new journey of curriculum implementation by reducing the decision-making bias, and optimizing the implementation process.

Keywords: Teachers; Curriculum implementation; Bounded rationality decision-making; Incremental decision-making; Mixed scanning decision-making

目　录

Contents

表目录

图目录

01 导　论

作为教师，我们都拥有对“优质课程教学”的怀想。我们希望自己的课程教学被学生称赞有加，在学生的教育旅程中留下美丽印痕；我们也希望课程教学给自身带来乐趣与满足，使自己的课程实施之旅充满生机与色彩。然后，课程教学的实施又是那样的让我们捉摸不透。有时课堂被我们演绎得风生水起，这样的课程教学让我们忍不住欢喜；有时课堂却如一潭死水，而我们却对此无能为力——“此刻的所谓教师就像无处藏身的冒牌货”(帕克·帕尔默，2008:2)。

作为教师的我们，这时很可能会扪心自问：课堂效果的飘忽不定缘于课程内容还是教学方法？通向实施优质课程教学的路在哪里？杜威(Dewey)说：思维起源于疑惑。由此，带着这种疑惑，我以局内人与局外人的身份踏上探索教师课程实施的内外之旅。旅行是一种思想关照现实的态度和思想影响现实的策略。旅行的视野带来了超越。超越是什么？“脱离传统的秩序构成了一个自我放逐的行为，一个允许灵魂自我探究的驿站，一次无拘束的旅程，该旅程没有终点，只有界定、连接和拆解，从而导致可能的转变”(胡文松，2008:29)。

1.1　研究缘起与意义

1.1.1　选题凝练

研究的选题在一定程度上反映着研究者的学术功力。课程教学论研究者应研究什么样的“问题”？我国学者吴康宁教授(2002a)认为：教育研究者所确定的“研究问题”，可从教育理论发展或教育实践改善是否迫切需要及研究者本人有无研究的欲望和热情这两个维度大致区分为“异己的问题”、“私己的问题”、“炮制的问题”及“联通的问题”四种类型。一个真正“好的”研究问题，无论对教育理论发展或教育实践改善，还是对研究者自身发展来说，都应当是“真”问题。任何真正“好的”教育研究,都必须既是教育理论发展或教育实践改善之过程的"真实的"组成部分,也是研究者自身生命运动的"真实的"组成部分。美国波士顿马萨诸塞大学教育领导系主任严文蕃教授(2010)在给浙大教育学院博士生做《完善博士论文的策略:来自 50 篇学位论文的经验建议》的学术报告时谈到,中美研究生做论文存在"大题小做"与"小题大做"[①]之别。我在决策论文选题的时候为此纠结了很久,既希望论文的选题是能够联通"自我"和"他者"的真问题;又希望选题不会因太大导致泛泛而谈,也不会因过小难以支撑 10 万以上的文字叙述;同时还要考虑研究的价值以及创新等诸多因素,在不断地关注田野、文献阅读和自我反思的穿梭中,慢慢形成了研究的主题。

个人偏好 决策并非都是理性的,决策往往基于个人的经验,而"所有的经验都是世界特征和个人传记的产物。过去通过与现在交互作用对我们的经验产生影响"(Eisner,1985:25－26)。我的选题首先缘于我的经历。做了 8 年小学语文老师,又在师范做了 10 年培养小学与学前师资的高校教师,我对"教师"话题特别有感情,也一直关注着"教师研究"。记得当年刚从师范学校毕业,青葱年少,意气风发,我曾把成为一名优秀的特级教师作为自己志业的理想。工作第一年的农村小学,除了教材教参没有任何其他的教学参考资料。当时的县城也很难买到教育类书籍。我向师范的班主任求助,她帮我从图书馆借了一本当时由山东教育出版社出版的《小学语文特级教师教案》(1988)寄给我,我如获至宝,把它一字一句一笔一画认认真真全部誊抄在我的备课笔记上,然后照着特级教师的备课思路依葫芦画瓢地上课。虽然有时觉得照着特级教师设计的提问把学生搞得一愣一愣的,当时的自我感觉还不错,当然偶尔也会思考"怎样把课上得更好"的问题。做了师范的老师,相对有了更多的时间从事研究。在培养未来小学与学前师资的问题上,我经常反思:什么能力是教师专业成长不可或缺的? 如何

---

① "小题大做"典出明、清时代科举考试,当时凡以"四书"文命题的称小题,以"五经"文命题的称大题,以"五经"化的章法作"四书"文的,便称为"小题大做"。后来用此比喻人不恰当地把小事情当做大事处理。在研究问题时如果能够小题大做,对问题的研究往往比较深入。

看待技术理性、实践理性与解放理性?① 在硕士阶段选修浙大教育学院吴华教授上的《教育决策学》时,我似乎有一种长期困惑之后的突然顿悟:教师选择课程内容与教学方法的决策能力,直接影响着他的教学质量。谢弗尔森(Shavelson,1973)也曾断言:“不管是否意识到,任何教学行为都是决策的结果,……教师最基本的教学技巧就是决策。”于是,在涉猎决策类的书籍之后,通过与导师的交流,我写出了硕士论文的开题报告《课堂教学决策:经验与科学》。

提早攻博的我,只要将硕士论文的框架加以拓展,本来是不存在选题之虞的,但事实上在博士阶段的很长一段时间里,我又为研究的切入点问题饱受煎熬。我曾以自己的经历想当然地认为,一线中小学教师对教学的关注甚于课程。但在深入田野研究的过程中,我明显地感受到老师们的话语方式正在流变,在主流的以教学词汇居多的日常交流中不断地涌入诸如课程实施、课程内容、课程评价、校本课程等代表着课程意识的词汇。小学语文特级教师王崧舟(2010:4)认为:一堂好的语文课,存在三重境界:人在课中,课在人中,这是第一重佳境;人如其课,课如其人,这是第二重佳境;人即是课,课即是人,这是第三重佳境。以我的理解,他所认为的第三重佳境,即是师生皆课程的境域。我对教师决策问题的研究是坚持教学论视角切入还是转向课程论视角?选择不同的研究视角意味着选择了不同的话语体系。我只能将这一问题作一悬置。我期待通过文献资料的进一步阅读再作决策。

文献阅读 我所悬置的视角问题,实际上牵扯到的理论问题是如何看待课程与教学的关系。英国学者奥利弗(Oliva,1992:9—13)在他的著作《发展课程》(Developing the Curriculum)对二者关系的不同理解分为二元模式(Dualistic Molel)、相互连接模式(Interlocking Model)、同心包含模式(Concentric Mod-

① 德国哲学家哈贝马斯(Habermas)在其名著《知识与人的兴趣》中区分了人的三种基本认知兴趣:技术兴趣、实践兴趣与解放兴趣,这三种兴趣对应于人的三类理性:技术(工具)理性、实践理性和解放理性。技术兴趣亦称技术理性,是“通过建立在经验性规律基础上的合规则的行动而对环境加以控制的人类基本兴趣”。它指向于外在目标,是结果取向的,其核心是“控制”——把环境作为客体、在竞争中控制环境。实践兴趣是“建立在对意义的一致性解释的基础上、通过与环境的相互作用而理解环境的人类基本兴趣”。实践兴趣指向于行为自身的目的,是过程取向的,其核心是“理解”——理解环境以便与环境相互作用。解放兴趣是“人类对解放和权力赋予的基本兴趣,这类兴趣使人们通过对人类社会之社会结构的可靠的批判性洞察而从事自主的行动。”“解放”意味着“从外在于个体的存在中获得独立”,是一种自主的状态而不是放任的状态,它整合了自主和责任。“解放兴趣”的核心是“自我反思”——通过自我反思的行为以达成解放。具体内容参见单丁.课程流派研究[M].济南:山东教育出版社,1998:75—76.

el)、循环模式(Cyclical Model)。① 对课程与教学关系进行论述另外一个具有影响力的传统来自道亦尔(Doyle，1998：486－516)，他将课程分为体制层次、项目层次和课堂层次。在体制层次，课程发挥了重要的作用；在项目层次，课程与教学发生了交叉；在课堂层次，课程与教学实际上交融在一起。道亦尔的观点在一定程度上解释了课程与教学在不同情境下的不同关系。美国学者韦德(Weade，1987)对道亦尔第三层次课程与教学的交融展开了进一步的深入研究，他视课程与教学为一个硬币的两面，为此他还生造了一个词"curriculum'n'instruction"来嫁接课程与教学这两个概念，以此来体现课程与教学的共融与共舞。但派纳(Pinar，2006)却提出："将课程与教学结合起来是历史的一个错误。"针对他的这一观点，台湾学者欧用生(2009)通过对全美教育学会历来所编著的教学研究手册和课程研究手册的深入分析，发现课程与教学的真正分道扬镳是在"再概念化"运动之后，前者开始走向理论和多元，而后者则经历了一个曲折的道路，由工具理性走向多元，再由多元回到工具理性。这种发展趋向使课程研究与教学研究渐行渐远。②

我国的课程与教学在不同的历史发展阶段也呈现出不同的关系。主要经历了三个阶段③：①教学包含课程阶段(20 世纪 80 年代之前)。在这一阶段，课程作为教学内容而存在，广大研究者和教师只意识到教学的重要性，即如何教的问题，至于教什么，似乎是不言而明的事情，或几乎是个不是问题的问题，教师根本没有课程的概念。形成这样的局面原因如下：一是受苏联教育理论体系和概念的影响，新中国成立后，在教育理论方面借用的是苏联的一套理论体系和概念范畴，只有教学论，而没有独立、专门的课程论，课程只作为教学论研究内涵的一部分，在教学论的诸多著作中，仅用一至两章的篇幅将课程作为教学内容来研究。二是受课程高度集中管理的影响。在 20 世纪 80 年代以前，我国一直实行集中统一的课程管理政策，课程基本上由国家制定，由少数人操作。地方、学校和教师基本是课程的忠实执行者，根本不需要或不会意识到需要了解如何制定课程，

---

① 对国外课程与教学关系的讨论可参阅刘力．课程与教学辨[J]．杭州教育学院学报，1999(9)：16－61；丁邦平．教学(理)论与课程论关系新探：基于比较的视角[J]．比较教育研究，2009(12)：44－45.

② 欧用生的观点转引自于泽元，靳玉乐．探寻课程与教学的复杂关系——基于第十一届两岸三地课程理论研讨会的思考[J]．课程·教材·教法，2009，(2)：24－30.

③ 关于我国课程与教学关系的探讨参见王鉴．教学论热点问题研究[M]．桂林：广西师范大学出版社，2008：69－79；王鉴．课程论热点问题研究[M]．桂林：广西师范大学出版社，2008：1－18；李定仁，徐继存．教学论研究二十年[M]．北京：人民教育出版社，2001：126－128。本文的部分观点与所参考的资料有所保留。

如何设计课程结构的问题。留给教师和研究者的只是对“法定内容”如何有效地教的问题，即采用何种方法和形式能让学生接受的问题。所以，在这一阶段，教学成为教学理论研究的焦点，课程仅作为教学内容成为教学研究的一部分。②课程研究相对独立的阶段(20 世纪 80 年代至 90 年代中期)。1981 年，全国性课程研究机构“课程教材研究所”成立，同时学术专业刊物《课程·教材·教法》创刊，标志着课程研究已经萌生了探索和独立的学科意识。在理论研究领域，有关专家相继出版了有关课程的论著，如钟启泉的《现代课程论》(上海教育出版社，1989)，陈侠的《课程论》(人民教育出版社，1989)，廖哲勋的《课程学》(华中师范大学出版社，1991)，吕达的《中国近代课程史论》(人民教育出版社，1994)，杨玉厚的《中国课程变革研究》(陕西人民教育出版社，1993)，靳玉乐的《现代课程论》(西南师范大学出版社，1995)，施良方的《课程理论——课程的基础、原理和问题》(教育科学出版社，1996)。另外，还有其他一些编译之作。1997 年全国课程专业委员会的成立暨例行年会，标志着课程作为一个独立的研究领域，即作为教育学的一个正式分支学科的重建，已基本完成。这一阶段在理论层面出现了课程与教学二元并列的研究，研究者的课程意识不断增强；在实践层面，教师们关注较多的依旧是教学问题，有关教学方法和教学模式的探讨广受欢迎。③课程与教学整合阶段(1998 年以来)。课程与教学走向整合，一方面跟国家政策导向有关，1998 年研究生目录调整，学科教学论与教学论合并，改为课程与教学论，正式成为教育学下设的二级学科。另一方面是第八次基础教育课程改革的实施、推广与深化，为课程与教学的整合提供了契机。新课程的理念要求以全新的观点来对待和理解课程与教学的关系。张华(2000)在《教育研究》上发表学术论文《课程与教学整合论》，被认为是中国内地较早研究课程与教学整合关系的学者之一。此后，一些有关课程与教学整合的研究成果先后问世，如张华的《课程与教学论》(上海教育出版社，2000)，王维臣主编的《课程与教学论》(上海教育出版社，2000)，陈时见主编的《课程与教学基本理论》(广西师范大学出版社，2001)，黄甫全主编的《课程与教学论》(高等教育出版社，2002)，马云鹏主编的《课程与教学论》(中央广播电视大学出版社，2002)，王本陆主编的《课程与教学论》(高等教育出版社，2004)，李方主编的《课程与教学论》(南京大学出版社，2005)等。但正如张华在《课程与教学论》(2000:485)后记中所说：

> 课程在本质上是一种教学事件，教学在本质上是一种课程开发过程。把课程与教学截然分开，使一方控制另一方的做法本质上是“工具”理性的产物。以学生和教师的发展为宗旨的教育应既保持课程与教学的相对独立

性,又使二者内在统一。我试图以这种"课程与教学整合论"的思路探究课程与教学领域已经有些时日。但是,不容否认的事实是:在理论界存在着两批专业人员、两个研究领域,这就形成了课程论专家与课程研究领域、教学论专家与教学研究领域,并分别积累了大量研究成果。我深深感觉到,把这两个研究领域的成果整合起来是极为困难的。

在阅读这些文献的过程中,我觉得从实践的层面看,课程与教学的真正整合体现在教师身上,课程与教学的真正交融发生在课堂。鉴于我国一直以来从教学论视角研究教师教学的成果比较丰富,我想尝试从课程与教学整合论的视角来理解教师教学的决策过程。"教育研究中存在实然性命题、应然性命题与或然性命题[①],在面对不同命题的时候,对于那些能体现自我完成和不易体现自我完成的命题,人们的兴趣是不一样的"(张楚廷,2010)。从课程与教学整合论视角理解教师的教学决策过程,我认为是一个或然性命题。或然性命题是不确定的,没有定论,它给研究者留下了自我完成的空间,人总是对未知的事物充满好奇,总是试图去探究未解之谜。

现实追问 确定了研究方向和视角,还要考虑的是研究的价值和创新程度。我不希望自己劳心费神做出来的研究仅仅只是"看上去很美",我希望我的研究在一定程度上可以直面现实,所以在现实世界追问这一问题的研究价值很有必要。放眼国际,自上个世纪50年代开始,世界范围内的新一轮教育与课程改革甚嚣尘上。美国先后发起了"学科结构运动"、"回归基础教育运动"、"高质量教育运动"以及《2000年目标:美国教育法》等一系列旨在提高学生文化知识水平,加强学生学术素养的课程改革运动;英国1988年通过了《教育改革法案》,第一次确立了国家课程,2000年提出了实施四项发展目标(精神、道德、社会、文化)和6项基本技能(交往、数的处理、信息技术、共同操作、改进学习、解决问题)的新国家课程标准;日本1989年公布了新的《学习指导纲要》,强调课程编制体现尊重个性,重视个性发展,2002年实施新的课程,力求精选教学内容,鼓励学生参与社会,提高国际意识以及学生独立思考和学习的能力;俄罗斯于1997年颁布了带有法规性的课程改革文件《普通基础教育国家教育标准(草案)》确立了俄

---

① 张楚廷教授在《教育研究中一个难以无视的问题》一文中列举了三个命题,让61位学生选最其中喜欢的一个命题。甲:教育与经济之间存在密切关系。乙:教育必须为经济服务。丙:教育与经济之间存在哪些关系?结果选丙的41人,选甲的19人,选乙的1人。甲、乙、丙分别归属于实然性命题、应然性命题与或然性命题。

罗斯国家课程标准的内容结构模式；在韩国，1997 年开始课程改革，同时引入“区别性课程”的概念，并大量开设选修课……这些都是 21 世纪的国家行动令，不再是纸上谈兵，而是以法律的强制性在全国范围内普遍推行。然而，最显而易见的，“花费 3 年、6 年或 8 年时间的努力取得的成功，其结果却是经不起风吹雨打。一旦有一两个关键人物离开，成功就可能在一夜之间消散。”（富兰，2005：19）为什么改革的成果难以在现实的土壤扎根？为什么将思想融入实践是如此复杂？以美国学科结构运动为例，有学者将这场耗资巨大的课程改革没有达到预期效果的原因归结于两个方面：第一方面是由于过分重视学术课程，课程内容和教材的编写偏深偏难，大多数学生觉得课程既难学又与毕业后的生活没有联系而对学校失去兴趣，甚至中途辍学；第二方面是由于课程改革排斥了一线教师的课程参与，无视一线教师在课程中的主体性和创造性，采取了“防教师”（teacher-proof）①的课程发展策略。课程改革该如何发挥教师的主体性？

聚焦国内，教育学人怀揣“为了中华民族的崛起，为了每一位学生的发展”的宏大理想，在进入 21 世纪的第一年开展了新中国成立以来的第八次课程改革。单就课程改革文本本身而言，堪称与国际接轨的本次课改无论在视野、理念还是设计上都有突破。但在课程实施过程中，不仅学界对之“非议”②不断，社会各界也有不同的质疑，学生的课业负担依旧是个历久弥新的话题。在课程实施的现实层面，究竟是什么因素影响着课改的成效？“教育变革的成败取决于教师的所思所为，事实就是如此简单，也是如此复杂。”（富兰：121）“教师是课程实施中的主要人物，影响课程的诸多因素往往要通过教师反映在具体的课堂教学中。教师在课堂内有至高无上的权威性和一定程度的自主性。因此，从对教师的研究入手，深入研究课程实施的过程，特别是教师在实施过程中如何对课程进行调适的，是一个被许多研究者认同的研究课程实施的恰当策略。”（马云鹏，2001）那么，处于实践层面的教师是如何影响课程改革的？我们很有必要对教师的课程实施过程进行深入的研究。

基于上述考虑，我将研究主题确定为“教师课程实施之旅：决策与执行”，期

---

① “防教师”课程发展策略，指的是由外部课程专家和学科专家开发出课程产品，然后由教师根据详尽的课程指南将课程产品推向学生，以期实现课程预定目标。

② 学界的“非议”主要指因第八次课程改革引发的“钟王之争”，王策三先生（2003）在《北京大学教育评论》发表《认真对待“轻视知识”的教育思潮——再评由“应试教育”向素质教育转轨提法的讨论》指出新课程存在轻视知识的倾向；针对王先生的观点，钟启泉、有宝华（2004）随即在《全球教育展望》发表了回应文章《发霉的奶酪——〈认真对待“轻视知识”的教育思潮〉读后感》，由此在学界展开了关于“课程知识观”、“课程改革方向”和“课程理论基础”的讨论。

望通过这一研究深入解读教师在课程实施过程中对课程教学做出的糅合着创新与执行等诸多成分的复杂决策,重点在于全面描述教师课程实施中的态度以及教学图景,为我国课程教学研究以及教师课程实施的现实建构提供一定支持。

1.1.2 研究意义

研究,已经成为人类文明的一种普遍现象。一般而言,教育的所有研究都有一个或两个目的:一是知识的拓展;二是问题解决(威廉·维尔斯曼,1997:29)。关于研究课程实施的意义,李定仁、徐继存(2004:91－92)综合我国学者(1979—1999)的观点概括为四个方面:第一,有助于发现课程计划在实施时发生了何种改变;第二,有助于了解导致课程计划成功或失败的原因;第三,有助于避免课程实施受到忽视,或与其他概念混淆;第四,有助于对学习结果以及影响学习结果的可能的决定因素作出解释。李臣之(2001)则认为课程实施的研究意义在于:第一,利于及时发现课程实施中的问题,有效指导课程实践;第二,利于完善课程理论;第三,利于设计新的课程改革方案;第四,利于课程实施方案的推广。本选题基于教师的立场展开课程实施研究,它的研究意义主要体现在以下三个方面:

理论意义 教师每天都在实施课程。然而"课程实施"迟迟没有走入课程理论研究者的视野。查阅外文资料,在 20 世纪上半叶的课程文献中,很少有"课程实施"的专门研究。当 20 世纪 50 年代末 60 年代末所进行的那场肇始于美国,影响波及全球的"学科结构运动"并未达到预期的目的,人们深入研究、系统反思这场课程变革的时候,发现花了巨额资金投入设计出来的课程,实际上根本没有得到实施。"只要课程计划完善就可以自然在实施过程中达到预期结果"的假设普遍受到质疑。70 年代以后,课程实施的研究才成为课程与教学研究的一个重要领域。在我国,新中国成立以来一直深受苏联大教学论的影响,课程研究几乎被教学研究遮蔽,对于"课程实施研究"的关注也聚焦在实施第八次课程改革的 2001 年之后。所以,开展对课程实施的系统研究,在一定程度上可以丰富国内外的"课程实施理论"。

在知识越来越被学科化切成各种碎片、科学越来越被教条化束住自身潜力的今天,不断回归教师本身、实践本身获得鲜活源泉,汲取创生时刻的伟大强力,乃是各科学术贯通发展的真正内在需要。不论倡导怎样的改革计划,也不论提供什么样的课程,在课堂里实施课程计划的是教师,这是客观存在的事实。即便这样,"直至 20 世纪 80 年代中叶,课程领域关于教师的研究近乎空白。此后,从课程研究转向教师研究,课程研究经历了另一种范式的转换。"(佐藤学,2003:384)所以,探讨基于教师立场的课程实施又在一定程度上可以丰富课程研究中的“教师研究”理论。

同时,本研究立足课程教学论领域,将管理学中的决策理论融入教师课程实施研究,将在一定程度上拓宽我们对课程实施这一研究领域的认识,实现跨学科研究的视界,对促进学科的发展将有所裨益。

实践意义 研究教师的课程实施之旅,在微观层面,有助于我们全面解读教师在复杂的实践情境下对课程实施做出判断与选择的决策过程,以及支撑教师决策的文化、心理、社会、哲学基础,理解教师带有个人经验的课程知识,促进教师的专业发展,以教师的专业发展促进优质教学,以优质教学促进学生的个性化发展。在中观层面,有助于学校改善课程实施质量,完善学校课程,提升学校品质与内涵。在宏观层面,有助于我们更好地认识我国课程实施的现状,为持续推进课程改革提供新的视角与策略,促进课程实施的现实构建。

个体意义 个人对某些问题的“思想”也许沉睡在慵懒的“历史”之河里,突然的顿悟或灵感往往发生在苦苦寻觅的研究过程的某些关键时刻,那些暂时休眠的思想会苏醒过来,帮助研究者突破思维的困顿与狭隘。学术研究的原初冲动乃是凝视永恒,将自己安顿在研究之中,不断地寻求学术与实践的力量,通过这种“活生生的当下研究活动”,应该能在一定程度上促使个体更清楚地看到“课程实施”背后的“思想”,逐步在研究过程中养成追根溯源的品性,从而在一定程度上能够更好地仰望“课程与教学的星空”,提升个体的研究素养。

1.2 研究概念释义

概念,既是思想的工具,又是思想的材料,还是思想的结果(石中英,2009)。概念是理论体系形成的基石,也是研究和解决学科理论与实践问题的逻辑起点。“概念引导我们探索”。因此,要探究教师的课程实施之旅,首先需要厘清“教师”、“课程实施”、“旅”、“决策与执行”等核心概念在本研究中的特定涵义。

1.2.1 教师

教师一词有两重含义,既指一种社会角色,又指这一角色的承担者。“教师”最初指年老资深的学者,如《史记·孟子荀卿列传》:“齐襄王时,而荀卿最为老师。”中国秦代曾以吏为师,汉代以后多以儒为师。清末兴办近代学校曾一度称教师为“教习”。西方古代的教师或者是自由民(如古希腊),或者是国家委任的官吏(如古罗马)。欧洲中世纪的教会学校,教师大多由神职人员担任。《圣经》记载:神在教会设立了八种有特别恩赐或职事的信徒,第一是使徒,第二是先知,

第三是教师,教师是把基督信仰的道理教导给信徒的人。

对于"教师"这一概念,许多学者都对其进行不同的定义。《辞海》(1989:1657)对教师的注释是"亦称'教员',在学校中担任教学工作的人员"。王道俊、王汉澜(1989:550)主编的《教育学》里解释教师"是传递和传播人类文明的专职人员,是学校教育职能的主要实施者"。全国十二所重点师范大学联合编写(2002:111)的《教育学基础》定义教师"是履行教育教学职责的专业人员,承担教书育人、培养社会建设者、提高民族素质的使命。从广义看,教师与教育者是同一语;从狭义看,教师专指学校的专职教师"。

对教师的这些定义,大多数都是从专业教育者的角度来对教师的职能进行描述与定位。教育学关于教师的话语,一直围绕着"教师应当如何"的规范性逼近和"如何才能成为教师"(如何培养)的制度性逼近,在这之中"教师意味着什么?""教师究竟是谁?""为什么我是教师?"的自我存在论在无意中被忽略了。

我国学者吴康宁(2002b)曾质疑:"教师是社会代表者吗?"法国学者帕尔默(P.4)认为教育改革如果继续让称职的教师所如此依赖的意义和心灵缺失,仅仅依靠增加拨款项、重组学校结构、重新编制课程以及修改教科书,改革永远不能够成功。教育改革需要进行比传统问题更深入的探讨:

> • 我们大多数人共同询问"是什么"的问题——我们应该教什么学科?
>
> • 然后讨论更深入了一点,询问"如何做"的问题——好的教学需要什么样的方法和技巧?
>
> • 偶尔,会再深入一步询问"为什么"的问题——我们教学是为了什么目的,要达到什么目标?
>
> • 但是,即使我们也很少问到"谁"的问题——教师的自我是什么?我的自我的品质是如何形成或缺失变形的?如何因我联系于我的学生、我的学科、我的同事以及我的整个世界的方式而形成或缺失变形的?教育制度如何能够支持和增强孕育着优秀教学的自我?

在本研究中,主要从课程与教学的整合视角,探讨作为教师的"我"如何因为"我所教的课程"而对学生产生影响。"我"认同"我所教的课程"吗?"我"的知识、信念、价值观是如何融入"我所教的课程"并影响"我"对课程实施做出的决策?又是如何通过"我所教的课程"影响到我所教的学生的?"我"的生命活力与价值是否在课程实施之旅中获得了焕发?"我"所教的学生是否因为"我"与"我所教的课程"而使他们的生命智慧得以绽放、生命情感得以培育、生活信念得以确立？所以，本研究对教师的探讨并不仅仅局限于课程实施的技术层面，更多的是关注教师课程实施中的自我认同与自我完善。本研究以承担课程教学任务的中小学教师为主要对象，当然也会因研究需要涉及大学教师，目的是对不同层次的教师课程实施做一定的比较研究。

1.2.2 课程实施

对课程实施的界定首先牵涉到的是对课程的理解。正如美国学者(Scotter,1979:272)所指出的那样，课程是一个用得最普遍但却定义最差的术语。根据波特利(Portelli,1987)统计，仅在课程论的专业文献中，课程的定义就超过120种。波斯纳(Posner,2004:13)将之归纳为7种基本概念(表1.1)：

表1.1 课程的7种基本概念

1. 范围和序列：课程是针对不同年级的客观目标矩阵或一个共同主题的分类组。
2. 课程纲要：课程是整个课程的计划，一般包括原理、话题、资源和评价。
3. 内容纲要：课程是以有组织的大纲的形式列出一系列的话题。
4. 标准：课程是要求所有学生都完成的一系列知识和技能。
5. 教科书：课程是用来指导课堂教学的教学材料。
6. 学程：课程是学生必须完成的一系列的学习经历。
7. 有计划的经验：课程是学校所计划的所有学生的经验，不管是学术的、运动的、情感的或是社会的经验。

资料来源：波斯纳(Gerge J. Posner)著.课程分析[M].仇光鹏等译.上海：华东师范大学出版社，2007:12。

《中国大百科全书·教育》(1985:207)将课程定义为所有学科的总和，或指学生在教师指导下各种活动的总和；《教育大辞典》(1990:257)把课程看做为实现学校教育目标而选择的教育内容的总和。我国对课程的词源可以追溯到唐代学者孔颖达为《诗经·小雅·小弁》里的"奕奕寝庙，君子作之"句疏："救护课程，必君子监之，乃依法制也。"宋代学者朱熹在《朱子全书·论学》多次提到课程一词，如"宽着期限，紧着课程"，"小立课程，大作功夫"等，他所谓的课程，指的是功课及其进程。在英语中，课程(curiculum)来源于拉丁语currere，currere的动词形式意为"奔跑"，名词形式意为"跑道"。课程意指提供给学生跑并对学生有益的教育性跑道，它将激励、引起和促进发展。

根据笔者的经历以及对中小学教师的访谈，我国大部分中小学老师将课程理解为自己所教的学科或者是学生功课表上的科目。本研究对课程的界定尊重我国中小学教师对课程的理解：课程是"教师所组织，学生所体验的学习履历"，以教材为主要呈现方式。具体从课程范式上划分，本研究从理解课程的角度关

注教师与学生所获得的课程体验。

对"课程实施"概念的定义,国内外学者的理解也不尽相同。笔者就范围所及,整理如下(表1.2)。

表1.2 国内外学者对课程实施概念的界定

学　者	对课程实施的定义
Alan Tom (1973)	课程实施是个系统,包括四个阶段:分析新的项目材料;准备试验选择好的材料;在小部分教室展开实验;在其他教室推广。
Fullan & Pomfret(1977)	指课程/教学纲要的"实际应用"或者它在实践中包括什么。
Snyder,Bolin & Zumwalt (1992)	是一个计划好的课程被教师执行的过程,是一个预期的课程(proposed curriculum)在实际中运用的情况。
国际课程百科全书(1991)	课程实施是把某项改革付诸实践的过程。
施良方(1996)	课程实施是把课程计划付诸实践的过程,它是达到预期课程目标的基本途径。
黄政杰(1995) 黄甫全(2000)	课程实施就是教学。
钟启泉(2003)	课程实施不仅是将事前规划的课程方案付诸实施的传递行动,也是协商对话与教育信念转型的行动过程与实践结果。

资料来源:本研究整理。

从已有研究文献考察,中外学者对课程实施的界定主要有两种:一种是将"课程实施"归入"课程变革"的研究范畴,认为课程实施是将课程变革付诸实践的过程;另一种界定是将课程实施作为课程开发和编制的环节之一,认为课程实施就是实施课程计划的过程。本研究的课程实施以古德莱德(Goodlad,1979:60—64)的课程层次为分析框架:

①理想的课程(ideological curriculum)。指由一些研究机构、学术团体和课程专家提出应开设的课程。这种课程常常以设想、建议、规划或计划的形式表现出来,其影响取决于是否被官方采纳。

②正式的课程(formal curriculum)。系指由教育行政部门规定的课程计划、课程标准和教材,即被许多人所理解的学校课程表中的课程。

③领悟的课程(perceived curriculum)。指各任课教师所领会的课程。由于教师对正式课程会有多种理解和解释的方式。因此,每个教师对正式课程的领会会有一定的差异,从而也会对正式课程作用的发挥产生削弱或

增强的影响。

④运作的课程(operational curriculum)。即指在课堂上实际实施的课程。由于课堂上学生对课程的反应情况错综复杂,需不断作出调整,故教师所领悟的课程与实际实施的课程可能会有一定的差距。

⑤经验的课程(experiential curriculum)。指学生实际体验到的东西。每个学生从同一课程中所获得的体验或学习经验往往是不同的,因而对课程的实际理解也可能有所区别。

本研究的教师课程实施指向"领悟课程——运作课程——经验课程"三个层面,关注日常状态下教师将自己领悟的课程付诸实践的动态过程。在教师运作课程时,课程实施的内涵跟教学基本一致。

1.2.3 "旅"的隐喻

"旅"所彰显的意义,与"课程"的拉丁文字源 currere 的意义,特别是动名词,有密切的关联。当代的课程学者,尤其是持后现代观的课程学者,不再将课程当做静态的跑道或旅程,而强调"跑"或"旅"的动态过程(单文经,2008)。引申 Pinar & Grumet(1976)的说法,课程应该是生命经验的诠释。派纳(2004:35)更明确地指出:

> "课程"一词的拉丁文字源 currere,强调其无论为不定词,抑或是动名词的形态,都具有围绕着"跑道"而奔跑(run the course)的意义。所以,长期以来,我乃倡用了 currere 的方法,以便支持我针对教育过程当中的自我反思(self-reflexivity)进行有系统的研究。我以为,这一方法可以为课程研究者提供一项策略,用以研究学术专业的知识与安身立命的历史之间的关联,以便增进个人的理解,进而促成社会的改造。

佐藤学(P. 21)认为,以"跑道"为语源的课程形象,被置换为使知性、文化的经验本身得以愉悦的"旅途"。它要求教师作为"旅游的向导",成为儿童学习的共鸣性理解者和帮助者。教师和学生超越了课程的制度性框架——"教"与"被教"的二元对立教育关系,旨在成为走向文化领域的共同探险家。

本研究认为,教师课程实施的过程,是一个在不确定的场域中不断地对课程内容与实施策略做出决策与执行的过程,是一次次向"未知之地"的旅行。教师的课程实施旅程不一,短至一节课或一个单元的行程,也可以是一学期或一学年

的旅程,但一定是贯穿整个教师生涯的长途旅行。如果以古德莱德的课程层次作为分析框架,那么我国中小学大部分教师的课程实施之旅一般开始于领悟课程,行动于运作课程,反思于经验课程。

本研究以"旅"隐喻教师的课程实施过程,是因为隐喻有助于我们丰富教师课程实施的想象空间。在古往今来的教育学作品中存在着大量的隐喻,比如柏拉图用"洞穴中的囚徒"隐喻"受过教育的人"和"没受过教育的人"(柏拉图,1986:272—311);夸美纽斯用"种子"隐喻"神圣的可教性"(夸美纽斯,1984:31);杜威隐喻"教育即生长"(杜威,2001:45)。石中英(2007:184－187)指出:20世纪以来,随着"教育学科学化"运动的继续深入,特别是许多心理学家独占教育之鳌头,教育学的语言出现了"客观化"、"逻辑化"和"中性化"的倾向。隐喻,特别是那些能够有力地说明问题的隐喻倒真是不多见了。但教育学是否就更科学,更受到人们的欢迎了呢?也不是!恰恰相反,人们倒是觉得教育学的精神式微了,失去了它的原创力。教育学成了一个只有血肉(科学材料)和骨架(逻辑概念)而没有意识和灵魂的"植物人"。

石中英认为,我们需要的不是彻底抛弃隐喻,而是需要更深刻更准确地理解隐喻。教育学理论中的隐喻类似于诗歌和文学作品中的隐喻,但是又有根本的不同。它们的出现并不是为了加强教育学语言的修饰效果,为干巴巴的语言加一个"美丽的花边",而是对教育意义的质的揭示,有利于对教育活动内在性、价值性和精神性的独特把握。教育学隐喻也往往是教育学作品中最生动的地方,在作者整个教育理论体系中具有基础性地位,在隐喻的背后,就是文化。站在不同文化立场的教育学者使用不同的隐喻。现代教育学理论中隐喻的消失,表征教育学文化精神的式微。

隐喻在复杂性科学的方法论研究中不断地被研究者强调(马克斯·范梅南,2003:62－64;埃德加·莫兰,2004:177－179;黄欣荣,2006:121－134)。"隐喻是文本或思想中一个局部的非线性状态的指示器,它是一个文本或思想向各种解释或再解释开放的指示器,以便在一个读者或对话者的个人的思想中产生共鸣。""现实是一个我们通过隐喻得以摆脱的陈词滥调。"①

1.2.4 决策与执行

决策(decision making)是很多学科和领域的研究对象,其中以管理学赫伯

① 转引自[法]埃德加·莫兰著.复杂性理论与教育问题.陈一壮译.北京:北京大学出版社,2004:177－179.

特·西蒙(Herbert A. Simon)的研究最为经典。西蒙(2004:2)指出:

> 虽然任何实践活动都包含“决策”和“执行”,但是“管理理论应该两者兼顾”的观点没有得到大家的普遍认可。这种忽视,可能源于决策行为仅限于明确制定总方针的观念。但是事实刚好相反,组织的总目标确定后,决策过程并没有结束。“决策”工作同“执行”工作一样渗透到整个管理型组织中,事实上这两者紧密相连,缺一不可。因此一般管理理论既要包括保证决策正确制定的组织原则,又要包括保证决策有效执行的组织原则。

所以西蒙认为管理就是决策,应把决策理解为对行动目标与手段的探索、判断、评价直至最后选择的全过程。心理学将决策解释为“人类根据自己的愿望(效用、个人价值、目标、结果等)和信念(预期、知识、手段等)选择行动的过程”(Hastie,R. 2001:653—683)。《现代汉语词典》(2005:745)对决策的字面解释是决定策略或办法。我国的传统文化使很多人在潜意识里形成了决策就是领导的“拍板”的概念。事实上,决策是每个人的日常行为,只要有选择,就会有决策。决策的过程实际上包含人的主观要求和对客观环境的认识及其相互统一和协调的过程,也就是对一个问题从产生解决要求开始,经过思维,到做出行动决定的过程。

关于教师的课程角色,存在教师是课程实施者,教师是课程开发者,教师是课程编制者,教师是课程研究者,教师是课程创生者等诸多的观点。康奈利和本·彼瑞兹(Connelly & Ben-Peretz,1980:200)认为教师的角色应该从实施者转变为决策者和独立自主的开发者,原因在于:

> 第一,凭经验来看,“实施”几乎不曾实现过,我们现在已经很清楚:根据研究者和课程开发者的意图和精神,研究结果和新的课程方案几乎就没有得到实施过。第二,在概念上,该术语意味着一种技术理性,应该被诸如“调适”(adaption)之类的词汇来代替。这种转变绝不是文字游戏,因为“实施”意味着完全依附于被实施的事物;而“调适”意味着对环境的适应。第三,“实施”这一术语有着权威主义的弦外之音。“实施”这一术语是对教师智力自主权的一种威胁。

康奈利认为,以专家为主体的课程开发者并不了解现实处境中的教学情境。面对具体的教学情境,教师的经验和智慧以不能完全被取代的方式进入课程计

划,教师是根据教学情境调整课程材料要求的决策者。所以,教师不是课堂外开发的课程、教科书和大纲的被动的执行者。教师在教学中要不断地制订计划、修正课程和大纲、反复地进行教学中多样的选择和判断,凭借自己的信念与理论展开日常的课程与教学活动。这些活动的大半是教师的心智活动,行为科学方法很难对此作出明晰的分析。克拉克和彼得森(Clark & Peterson,1986:255)在《教学研究手册(第3版)》的"教师的思维过程"一章中总结了该领域10年来的40篇研究论文,指出"教师思维研究"的特征在于把教师界定为"决策者"(decision maker)。

本研究认为,即便我们认同教师是课程"决策者"、"开发者"、"设计者"等诸多角色,但经过"决策"、"开发"、"设计"的课程最终还是通过教师自己得到实施。教师是课程实施者的主体身份不会变,其他角色只是主体身份之外的叠加或者附属。可能有部分中小学老师会参与整个课程的设计、开发、实施和评价,但绝大部分中小学教师是在课程实施的过程中基于学生实际和教学情境对课程进行一定程度的开发、设计、决策与执行。

多年来,我国的课程和教材基本上处于全国一统的局面。课程规划、设计和评价,是教育行政部门和学科专家的职责范围,而课程实施则是学校和教师的事情。2001年以来的新课程改革采用了"国家、地方、学校"三级管理的课程决策模式,学校和教师被赋予了一定的校本课程开发权利,教师也参与了校本课程的编制与开发。对于国家课程,根据笔者的调查,我国大部分中小学教师把自己对课程的介入基本上还是定位在实施者的身份。

对于国家课程的实施,我国中小学教师对于"教什么"的问题基本上围绕教材执行,很少做出改变课程内容的决策。但是,所有的中小学老师每天都在做着"怎么教"的决策。在"怎么教"的课程实施策略问题上,不同于管理科学中决策者与执行者的分离,教师是决策者与执行者的同一。教师作为决策者是教师课程实施自主权的体现;同时教师又是自己课程决策的执行者,这种同一性既能够保证课程实施方案的顺利实施,又可以使教师在决策执行中根据实施情况灵活调整预订方案,采取多种手段和措施实现课程实施决策目标;在执行后反思自己的决策方案和执行效果,及时实现决策反馈,提高自身的课程实施水平。所以,教师课程实施的过程是一个不断做出决策并加以执行的过程。教师的课程实施决策过程既受教师个体价值观、知识、信念、情感、经验等个体性、主观性因素的影响;也受学生特点、特定情境、学校与社会文化等客观性因素的影响。

1.3 研究方法与思路

"我们的时代是一个对方法论着迷的时代。人用方法控制自然,人也用方法控制人自身。人创造方法,使用方法,人同时在用方法研究人、以方法理解人。"(殷鼎,1988:131)尼采曾说过:要想寻找人迹,就要首先找到灯光。[①] 探寻教师课程实施问题的"灯光"在哪里?对于问题我们总是去寻求解答,寻求正确的知识、有效的步骤、必胜的策略、精确的技巧,以及可以获得结果的"方法"。巴斯(Barthes,1986:318)曾警告研究者对研究方法的顶礼膜拜,"虽然研究者坚持认为自己的成果是有方法的,但这样的文章却从未出现:没有什么比方法更能扼杀研究,并把研究抛入废纸堆的了。"布迪厄(2004:31－31)也曾大声疾呼要反对"唯方法论主义"——把对方法的反思与方法在科学工作中的实际运用脱离开,并完全出于方法自身(而非具体实际的研究)的缘故而锤炼方法,即为方法而方法。事实上,如果这样的话,我们的研究很可能转变成一种方法论帝国主义(methodologiral imperialism),也就是说,用现成的分析技术和手头现有的资料来强行对对象进行界定。本研究认为,方法是为着问题解决的,因为新问题的不断涌现,解决新问题的方法也处于开放的不断被刷新状态,方法应该"为我所用",而不是"我被方法所奴役或束缚"。

1.3.1 研究方法

教师课程实施研究属于课程研究的一条支脉,探寻教师课程实施问题研究方法需要探源它的主流——课程研究的历史。虽然课程研究作为一个学科的历史并不长久,但却在研究范式上不断寻求超越。课程研究从最早的以经验和哲学思辨方法来认识课程问题,到20世纪20—40年代,受社会效率观念和工业界盛行的"科学管理原理"的影响,以博比特、泰勒为代表的课程研究学者将课程研究带入科学实证分析的阶段,强调课程研究的科学化、定量化、实证化、程序化和标准化。20世纪70年代至80年代,课程研究经历了范式的巨大转换。佐藤学认为(2002)这种转换大体表现为,从行为科学为基础的量化研究转向文化人类学、认知心理学和艺术等新人文社会科学为基础的质性研究。基于行为科学的课程研究拥有技术学的性质,它的基础是"技术理性",就像"泰勒原理"(1949)所代表的那样,强调"教育目标——教育内容的选择——教育经验的组织——教育

① 转引于[加]马克斯·范梅南著.生活体验研究[M].宋广文等译.北京:教育科学出版社,2003:7.

结果的评价”。反之,课程的质性研究,在课程的开发、实施与评价中,关注师生经验的文化、社会、伦理意义,探究诸如政治学、社会学、文化人类学、民族学、现象学、艺术评论、女性主义等多元样式的知识。

在研究范式的选择上,虽然纯正派的观点认为“坚持某一种范式就意味着对一套理论假设的认可,也就必然排斥另外一种范式”(陈向明,2000:470)。但任何一种研究范式都不过是提供了认识课程问题的一种可能取向,其本身是具有局限性的,各种范式之间更应该寻求理解与合作,“打破二元排斥和对立的格局,走向一条多元理性并存的综合化发展道路”(靳玉乐、黄清,2000:85)。考虑到教师课程实施问题本身的复杂性与不确定性特点,本研究将基于研究问题的需要,灵活地选择并创新所使用的方法。“方法并不是外在的形式,而是内容的灵魂和概念”(黑格尔,1996:37)。因为研究问题的性质,本研究将以“质的研究”为主要范式。

什么是质的研究?“质的研究是以研究者本人作为研究工具,在自然情境下采用多种资料收集方法对社会现象进行整体性研究,使用归纳法分析资料和形成理论,通过与研究对象互动对其行为和意义建构获得解释性理解的一种活动。”(陈向明:12)质的课程研究者通常是在不引人注目(unobtrusive)的情况下进入研究现场,不控制任何变量,也不从外部强加任何因素于研究情境和被研究者身上,故而方法论者将这种自然情境中的研究称为“现场研究”(field research)(陈向明:149—156)。质的课程研究在材料的获取上强调自然性与情境性,在研究方法上注重过程性与整体性,在研究身份上倡导参与性与互动性,在研究资料的处理上侧重描述性与归纳性,在研究结果的解释上体现理解性与反思性。在质的范式下,本研究随着研究的推进采用相应的研究方法。

田野研究 田野研究是人类学最重要的研究方法,这种方法已超越人类学学科而成为其他人文社会科学的研究途径和手段。虽然我一直耕耘于田野,作为局内人对高校和小学的课堂耳熟能详。但作为“研究者”的局外人身份,如何以比较理性的态度考量中小学教师的课程实施过程?导师建议我通过课题的方式进入现场研究。于是,我选择了 M 小学,从课题申报开始,协助进行以多元智能为理论基础的“光谱校本课程规划与实施研究”(2007 年 9 月至今)。选择 M 小学一个得天独厚的研究条件是,我女儿就读于该校,我的研究很自然地发生在接送孩子时跟班主任、任课教师的交流中;发生于孩子每天回家跟我叙说有关发生在学校、班级、课堂各种故事的过程中,我从女儿的“经验课程”中获得了不带任何水分“最真实”的草根研究资料。同时,导师还帮我联系了 W 中学,W 中学的省教科规划课题“初中课堂教学决策的理论与实践研究”(2007 年 4 月—2009

年6月)与我的博士选题方向一致,W中学正在寻求来自高校的学术支持,于是我很快以"研究者"身份融入W中学课题行动研究团队。每次去W中学,W中学便会召集课题组成员一起开座谈会,大家一起探讨在课题实施中碰到的困惑,然后我以"局外人"的身份观察老师的课堂教学,课后马上跟进对上课老师的"深度访谈"。通过行动研究,W中学顺利完成了课题研究,我也获得了大量来自中学教师的课堂决策资料。除此之外,我还以评委的身份通过某实验研究会组织的全市"教改之星"评比(2008年11月18日—21日),集中观摩到了32节代表全市实验学校最高水平的小学语文"教改研究课";通过所在学院学生见习实习上汇报课的机会,聆听了实习老师上的20多节幼儿园课程;通过分布在省内县城、乡镇、农村的师范同学和毕业生了解了他们在教学生涯中所经历的课程实施。所以,博士三年期间,共观摩了来自幼儿园、小学、中学、大学不同层次、不同学科的课程120多节,以正式或非正式的方式访谈了实习老师、小学老师、中学老师、校长50多人次。

叙事研究 叙事研究被作为教师的研究方法运用于教育领域,是20世纪80年代由加拿大的康奈利和克兰迪宁(Connelly, F. M. & Clandinin, D. J., 1990)等几位课程学者倡导的。他们认为:真正的交流和研究是从"说故事"开始的,教师从事实践性研究的最好方式是说出和不断说出一个个"真实的故事"。道德哲学家麦金太尔(McIntyre, 1981)也说:"人在本质上是一种讲故事的动物。"人们可以通过叙事"理解"世界,也可以通过叙事"讲述"世界,叙事既是一种推理模式,也是一种表达模式。相对以往科学化的研究而言,教育叙事研究强调与人类经验的联系,并以叙事来描述人们的经验、行为以及作为群体和个体的生活方式。

教育叙事研究主要有两种:一种是教师自身同时充当叙说者和记述者,而当叙述的内容属于自己的教育实践或解决某些教育问题的过程时,教师的叙事研究就成为"教师叙事的行动研究"。这种方式主要由教师自己实施,也可以在教育研究者指导下进行。它追求以叙事的方式反思并改进教师的日常生活。另一种是"叙事的教育人类学研究"。教师只是叙说者,由教育研究者记述。这种方式主要是教育研究者以教师为观察和访谈的对象,包括以教师的"想法"(内隐的和外显的)或所提供的文本(如工作日志)等为"解释"的对象。这种研究更关注所叙述的教育故事呈现出的某种"结构"或"理论框架",保持"教育理论"与"教育实践"之间的"互动"(interaction)(刘良华,2003)。康奈利和克兰迪宁(1994:4046—4051)认为叙事探究的过程围绕三个事件:现场、现场文本和研究文本。我国学者丁钢(2008:73—87)认为,教育叙事研究的一般方法包括三个方面:一

是进行经验收集，二是提供意义诠释，三是注意伦理规范。在田野研究的现场，我作为局外人，通过访谈以及学校提供的课题结题资料，收集到了两所学校 50 多位不同学科老师或口述或文字的课程实施叙事资料。作为局内人，我自己身上就有一些关于高校和小学课程实施的故事。本研究对于课程实施叙事的探究在于寻找一种能够更好地呈现乃至穿透经验的写作方式或理论方式。

文献分析　文献的查阅与分析是任何研究的起点。进行文献分析实际上帮助研究者厘清本领域前人已经研究了什么？他们是怎么研究的？留待进一步研究的空间与问题是什么？“我”如何基于已有的研究成果推进或创新本领域的研究？所以，通过文献研究可以帮助研究者快速吸取前人的智慧，拓展研究的视野，确定研究的地图，为本研究的进行提供整体思路和理论准备。因此，对大量关于教师课程实施文献的搜集、整理、分析是本论文的基础工程。在运用文献分析时，首先，对文献的真伪进行鉴别，尽量做到不同文献相互印证；其次，尽量全面、客观地搜集、引用和分析文献，避免断章取义。总之，通过系统地搜集与客观鉴定各种文献资料，以批判研究的精神诠释文献的意义，增强本研究的厚度。

1.3.2　研究思路

本研究因循“扎根理论研究”的线路，首先将自己沉入田野，对田野研究获取的资料进行分析与阐释，进而丰富与拓展教师课程实施的理论。整个研究从问题出发，沿着教师课程实施“旅”的行程，基于教师课程实施的两种状态，运用两种资源，依托两种理论，采用两种表达方式构成以下的研究脉络(图 1.1)：

在行文中，当我把自己作为局内人的身份主位表述时，文中用第一人称“我”的方式写作；当我把自己当作局外人客位分析时，文中采用第三人称“笔者”的方式论述。整个研究的纲目架构分七章。

第一章，导论。主要阐释研究的缘起与意义，本研究中关键概念“教师”、“课程实施”、“旅”、“决策与执行”的特定内涵，以及基于研究选题的性质决定采用的研究方法与研究线路。

第二章，课程实施研究谱系。以文献分析的方法，从宏观聚焦到微观，对本领域国内外教师课程实施的研究现状进行系统梳理和思想考古，通过此项工程一方面总结本领域已有的研究成果避免重复，另一方面为本研究的切入提供线索与经验。

第三章，教师课程实施田野研究。通过对 M 小学和 W 中学的田野考察，描述教师课程实施的真实状态以及值得进一步探讨的问题。对 M 小学的田野观察与访谈主要侧重于该校教师实施以多元智能为理论基础的“光谱校本课程”的

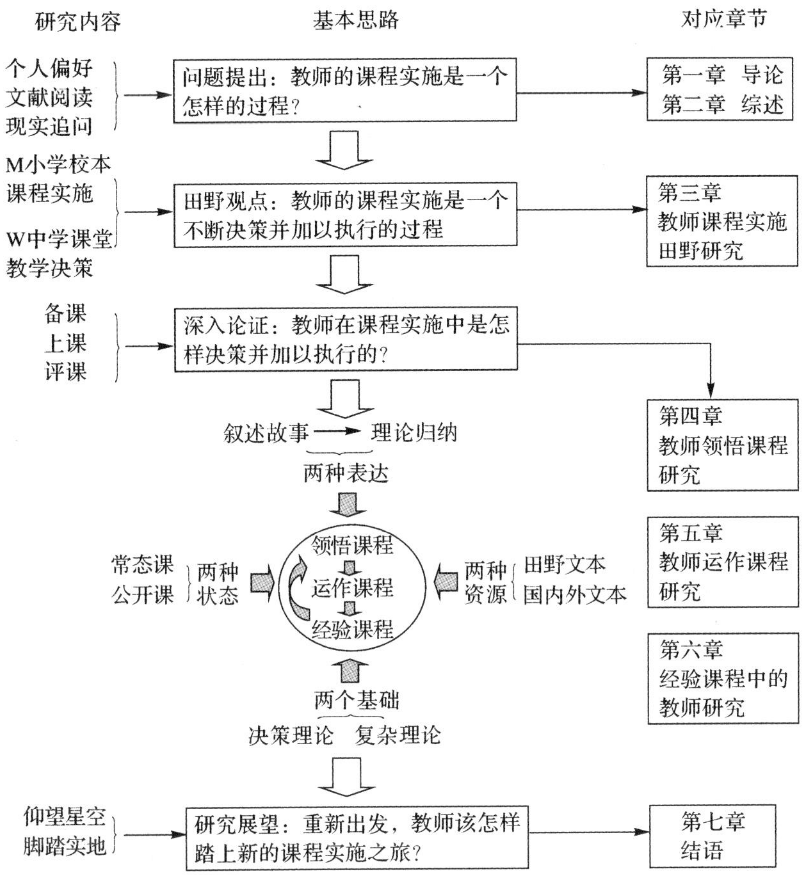

研究内容　基本思路　对应章节

个人偏好
文献阅读
现实追问
问题提出：教师的课程实施是一个怎样的过程？
第一章 导论
第二章 综述

M小学校本课程实施
W中学课堂教学决策
田野观点：教师的课程实施是一个不断决策并加以执行的过程
第三章 教师课程实施田野研究

备课
上课
评课
深入论证：教师在课程实施中是怎样决策并加以执行的？
第四章 教师领悟课程研究

叙述故事 → 理论归纳
两种表达

常态课
公开课
两种状态
领悟课程
运作课程
经验课程
两种资源
田野文本
国内外文本
第五章 教师运作课程研究
第六章 经验课程中的教师研究

两个基础
决策理论 复杂理论

仰望星空
脚踏实地
研究展望：重新出发，教师该怎样踏上新的课程实施之旅？
第七章 结语

图 1.1 本研究基本架构

资料来源：本研究设计。

情况。W 中学的田野研究关注的是中学教师课堂教学的决策过程。在此基础上提出本研究的基本立场与观点。

第四章，教师领悟课程之旅：有限理性决策。以叙事研究的方法描述局内人“我”的备课故事以及来自中小学老师的备课访谈与故事。之中特别描述我国特有的风景——教师备“公开课”特别的决策经历，进而归纳教师在领悟课程中对“教什么”、“怎么教”以及“教案设计”的决策特点。

第五章，教师运作课程之旅：渐进决策与执行。基于运作常态课和公开课的不同，既以局外人课堂观察的方式描述教师课堂教学中遭遇“意外”时所作的决策；也通过一些经典案例分析“课堂生成”时教师的决策与执行过程。由此对运

作课程中“教案调适”、“课堂管理”、“时空调控”的决策特点进行归纳。

第六章,经验课程反思之旅:混合扫描决策。基于对学生所获得的经验课程的评价,通过自我评课或群体评课,反思自我在领悟课程与运作课程中的决策,改进课程实施策略,提升课程实施中的决策质量。

第七章,结语。通过“重新出发,我们期待怎样的课程实施之旅”以及“我们怎样踏上新的课程实施之旅”两个问题的追问,基于复杂理论归纳教师课程实施的影响因素,诠释教师课程实施中的决策心理,促进教师的课程实施从关注“决策教学”的一翼转向“课程与教学整合”决策,以此促使教师的课程教学从单纯追求技术理性走向实践理性与解放理性,踏上优质课程教学实施之旅。

02 课程实施研究谱系:从宏观聚焦到微观

福柯(2003:146)在《尼采、谱系学、历史》一文中指出:谱系学枯燥、琐细,是项极需耐性的文献工作。谱系学要求细节知识,要求大量堆砌的材料,要求耐心。它的"庞大纪念物"不是借助"巨大、美好的错误"一蹴而就的,而是用"不明显的、以严格方式确立起来的微小真理"垒筑的。"针对某个问题所做的相关的文献综述可能会发现这个问题尚未被解答。当发现这个空白之后,文献综述通过分析该问题和相关假想是如何被讨论的,以及发现过去所用的抽样、选址和其他重要背景,可以帮助提出各种不同的答案及研究的设计和执行方案"(理查德·沙沃森、丽萨·汤,2006:52—53)。

本研究围绕"教师课程实施"的核心问题,一方面通过中国学术期刊网、Google、百度等公共搜索引擎,另一方面通过各大图书馆和书店查阅购买相关的专著、研究报告、工具书,同时借力师弟赴加拿大留学机会获取最新外文资料等多种途径搜集研究的基本文献。在此基础上,运用文献分析法分别对当前国外和国内的相关研究进行较全面、系统的回顾和综述。当然,由于检索范围和笔者检索技术有限,文献检索中存在的遗漏在所难免,有待今后进一步加强。在综述策略的选择上,本研究遵循从宏观到微观的路线,探寻课程实施研究领域的谱系关系。先聚焦课程实施的研究历程,再聚焦教师课程实施研究。

2.1 课程实施研究综述

"课程有一悠久的过去,但只有短暂的历史。"[①](Tanners,1980:

① 教育与人类社会共生共在,课程与教育共生共存。然而,课程作为一个独立研究领域从教育中分离却是20世纪初的事。1918年,美国教育学者博比特(Bobbitt)出版《课程》(The Curriculum)一书,一般认为这是课程领域诞生的标志。此观点转引自单丁.课程流派研究[M].济南:山东教育出版社,1998:1.

4)。课程实施是学校与教师的日常行为,但国内外研究课程实施,特别是教师课程实施的历史差不多四十多年。

国际上对课程实施的专门研究开始于20世纪70年代对美国50年代末至60年代末所进行的"学科结构运动"的反思。正如古德莱德(Goodlad,1992:403)所说:"改革很多时候被视为失败,其实不然,因为它们从来就未得到实施。"自此,对课程实施问题的研究日益引起研究者的兴趣,并诞生了学界公认的"课程实施"问题研究的奠基者富兰(Fullan)和庞弗雷特(Pomfret)。

虽然我们可以把国内对课程实施的研究分为20世纪80—90年代和2000年至今两个阶段(王鉴,2008:85),但课程实施成为研究热点是在2000年新课程实施之后差不多10年的时间。图2.1是根据"CNKI知识元数据库"对1997年至2009年有关课程实施研究学术趋势作出的统计:

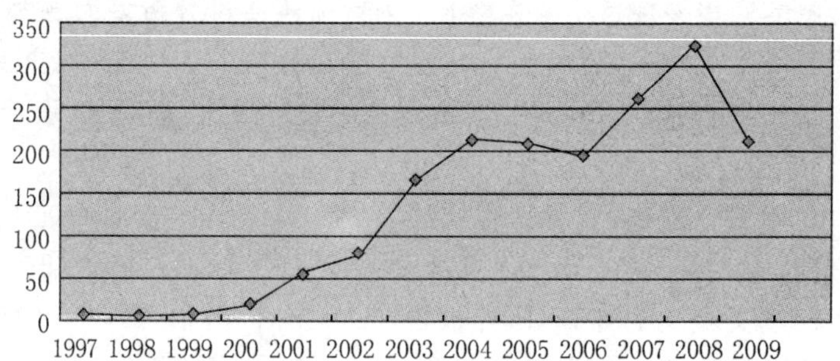

图2.1 NKI以"课程实施"为篇名的相关文献总量年度变化规律图

资料来源:本研究整理。

在中国学术期刊网络出版总库中检索1979—2009年期间发表在核心期刊的学术论文,以"课程实施"作为篇名的检索到347篇,作为主题的检索到1901篇,作为关键词的检索到1077篇,作为摘要出现的检索到1182篇。当然,用以上四种分类法检索,不可避免地存在相互交叉的论文。对检索到最多的1901篇论文再做分析,论文的学科类别分布如下(以论文数目从高到低排序):

> 教育理论与教育管理(686),中等教育(578),高等教育(170),体育(109),初等教育(104),职业教育(55),学前教育(52),成人教育与特殊教育(38),计算机软件及计算机应用(34),外国语言文字(24),中国语言文字(15),数学(15),音乐舞蹈(14),心理学(12),生物(5)——(中国知网检索结果分组筛选)

国内主要研究作者及论文数分布:

马云鹏,东北师范大学(25);靳玉乐,西南大学(22);潘涌,浙江师范大学(13);李子建,香港中文大学(10);尹弘飚,香港中文大学(10);唐丽芳,东北师范大学(9);崔允漷,华东师范大学(9);胡庆山,华中师范大学(7);郭元祥,华中师范大学(7);孔凡哲,东北师范大学(7);代建军,徐州师范大学(6);董玉琦,东北师范大学(6);熊梅,东北师范大学(6);吴刚平,华东师范大学(6);李小红,北京师范大学(6)——(中国知网检索结果分组筛选)

这些学者的研究主要围绕第八次新课程改革实施出现的系列问题进行了针对性地探讨:马云鹏与唐丽芳等合作者的研究主要关注的是新课程实施的现状、问题以及对策的探讨;靳玉乐的研究涉及校本课程、课程实施的理念、策略与模式等问题;潘涌的研究主要集中于语文新课程实施;李子建与尹弘飚的研究主要关注课程实施的影响因素、教师心理变化以及后现代课程实施;崔允漷的研究主要是新课程“新”的解读以及提出了基于标准的课程实施;胡庆山研究的是体育课程实施;郭元祥主要关注的是综合实践活动课程实施以及教师即课程的研究;孔凡哲主要研究教科书质量与使用问题;董玉琦关注的是信息技术课程实施;代建军关注的是课程运作机制;熊梅探讨的是综合实践活动以及教师的课程意识,吴刚平主要探讨的是课程实施资源问题;李小红研究的是教师课程创生问题……学者们的研究主要基于课程改革的特殊背景,旨在促进新课程的有效实施。

在学位论文方面,从1980—2009年,以“课程实施”做篇名的博士论文12篇,其中有8篇论文探讨的是学科课程的实施(科学课程3、体育课程2、信息技术2、音乐1),2篇探讨的是课程实施中的教师问题,还有涉及课程实施的教学文化和评价工具。以“课程实施”作篇名的硕士论文221篇(其中新课程实施96篇),论文的学科类别及论文数分布如下:

中等教育(139),教育理论与教育管理(29),初等教育(18),外国语言文字(14),体育(13),学前教育(8),职业教育(5),高等教育(2),物理学(2),心理学(1),美术书法雕塑与摄影(1),音乐舞蹈(1),成人教育与特殊教育(1),医学教育与医学边缘学科(1),计算机软件及计算机应用(1)——(中国知网检索结果分组筛选)

在著作方面,可分为两类:一类是围绕新课程改革的著作,如朱慕菊主编的《走进新课程——与课程实施者对话》(北京师范大学出版社,2002);杨明全著的《革新的课程实践者——教师参与课程变革研究》(上海科技出版社,2003);严先元主编的《新课程实施与教学改革》(四川大学出版社,2004);田慧生主编的《综合实践活动课程实施中的问题与策略》(教育科学出版社,2007)等。另一类是以章节的形式展开研究,主要有陈侠的《课程论》(人民教育出版社,1989)以一讲的篇幅论述了学校课程的编订和实施;钟启泉的《现代课程论》(上海教育出版社,1989)第二部分"课程实施的国际比较"阐述了发达国家的课程实施;施良方的《课程理论:课程的基础、原理和问题》(教育科学出版社,1996)第六章论述了课程实施的定义与取向,以及课程实施与变革、课程实施与教学,影响课程实施的因素等;张华的《课程与教学论》(上海教育出版社,2000)也有专章论述课程实施的取向、模式、因素等问题;丁念金的《课程论》(福建教育出版社,2007)第八章阐述了课程实施中的教师、课程实施中的教育资源以及课程实施中的支持性行为。

关于课程实施的研究,国内外学者主要探讨了作为一种变革过程的课程实施;课程实施的影响因素;课程实施取向;课程实施模式与策略;课程实施程度等问题。

2.1.1 作为一种变革过程的课程实施研究

课程实施是把变革付诸实践的过程,教育变革的成功25%来源于课程方案的设计,75%来源于课程实施(富兰:291)。就一般而言,课程实施是指把新的课程计划付诸实践的过程,而新的课程计划通常蕴含着对原有课程的一种变革,课程实施就是力图在实践中实现这种变革,或者说,是将变革引入实践(施良方,1996:130)。艾伦·C. 奥恩斯坦(Allan C. Ornstein)和费郎西斯·P. 汉金斯(Francis P. Hunkins)(2002:324—325)认为,课程变革一般经历三个阶段:起始阶段、实施阶段和维持阶段。起始阶段是为课程的实施过程设计步骤,并使学校接受已计划好的改革项目。该阶段的计划中有必要包括以下内容:谁来参与?希望得到何种程度上的支持?人们为改革作了哪些准备等等。实施阶段包括对改革的介绍说明,以及对人们在课堂或其他教育场所实施课程改革。它作为"行动"的阶段,要把各种正在不断讨论的模式和方法付诸实践。维持阶段,或称制度化阶段,它是控制改革的重要阶段。若没有计划好课程维持阶段的工作,课程变革很可能会慢慢衰落直至停止。课程实施被认为是课程变革的第二阶段。富兰(P. 53—54)将此过程描述为下图(2.2)。

图2.2展示的是变革过程的一般图像。第一,在各个阶段存在着无数的影响因素。第二,正像双向箭头所暗示的,这不是一个线性过程而是一个交互作用

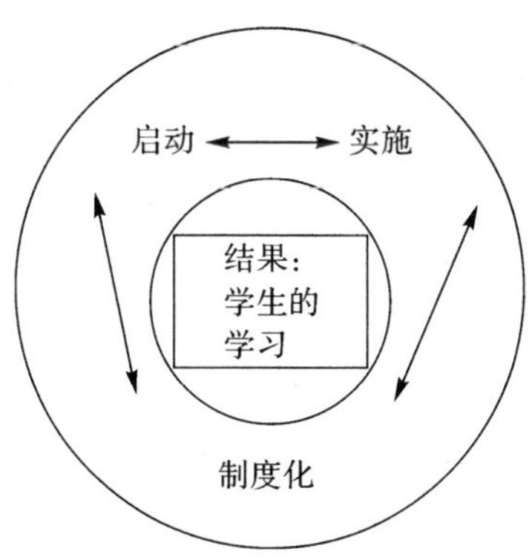

图 2.2 变革过程简图

资料来源:[加拿大]迈克尔·富兰(Michael Fullan)著.教育变革新意义[M].赵中建等译.北京:教育科学出版社,2005:53—54。

的过程,一个阶段的事件会反过来改变前一个阶段所作的决定,以此以一种交互作用的方式持续下去。例如,在启动阶段所作出的运用某个具体计划的决定,在实施阶段及其后的阶段可能会受到很大程度的修订。第三,从启动到制度化的总的时间框架很长;即使是中等复杂程度的变革也需要 3 到 5 年的时间,而规模更大的变革就需要 5 到 10 年的时间,虽然存在着持续的改进,但依然是问题重重。图 2.2 所揭示的惟一一个最重要的思想就是:变革是一个过程,不是一个事件。

本尼斯(Bennis,1989)、约翰·麦克尼尔(John McNeil,1990)将课程变革的实施类型作了如下分类(表 2.1)。

表 2.1 课程变革实施类型

研究者	基本观点
本尼斯 (Bennis,1989)	①"计划性变革":按程序工作,参与者具有同样的权利和作用。 ②"强制性变革":主导团体决定目标,享有主要权利。 ③"互动性变革":多个团体共定目标,权利均衡,但对参与要做的事缺乏考虑,缺少细致具体的工作步骤。
约翰·麦克尼尔 (John McNeil,1990)	①"替代":这种变革表现为一个因素取代另一个因素。 ②"改变":将某一新因素引入现有材料和计划,只是部分改变。 ③"搅乱":搅乱原有课程计划,调整到新的课程计划上来。 ④"重构":变革导致学校或学区系统本身的结构调整。 ⑤"价值取向改变":参与者基本哲学理念或课程取向的改变。

资料来源:本研究整理。

这两位学者从不同的视角对课程变革实施类型作了分类。本尼斯主要从

“权利被谁支配”的角度进行分类；麦克尼尔则从“课程变革的程度”来给变革实施分类。事物总是在不断地变化和发展，没有任何事物是永恒的。随着时间的推移，环境的改变以及新事物的不断涌现，课程需要持续更新。作为一种变革过程的课程实施研究，其主要目的是为了促进课程变革，寻求课程变革新意义。

2.1.2 课程实施影响因素研究

很多研究者探讨了影响课程实施的种种因素。帕森斯(Parsons，1987)提出了促进课程成功实施的12个因素，包括时间、变革的技术、认同学校文化、提供鼓励和奖赏、在工作中分担责任、释放变革的力量、一个合作的框架、领导、认识系统层面的文化、政治的视角、赢得盟友、认识到个体的角色等；霍尔(Hall，1992：877－904)和辛德(Snyder，et al，1992，P. 402－435)的研究将影响课程实施的因素进行了层次上的归类。富兰(Fullan & Pomfrt，1977；Fullan，1991；Fullan，2001)基于一直以来的研究，最终将影响实施过程诸多因素归纳为9个关键因素，并将这9个关键因素分为三类(图2.3)：第一类是革新或变革项目的特征，第二类是地方特征，第三类是外部因素：

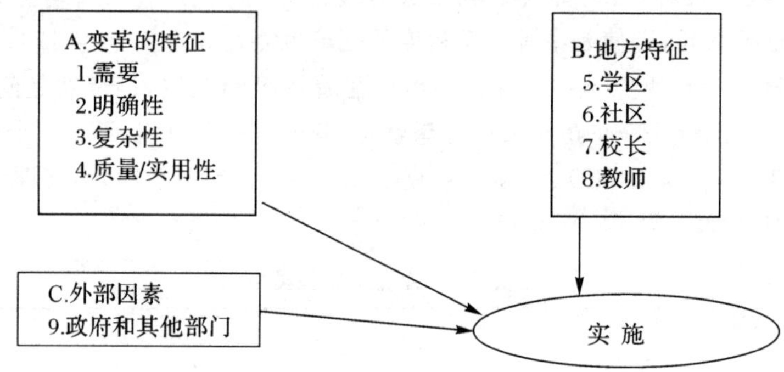

图2.3 影响实施的互为作用的因素

资料来源：[加拿大]迈克尔·富兰(Michael Fullan)著. 教育变革新意义[M]. 赵中建等译. 北京：教育科学出版社，2005：76。

变革的本质特征、地方学区的构成、每个学校和教师的特点、外部关系的存在及其形式等，这些因素彼此强化或相互削弱的综合作用，影响着变革的成功与失败。库尔特·勒温(Kurt Lewin)根据变革中遭遇的冲突力量提出了力场模型(图2.4)。

尽管人们希望通过实施课程变革解决现实中的教育困境，但变革的实施必将遭受一定的阻力。课程变革处在由冲突的力量推动力和阻碍力所构成的环境中。当两种力量相当时，就会出现平衡，构成稳定状态和保持状态。当推动力开

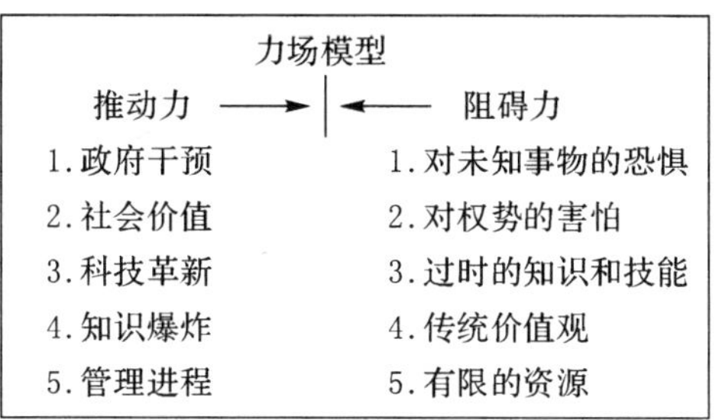

图 2.4 力场模型

资料来源:转引自[美]艾伦·C.奥恩斯坦,费郎西斯·P.汉金斯著.课程:基础、原理和问题[M].柯森主译.南京:江苏教育出版社,2002:318。

始超过阻碍力,就会引发课程变革实施行动。只要推动力量更为强劲,变革实施就会继续。当阻碍力重新强大起来的时候,变革就会迟缓下来。一旦强劲的阻碍力形成后,它将抑制变革行动。

我国内地与港台研究者也对影响课程实施的因素提出了不同观点,比较有代表性的有二因素说、三因素说、四因素说、五因素说等(表 2.2)。

表 2.2 我国研究者关于影响课程实施的因素分析

因素说	研究者	主要观点
二因素说	陈侠(1989)	人的因素:学生与课程实施;教师与课程实施 物的因素:教科书与课程实施;教学设备与课程实施
三因素说	李子建、黄显华(1996)	创新的特征:需要;清晰度;创新的规模和复杂性;学程的质量和实用性 干涉和个人:教师;校长;本地及外地促进者;持续的支持和训练 脉络:层次;文化;组织/机构的政治脉络
四因素说	江山野(1991)	与尝试课程改革有关的特性;地方条件;地方策略;外界因素
	汪霞(2003)	计划的特征;教师的特征;学校的特征;校外环境的特征
	丁念金(2007)	教师;学生;资源;支持性条件
五因素说	黄政杰(1991)	使用者本身的因素;课程计划本身的特性;交流合作;课程实施的组织和领导;各种外部因素的支持
	施良方(1996)	课程计划本身的特性;交流与合作;课程实施的组织和领导;教师的培训;各种外部因素的支持
六因素说	黄甫全(2006)	文化背景;主体;对象;管理;环境;理论基础

资料来源:本研究整理。

综观国内外学者关于影响课程实施因素的多元研究，整个研究轨迹经历从最初的多因素罗列（Fullan & Pomfrt，1977；Parsons，1987），慢慢走向对复杂因素的归类与分层（陈侠，1989；Hall，1992；Snyder，et al，1992），到目前形成了相对清晰的分析框架（Fullan，2001）。

2.1.3 课程实施取向研究

课程实施的取向是对课程实施过程本质的不同认识以及支配这些认识的相应的课程价值观（张华，2000：336）。国内外学者关于课程实施取向的研究包含以下一些观点（表 2.3）：

表 2.3 国内外学者关于课程实施取向的研究

研究者	主要观点
富兰（Fullan，1977） 庞弗雷德（Pomfret，1977） 利思伍德（Leithwood，1977）	①得过且过（mudding through）取向 ②适应或改编（adaption）取向 ③忠实或精确（fidelity）取向
豪斯（House） （1979）	①技术视角（technical perspective） ②政治视角（political perspective） ③文化视角（cultural perspective）
辛德（Snyder） 博林（Bolin） 朱姆沃尔特（Zumwalt） （1992）	①忠实取向（fidelity orientation） ②相互调适取向（mutual adaptation orientation） ③课程创生取向（curriculum enactment orientation）
哈格里夫斯（Hargreaves） 施密特（Schmidt）（2002）	①技术观（technical perspective） ②政治观（political perspective） ③文化观（cultural perspective） ④后现代观（postmodern perspective）
崔允漷（2009）	①基于教师经验的课程实施 ②基于教科书的课程实施 ③基于课程标准的课程实施（教学）

资料来源：本研究整理。

在上述研究者的观点中，豪斯（House，1979：1－16）与哈格里夫斯等人（Hargreaves，Earl & Schmidt，2002）所提出的“技术”观诞生于经济学，关注的主要是效率，因此以生产作为其隐喻；“政治”观诞生于政治科学和社会学，关注的是权威系统的合法性，因此协商是其基本意象；“文化”观诞生于人类学，关注的是意义和价值观，社群则是它的基本意象；而后现代观则诞生于复杂科学，关注的是多元,因此想象力将成为其基本意向。在这些研究中,最为广泛引用与认同的是辛德(Snyder etal,1992:402－405)等人提出的三种课程实施取向:

(1)忠实取向。以课程实施过程对预定的课程计划的实现程度作为衡量课程实施成功与否的标准。如果实现程度高,则认为课程实施成功;反之如果实现程度低,则课程实施失败。因此它强调课程设计的重要性,教师的任务是按既定顺序加以实施,教师的责任往往是"技术"的而非"价值"的。教师在实践中的执行过程应该符合课程设计者原先的计划、意图和理想。如果教师不能忠实地使用教材,那么课程改革和所有的投入都将前功尽弃。在这一取向中,教师很少能偏离既定的课程计划,教师是课程的"消费者",是被动的实施者。

(2)相互调适取向。课程计划与课程实施过程中发生相互适应现象在某种意义上具有必然性。事实上,所有事先预设、开发的课程,在实施中都需要进行适度修正,才能适用于快速变化的课堂教学情景。在课程实施中可能会发生两方面的变化:一是对课程计划本身作适当调整,以适应各种具体的实践情境;二是对原有的课程实施模式作出一定的变动,以适应课程计划的要求。这种取向经常被隐喻为球赛方案与球赛进程的关系。课程计划相当于球赛前制订的方案,方案是赛前由教练和球员们共同制订的,实施则是球赛进行的过程。尽管球员们在比赛中要贯彻事先制定好了的打球方案或意图,而达到这个意图的具体细节则主要是由球员根据场上的具体情况随时作出灵活机智的反应。

(3)课程创生取向。认为课程是由教师和学生在实践中共同建构的,外部发展的课程材料和教学策略仅被师生用作缔造教室经验的工具。这种取向常常被隐喻为乐谱与演奏的关系。如果课程计划是一个乐谱,那么课程实施则是作品的演奏。同样的乐谱,每个指挥家和乐队的理解、体会及演奏技巧是不同的,他们所面对的观众也是样态百生的,因此同样的乐谱会有不同的演奏方式,会产生不同的演奏效果。在这里,乐谱只是演奏的文本而非蓝本。"教师即课程",教师智慧创造着新的课程。

这三种取向并不是相互孤立截然分开的,而是一个连续体,在这个连续体中,"忠实取向"与"课程创生取向"分别居于两端,"相互调适取向"则处于它们中间。三种取向在这一连续体上表现出"渐进式的过渡特征"。而且,忠实观与技术观、相互调适与政治观、课程创生与文化观之间具有很多共通之处。这种共同性表现在基本假设、研究重点、实施策略以及研究方法论等方面,表2.4总结了两种分类体系的共同特征。

表 2.4　课程实施取向不同分类研究比较

实施取向	忠实取向	相互调适取向	创生取向
	技术观	政治观	文化观
基本假设	系统而理性的过程;消极的使用者;共同的利益和价值观;实施是一项技术性工作,关键在于寻找目标的最佳手段;课程知识是客观预定的;独立于认识者之外。	双向的社会互动过程;调适的使用者;不同群体认同一套价值观,通过群体间的妥协达成共识,因此调适程度并不一致;课程实施产生于社会互动过程中。	非线性的复杂演化过程;自主的使用者和创造者;实施有赖于不同文化的互动;团体内的小派别分享相同的价值观,团体间的价值观可能相互矛盾;个人化的知识观。
研究重点	变革方案的合理与完备;课程实施的程度;效率。	学校情境与变革方案的互动;调适的内容与过程;互动。	学校情境的文化涵义;缔造的内容及其影响;意义。
实施策略	专门知识的应用;中心一外围式变革。	利用政治手段产生影响;有弹性的变革。	社群的自觉行为;草根式变革。
研究方法论	量化研究:如问卷调查、访谈、观察、文件分析。	量化研究与质化研究:如半结构化问卷与访谈、实地观察、文件分析、个案研究。	质化研究:如个案研究、叙事研究、参与式观察、行动研究。

资料来源:尹弘飚等.再论课程实施取向[J].高等教育研究,2005(1):67—73,有删减。

20世纪80年代以来,世界各国都在教育质量监控的名义下纷纷立法或制定国家标准,产生了"基于标准的运动"(柯森,2004:1)。我国学者崔允漷(2009)提出了课程实施的新取向:基于课程标准的教学。基于课程标准的课程实施,就是教师根据课程标准对学生规定的学习结果来确定教学目标、设计评价、组织教学内容、实施教学、评价学生学习、改进教学等一系列设计和实施教学的过程。基于课程标准的教学给了教师一种方向感,它既为教学确立了一定的质量底线,又为教学预留了灵活实施的空间,因此它要求教师根据教学目标适当处理教学内容,根据课程标准倡导的理念选择适合的教学方法,而且还要求教师开展基于课程标准的评价。

笔者认为:关于课程的实施取向,在现实层面,不存在纯粹的一种取向的做法,它往往是掺杂着多种取向的复合体,只不过在这个复合体,各种取向倾向性成分程度不同而已。

2.1.4 课程实施模式与策略研究

国外对课程实施模式与策略的研究开始于上世纪 70 年代。舍恩(Schon,1971)在《超越稳定状态》一书中提出并考察了三种革新模式:即“中心—外围”模式(the centre-periphery model)、“中心增生”模式(the Proliferation of centres)和“运动模式”(the movement model)。随后,哈夫洛克(Havelock)通过对教育变革的 4000 份实证研究材料的分析,提出了三种主要的变革模式:即“研究、开发和传播”模式(research,development and diffusion model,RD & D)、“社会互动”模式(social interaction model)和“问题解决”模式(Problem solving model)。[①] 艾伦·C.奥恩斯坦和费郎西斯·P.汉金斯(2002:331)总结了四种课程实施模式:变革阻力消除模式;组织发展模式;组织部门、组织单位、组织圈;教育改革模式(表 2.5)。

表 2.5 四种课程实施模式概览

模 式	研究者	假 设	主要参与者	与变革类型的关系
变革阻力消除模式	格罗(Gross)	1. 抵制变革的现象是普遍的 2. 变革开始阶段需要克服阻力 3. 必须处理好全体人员所关心的问题	管理者 指导者 教师 监督者	权利策略 经验策略 有计划的变革
组织发展模式	斯迈克(Schmuck) 迈尔斯(Miles)	1. 自上而下式 2. 强调组织文化 3. 实施现行步骤	管理者 指导者 监督者	经验的、 理性者、 有计划的变革
组织部门、组织单位、组织圈	赖科特(Likert) 阿吉瑞斯(Argyris)	1. 组织的各个部门和单位与整体相一致 2. 个人与团体之间的联络 3. 实施过程包含矫正性行动	管理者 领导者 教师 监督者	规范合理的、有计划的变革
教育改革模式	富兰(Fullan)	成功的课程变革涉及到对它的需要、改革本身的明确性、一定的复杂性和计划具有一定质量	管理者、教师、学生、学校委员会、社区和政府人员	集中管理政策、内外部因素

资料来源:[美]艾伦·C.奥恩斯坦,费郎西斯·P.汉金斯著. 课程:基础、原理和问题[M]. 柯森主译. 南京:江苏教育出版社,2002:331。

① 有关内容参见杨明全. 革新的课程实践者[M]. 上海:上海科技教育出版社,2003:47—53

美国当代课程专家麦克尼尔(McNei,1996:241－262)认为,课程变革可以发生在不同水平上,如国家水平、地区水平或学校、班级水平,这些水平决定了实施课程变革的相应策略。他提出了实施课程变革从上至下的策略(Top-Down Strategies)、从下至上的策略(Bottom-up Strategies)和从中间向上的策略(Middle-Up Strategies)。

(1)自上而下策略(Top-Down Strategies)

该策略的技术性很强。课程变革是由国家或地方一级的教育机构发起的,在实施中强调学校中的其他因素与变革相一致,否则这种技术上的变革难以进行或维持。在这种课程实施策略中,国家教育部门扮演了一些主导的角色:在初期扮演的是提供者的角色,后来又充当培训者的角色,把方案提供给学校的教师然后再培训教师。麦克尼尔(McNei)认为,该模式可能受到地方和学校的抵制。要使自上而下的模式发挥效用,必须注意:在前期的论证、观察以及制订计划时尽可能地让教师参与决策,获得教师的信任与支持;在新课程实施过程中要给予教师各种帮助,关注教师在实施中的各种感受;给予教师物质、仪器设备以及精神上的支持等。

(2)自下而上策略(Bottom-Up Strategies)

自下而上的模式始于地方的变革需求。该模式的基本假设是:作为个体的教师是变革的发起人。在这种模式中,变革机构可能试图让学校教师检视学校中的问题,由此成为革新者而引入变革。该模式用于处理教师直接关心的问题,通过把教师所要解决的问题作为起点而鼓励教师参与。其基本步骤是帮助教师明确要解决的问题,寻找出现问题的原因,提出解决问题的方案。自下而上的模式的困难主要表现为实施变革的程度上受教师主观愿望和素质的影响。如果教师安于现状,对问题熟视无睹,自下而上的变革就无法发生。这种变革也受教师素质的影响,教师必须在课程、学习原理、课堂关系、相关的学科科目、探究技能和个人关系方面都要有出色表现,否则教师对于参与变革小组并探讨问题会感到不安。

(3)自中而上策略(Middle-up Strategies)

与前两种策略相比,这种策略选择了一条中间路线。它认为从上至下的策略过多地依赖于外部的奖赏,从下至上的策略又必须以个人或群体倾向改革为前提,然而事实上学校文化总是相对保守的,不愿主动变革。该策略主张学校是发起变革的最适当的机构。学校要成为课程实施的主体,一方面联合校外人士推广革新,另一方面要创造有利条件,促使教师参与变革。

以麦克尼尔的观点考察我国新中国成立以来的八次课程改革,基本上走的是自上而下的课程实施策略。我国关于课程实施模式与策略的研究,主要以介绍为主。施良方(1996:135—138)介绍了三种课程实施的变革模式:消除对变革的抵制的模式、领导—障碍过程的模式、兰德变革动因模式。张华(2000:339—345)列举了"研究、开发与传播"模式、兰德变革动因模式、课程变革情境模式。马云鹏、唐丽芳(2002)以及尹弘飚、靳玉乐(2003)的论文也分别对上述模式与策略作了介绍。另外,我国学者主要从教学的视角研究了一些学科课程的具体实施策略、教学模式。20 世纪 90 年代活动课程实施一度成为研究关注的热点(郭元祥,1994;李臣之,1995;高峡,1996;靳玉乐,1997;廖哲勋,1998;杨庆余,1998)。针对我国第八次新课程改革,马云鹏(2008)认为新课程实施的基本策略有:自上而下的推进方式,组织不同层次的培训,动员和依靠大学专业队伍,开展实施过程的评估,课程文本的调适。万伟(2006)提出了综合实践活动课的实施模式包括改造整合式、学科延伸式、条块分割式、系列专题式、自主课题式、记录本式、项目引导式等。

2.1.5 课程实施程度测量研究

辛德(Synder)等人的研究将课程实施分为忠实观、调适观和创生观三种取向。由于课程实施的创生观认为课程是在教师和学生的经验互动中创生的,是不可预期与检测的,故而并不存在创生取向的课程实施程度研究。西方课程实施程度的研究分成忠实和调适两条脉络(张善培,1998)。夏雪梅(2010)对四十年来西方教师课程实施程度研究做了回顾与评论,认为自 20 世纪 70 年代以来,西方检测教师课程实施程度的主要工具包括三种:使用层级(Levels of Use, LoU)、使用者形貌(User Profile, UP.)和实施课程的调查(Surveys of enacted curriculum, SEC)。其中的使用层级(Levels of Use, LoU),也就是霍尔(Hall, 1975)提出的"关注为本采纳模式"(Concerns-Based Adoption Model, CBAM),是目前国际上使用最广泛的课程实施程度测量工具(表 2.6)。

表 2.6 变革的实施水平

实施者	VI	更新	在这个层次,实施者重新评价变革实施的质量,并努力做重大调整或采取另一种方法来实施变革,希望能够对当事人产生更大的影响,并研究该领域最新发展状况,为自己和整个系统探索新的发展目标。
	V	整合	在这个层次中,实施者把自己实施变革的努力与同事的相关活动结合起来,争取在他们力所能及的范围内对当事人产生一种集体策略。
	IVB	精致加工	在这种状态中,实施者不断对变革的实施进行调整,希望能在短期内迅速加大对当事人的影响。此时,实施者已把调整建立在他们对变革短期和长期效果认识的基础之上。
	IVA	常规化	把变革的实施稳定化、常规化。几乎很少对实施进行任何改变或调整。很少准备或思考如何提高变革的实施效果。
	III	机械实施	在这个层次中,实施者把大部分的精力都放在短期、日常的变革实施上,几乎不花时间进行反思。在实施过程中所做的调整更多的是根据实施者自己的需要而不是当事人的需求来进行的。实施者首先是想逐步地完成要求他们实施的革新任务,而这又通常会导致在实施过程中出现实施脱节和肤浅、表面化的现象。
非实施者	II	准备	这种状态下的非实施者已经在着手准备开始实施变革。
	I	定位	在这种层次中,非实施者已经收集到或正在收集有关变革的信息,并且(或者)已研究了或正在研究变革的价值取向,还研究了变革对实施者和非实施者所在的整个系统有着怎样的要求。
	0	不实施	这个层次的非实施者几乎或根本就不了解变革,因而没有参与变革,而且也不打算参与到变革中来。

资料来源:[美]吉纳·E.霍尔著.实施变革:模式、原则与困境[M].吴晓玲译.杭州:浙江教育出版社,2004:101。

霍尔首先从两个维度区分个体的行为属于变革实施者还是非实施者,然后将人们在变革中的行为分为8个级别或层次.但正如霍尔所认为的,教师的变革实施行为并不会从一个水平向另一个水平按着等级的顺序层层移动。有的时候,个体达到一定水平,就再也不变化了;有的时候会跳过一个层次,退回到更低的实施水平上去;如果个体没有得到帮助,而变得愈益无法理解变革或不能有效地实施它时,那么他很可能会完全放弃变革。

CBAM除了在美国本国使用以外,比利时、荷兰、澳大利亚、加拿大以及我国的香港和台湾等地区,都以此为模板基于文化和变革情境修订后广为使用。1998年香港学者张善培在其“课程实施程度的测量”的综述中详细阐述了CBAM,2001年后,他与其同事通过香港目标本位课程对CBAM进行了检验、修订,提出了Cheung版的CBAM,这是我国较早也比较有影响的对CBAM的检验和修订。我国内地学者尹弘飚、靳玉乐使用CBAM,对教师认同感问卷调查中辅以CBAM的关心发展阶段与课程实施水平的调查,测量新课程改革中教师的认同程度,这是我国内地首次将CBAM应用于新课改的研究(尹弘飚,2003)。姜荣华(2008)基于我国国情对CBAM课程实施程度评价工具进行了专门修订。

国内外学者关于课程实施的研究,走过了40多年的历程,涉及了课程实施的不同方面,逐渐形成了课程实施的研究谱系(图2.5)。

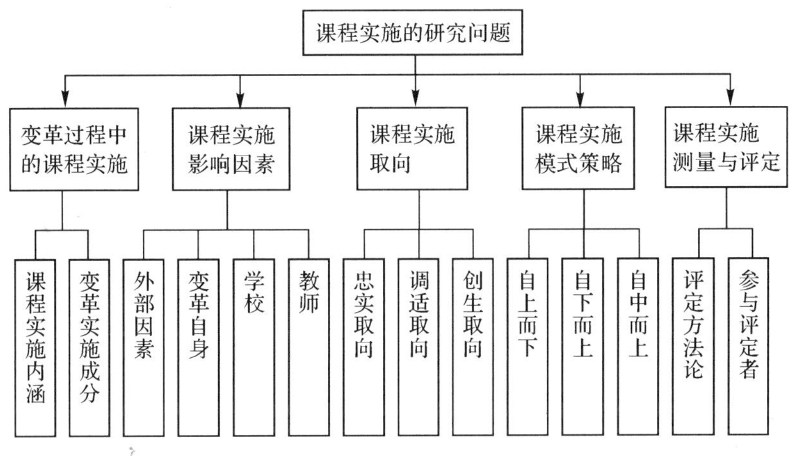

图2.5 课程实施研究谱系

资料来源:本研究整理。

我国的课程实施研究在趋势上表现出以下特点:第一,课程实施理论研究为课程改革实践服务;第二,注重对教师变革研究是课程实施研究的重点;第三,课堂教学重构是课程实施研究中的核心论题;第四,加强学校文化研究是课程实施研究的永恒话题(王鉴:101—105)。

2.2 教师课程实施研究综述

在课程实施的研究中,几乎所有的学者都提到了教师是影响课程实施的关键因素。"教育变革的成败取决于教师的所思所为,事实就是如此简单,也是如此复杂。"(富兰:121)"违背教师意愿或没有教师参与的教育改革从来没有成功过。"(雅克·德洛尔,1996:138)。但以"教师课程实施"作为检索词检索中国知网1979—2009,按"篇名"检索到期刊论文仅7篇、优秀硕士论文21篇、博士论

文0篇;按"主题"检索到期刊论文54篇、优秀硕士论文21篇、博士论文2篇(分别是周晓静的《课程德育》,南京师范大学,2006;张新海的《新课程实施中的教师阻抗研究》,西北师范大学,2008);按"摘要"检索到期刊论文50篇,硕士和博士论文与按"主题"检索结果一致;按"关键词"检索到的结果均为0篇。从检索的生成报告分析,我国专题深入研究"教师课程实施"的成果并不是十分丰富。

如果从渊源上来讲,教师从来就是与课程打交道的,教师与课程有着天然的联系,教师是课程实施的主体。但是,在不同的课程视域中,教师参与课程实施的角色却不尽相同。

2.2.1 不同视域下教师课程实施角色研究

以课程实施作为专门的研究领域至今,关于教师与课程的关系,出现了"教师作为课程执行者"、"教师作为课程实践—审议—开发者"、"教师作为课程研究者"、"教师作为课程决策者"、"教师作为课程意义建构者"、"教师作为课程创生者"等诸如此类的命题和专门研究。

(1)教师作为课程执行者:防教师课程

美国20世纪60年代的结构主义课程运动是以学科专家和科学家等外部专家主导的课程改革。这些专家制定了所有的课程计划,设计和编写了各学科的课程和教材,为教师配备了优良的辅助材料。这些课程材料和产品包含着严密的操作步骤以及详细的教师指南,甚至具体规定了教师必须知道、讲解和要做的每一件事情,以及学生需要做出的各种反应。教师所做的,不过是执行他人的目的和计划,从事他人提出的活动。教师在课程实施中只是原样照搬地接受和忠实地执行,教师主体性和创造性无法得到发挥。加上结构主义课程设计本身更多考虑的是学校课程的共性而忽视了具体课程情境的多样性和差异性,进而使新课程在实施中遇到很大的障碍,最终使这次轰轰烈烈的课程改革失去了应有的效果。

(2)教师作为课程实践—审议—开发者:施瓦布(Schwab)和佐藤学的观点

美国学者施瓦布(1983:13)基于对学科结构课程改革运动的反思,发表了一系列与"实践"有关的文章[①],提出了"实践的课程观"以及"审议"的方法论。施

① 包括《实践:课程的语言》(The Practical: A Language for Curriculum. School Review, No. 78, 1969),《实践2:折中的艺术》(The Practical 2: Art of Eclectic, School Review, No, 79, 1971),《实践3:课程的转化》(The Practical 3: Translation into Curriculum. School Review, No. 81, 1973),《实践4:课程教授要做的事情》(The Practical 4: Something for Curriculum. School Review, No. 13, 1983).

瓦布认为必须通过课程小组的方式共同开发课程，小组成员包括课程专家、学者、校长、教师、学生、家长以及社区代表等。施瓦布的"实践课程观"试图使科学主义课程开发所追求的"原理建构"重新回到具体的教育情境中来，促使课程从"理论"回归"实践"，让教师参与课程编制团体、进行意见分享以及对话与交流，赋予教师以课程开发的权责，重建教师的课程责任。

日本学者佐藤学(2003:36)提出了以教师为主体的"实践—审议—开发"模式(图 2.6)：

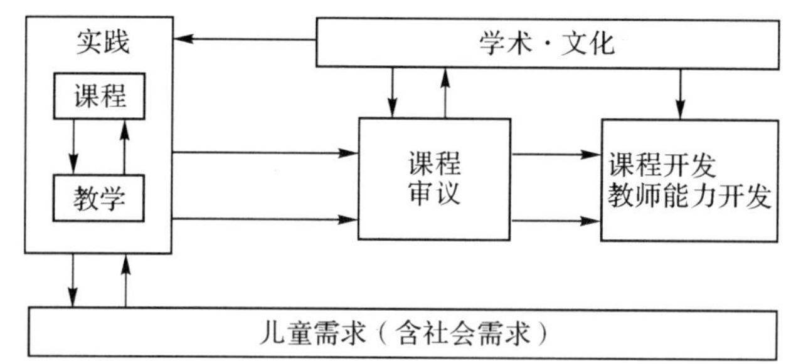

图 2.6 "实践—审议—开发"模式

资料来源：佐藤学著. 课程与教师[M]. 钟启泉译. 北京：教育科学出版社，2003:36。

在这一模式中，教师是实践者，同时是研究者、开发者。这种模式以教师构想的课程为轴心，课程与教学相互媒介，处于互动关系，课堂教学的展开过程在伴随教育性经验的开发、教材与计划的修正及发展这一点上，准备了课程开发的实质性基础。

(3)教师作为课程研究者：斯坦豪斯(Stenhouse)的观点①

英国学者斯坦豪斯(1975:83)的过程模式基于对泰勒"目标模式"的批判，提出了两个著名论断："教师作为研究者"和"没有教师发展就没有课程发展"。斯坦豪斯指出：课程研究不可能完全照搬照抄，因为不同学校的环境不同，教学中存在的问题和教学效果也是不同的，因此，试图重复注定是要失败的。课程研究也不是从一所学校中进行归纳的，因为归纳具有局限性，人们归纳出的结论或许很重要，或许还需要进一步地研究。所以，课程研究所追求的必须是可以证实的，即不是让教师接受现成的研究成果，而是让教师在其所处环境中运用检验程序来检验它们。

① 这部分内容参阅了单丁. 课程流派研究[M]. 济南：山东教育出版社，2000:484—502.

在斯坦豪斯课程开发的研究模式中,教师作为研究者的作用是至为关键的。他认为课程研究和开发的任务应由教师来承担。在实践中,把每一个教室都变成实验室,每一位教师都成为科研工作者来检验课程特性中所表达的观点,如果课程特性满足了教师的个人研究和发展的需要,使他逐步理解自己的工作,不断地改善教学,那么,就达到了理想的境界。所有基础牢固的课程研究和开发,都是以研究课堂为基础的,因此,它依靠的是教师的共同努力,只有靠大多数教师的努力才能使课程在实践中不断得到完善。

(4)教师作为课程决策者:塞勒(Saylor)的观点

任何课程计划,最终是通过具体的教学工作才能得以完成。塞勒(1981:256)等人用下图(图 2.7)展示了教师在课程实施前所经历的决策:

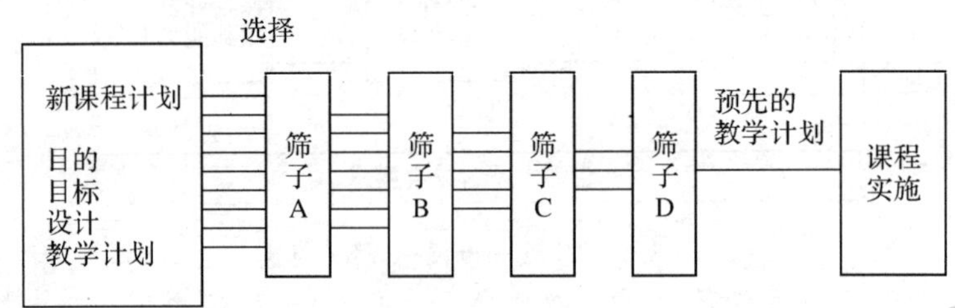

图 2.7　教师作为决策者的课程实施

A. 当地社区的价值观和期望

B. 学生的需要、兴趣、能力和角色

C. 教育环境——班级组织、教材、管理人员的支持或限制

D. 教师最终对合适教案的选择

资料来源:转引自施良方. 课程理论——课程的基础、原理与问题[M]. 北京:教育科学出版社,1996:140。

这个模式假定教师的教学是建立在新的课程计划的基础上的。教师的价值观、知识和技能会影响他们每一次所作出的选择。教师会考虑到课程的目标、内容和组织方式,并会想象出一系列可能的教学方案以实施课程计划。这些可能的教学方案要经过层层"筛选",即看它们是否符合社区的价值观和教育期望;是否能为特定学生所接受;以及是否具备适当的条件等。而这些决策都与教师的素质和经验有关。

(5)教师作为课程意义建构者:派纳(Pinar)的观点[①]

① 这部分内容参阅[美]威廉 F. 派纳等著. 理解课程[M]. 张华等译. 北京:教育科学出版社,2003:537—588.

派纳是"存在现象学"课程论的主要代表。派纳把课程理解为自传/传记文本,对课程"Currere"他更强调围绕"跑道"动态跑的过程以及跑的经验,强调个体对其"自我履历"(autobiography)进行概念重建的能力。因此,课程成为引导学生经验和体验的过程,是一个有意义的知识建构过程,而不是预先确定的学习材料。教师和学生可以在教育过程中根据自己的意识分析教育经验、重构教材,从而实现个体经验的改造与意义的建构。

"个体履历课程"主张重视个体的主体性,将教师与学生置于课程的中心,并将个体自我意识的提升和主体地位的确立作为自己追求的目标。在这里,教师是现实生命的存在体,他们有各自的意识和特性,对世界有不同的理解,对课程,他们有自己的体验,也有发言的权利。在课程活动中,教师丰富的经验、真诚的思考、诗意的心灵和厚重的思想都构成了教师对课程的体验。对课程文本,每位教师都有其自身的解读,并根据自己已有的经验与学生的了解,对课程的内容不断进行拓展与更新,最终转化为教师"自己的课程"。

(6)教师作为课程创生者:麦克尼尔(McNeil)、李小红的观点

麦克尼尔(2008:2)在《课程:教师的创新》(Curriculum: The Teacher's Initiative)(Third Edition)中指出:关于课程,有两个世界。一个是言辞世界(rhetorical world),在这个世界中,委员会成员、教育董事会、政府首脑和其他人就应该教什么及怎么教给出答案。这个言辞世界也包括商业领导者、政治家和学者。他们对教师该干什么持有专一的观点。课程改革、政治声明、目标、框架、授权、标准和其他学校重构特征都与此相关。另外一个课程世界是经验世界,在这个世界中,教师和学生实施课程,追求他们的目标,并在此过程中组织知识和意义。当这两个世界之间遭遇冲突时,教师是关键,他们倾听学生的声音,回应社会的变革,开发相关课程材料,承担起沟通和协调这两个世界的责任,教师正在从课程的沉默实施者转变为课程创生者。教师牵挂着课程世界,课程世界因教师而和谐生动。

我国学者李小红(2009:2)在其专著《教师与课程:创生的视角》中认为,"教师的课程创生"这一术语源于"课程实施的创生取向"。我国教师的课程创生存在严重缺失和褊狭,具体表现为:教师对课程的忠实实施及批判性的失落;教师对课程的无意识改变及其自为性的缺失;教师在课程实施层面的创生积极褊狭化。基于我国教师的课程创生有四种表现方式和形态:①课程目标的创生。强调教师应由过分注重知识掌握转向确立以学生为主体性发展为根本价值追求的课程目标。②课程内容的创生。包括对国家课程内容的调适、对国家课程内容的文化批判与重建以及学生生活世界中非文本课程内容的开发。③课程实施的

创生。一方面,教师应以教学对话为核心理念,通过与课程文本、与学生、与自我的对话,进而创生课程的多种意义。另一方面,教师应及时捕捉和充分利用生成性的课程资源,使课程实施真正成为一个动态生成的过程。④课程理论的创生。教师的课程创生实践不仅是对公共课程理论直接应用的过程,也是教师个人课程理论创生的过程。教师创生的个人理论具有很强的个人性、实践性、默会性与内隐性、综合性,但正是教师的个人理论才真正地指导和直接地支配教师的课程创生实践。

台湾学者蔡清田(1992)认为在教室层次,教师是课程潜能的创造者、课程探究的发现者、行动研究的行动者、教室层次的课程设计者;在学校层次,教师是正式课程的转化者、非正式课程的设计者、潜在课程的处理者、悬缺课程的弥补者、学校层次的课程发展者;在"国家"层次,教师是"国家"课程改革的实施者、课程改革的研究者及适性设计者。

上述学者从不同的视域,分析了教师与课程的关系,突出了课程实施要发挥教师的主体能动性。20世纪60年代的"防教师"课程,完全由专家开发设计的"课程包"控制了教师的课程实践,使得教师成为课程的"附庸"。其结果是,课程作为学校教育预期的"公共产品"忽视了具体的教育情境,导致课程在实践层面的不适应;教师被排除在课程开发之外,无法发挥主动性而影响课程在课堂教学层面的运作,使得课程实施效果被打折。教师的"缺席"必然导致对意义的僭越。

但约翰·艾利奥特(John Elliott,1998:17－21)在《课程实验——迎接社会变革之挑战》中指出,教师在课程开发中的角色,在英国课程变革中是一个尚未解决的课题。自1945年以来,英国的学校掀起了两次声势浩大的课程变革浪潮。第一次浪潮发生在20世纪60年代到70年代早期,是教师发起的,教师在其中扮演重要的角色。由于教师和教师协会未能有效提升学校的教育目标,故开始关注政府干预课程开发的合理性。第二次浪潮以1988年颁发的《教育改革法案》为标志,是由国家主导的,这次课程改革明确引进国家课程,它所遵循的是社会工程模式(socialengineering model),试图以此提高学校教育的标准。艾利奥特认为,第二次课程改革教师的角色被压缩为纯粹的技术员,教师的课程角色日渐萎缩。艾利奥特认为教师驱动的变革和国家驱动的变革似乎都不能成功地运行,所以提出了第三种选择:协商下的社会调整。"协商课程"变革应该在学校、地方和国家相互的联系网中不断建构和重构。在每个层面,社会各个阶层的代表:教师、家长、经理、员工以及政府,应该共享和讨论各自教育目标和教育进程的看法,并对教育实践中出现的问题共同作出解释。

台湾学者周淑卿(2006:43—45)在分析台湾九年一贯课程改革中教师增加了何种决定权中时质疑:"教师的主要角色是否仍为执行者"?她指出,由于学校本位课程的提倡,学界鼓励教师集课程研究者、设计者、执行者、评鉴者于一身。在学校层次上,教师固然有相当大的课程决定权。但课程架构要求学校的课程应着眼于七大领域能力指标的达成,并以统整的方式进行课程组织。在学术层次与形式层次上,课程专家与中央单位已决定了目标、课程内容分类与组织方式,甚至各领域时数的分配、实施方式(主题式、协同教学)。学校的任务则在于思考如何将能力指标转换为教材内容与教学活动。至于教材内容,若学校使用教科书,教师再就既有教材取舍,并进行统整,则大部分教材内容也由教科书编者决定。虽然有少数学校决定在"综合活动领域"由教师自行设计课程,但是大多数学校仍然翘首企盼教科书的发行。在许多新课程的研习场合中,最常被提及的说法之一是:"既然仍会有教科书的出版,教师何必辛苦设计课程?""即使我们用许多时间与精神设计课程,也比不上专家编写的教科书,何必多此一举?"若教师存此心态,则大部分教材内容仍非出自教师的决定。依此而言,教师所做的课程决定集中在教学层次以下之范围。这种属于"执行者"的自主权,即使在集权的课程形态中,也一直都存在。由此思考,所有学校仍在一套由上层决定的课程理论中、在相同的课程架构里做非常有限的课程决策;学校仍然处于课程生产线的下游,教师的主要角色仍为课程的执行者。

我国学者丁念金(2007:394—398)认为,在当前的新课程实施中,教师的角色应该定位于课程传递者、课程学习者、课程领导者、教育研究者和课程建构者。"本次课程改革倡导一种课程共建的文化,教师再也不是教科书的忠实执行者,而是与专家、学生共同建构新课程的合作者;教师再也不是只知教书的匠人,而是拥有正确观念,懂得反思技术、善于合作的探究者。新课程改革非常重视教师的课程参与,强调改变教师的课堂专业生活方式,并通过这种课程参与提升教师的课程意识,掌握课程开发的技术,促进教师的专业发展。"(钟启泉,2001:419)

这些由学术界论证支持的课程角色是他人期望、界定和预先设定的,教师则是"被要求"符合一套既定的专业标准。规制性的角色经常导致个人声音的压制,剥夺个人界定情境的权利,未必获得教师当事人的身份认同。"身份认同并非朝圣式地符应客观标准,而是旅行式的——经由与所处社会关系中的人互动、磋商,而建构自己作为专业教师的内涵。"(周淑卿:77)教师认为自己是谁?应该成为什么样子?教师的真实是什么?教师在课程实施中到底是以一种怎样的身份介入的?正如有学者所认为的那样:教师的课程角色,依旧是个备受关注的课程话题(杨明全,2003)。基于目前国内外学者的不同观点,我们还有必要聆听来自一线教师的声音,进行进一步实证性的探讨。若不真正了解教师自己所认同的课程实施的身份,课程改革充其量只是一个做法取代另一个做法,就如同海面上虽然涛声阵阵,海底却依旧平静无波。

2.2.2 教师课程实施态度研究

教师是课程实施过程的最直接参与者。研究与实践表明,教师对课程变革实施的态度相当复杂。麦卡洛克、黑尔斯里和纳特(McCulloch、Helsly & Knight,2000:81)指出,教师对改革的反应有四类:一是毫无反应,这可能是因为他们相信现存的实际与论述已符合改革所提倡的内涵;也可能是漠视或拒绝新政策。二是虚应故事,只做些点缀式的调整,而不做实质的改革。三是只在既有的假设与论述架构里调整一些行事方法。四是改变所持的原有深层假设与论述。以前三类反应而言,教师仍旧维持既有的观念、态度与价值观,顶多只在行事方法、教学方式上做枝微末节的更动,或采用一些表面上看似不同的做法,其实并未有实际的改变。只有第四类,教师真正触及概念与价值体系的更新,才可能带来真正的改革,然而这类反应总是最罕见的。很多研究者将教师对课程变革的实施的表现分为抵制和自愿改变两种倾向(操太圣、卢乃桂,2003;尹弘飚、李子建,2007;刘力、黄小莲,2007)。从现有文献看,对教师课程实施中抵制的研究多于自愿改变。

托马斯·哈维(2002:320)对于教师抵制课程变革实施的原因作了如下分析:①缺乏主动权,如果人们认为变革来自组织外部,他们可能会不接受它;②缺少利益,如果教师们不能肯定新课程能给学生的学习带来好处和自身能够被认可、被尊重和奖励的话,他们可能会拒绝变革;③负担增加,变革通常意味着负担的增加,教师们的工作日程本来就已经安排满了,在外部人员命令下或安排下接受的任务使教师们感到不满,甚至充满敌意;④缺乏管理上的支持,如果他们对课程变革的支持没有官方的或法律上的保证,他们就不会接受它;⑤孤立无援,没有人希望独自改革,大家一起行动是课程变革成功的必要条件;⑥不安全感,没有安全感的改革行动,人们会抵制它;⑦标准不一致,新课程产生的作用同教育系统中全体人员设定的标准和期望相一致,有时候新课程所呈现出来的和人们所拥有的教育哲学取向是不一致的;⑧枯燥乏味,没有人愿意接受一项他没有兴趣实践的新课程,改革要成功就要充满诱惑力,能引起人们的兴趣;⑨混乱,如果改革缺少控制或造成混乱,人们会抵制改革;⑩认识不同,如果人们觉察到改革拥护者拥有比别人多的信息,他们可能会认为这些人拥有了过多的权利;⑪突发的大规模改革,人们可能会抵制那些要进行彻底大改变的改革;⑫特别的阻力,有时候改革的阻力是很难了解和不能预料的。重视这些问题将有助于课程变革的顺利开展和实施,它在客观上要求改革者必须仔细斟酌变革工作和课程实施时人的因素,避免成为心血来潮的改革者。

我国台湾学者单文经(2000)以哈维的12项原因为框架,以台湾中小学九年一贯课程改革的发展状况为例,把教师抵制课程变革的原因具体归纳为四项:改革幅度太大;未有明显可期的效益;教学文化与改革的互斥性;配套措施难臻完善。我国学者杨明全(2003:187)基于文化、制度和技术三个层面作了分析:在文化层面,教师对课程变革的抵制,从根本上来说根植于深层的教师文化所具有的保守性格;在制度层面,课程变革所要求的新的课程与教学制度跟原有的制度不相容,教师难以接受新的制度,从而引发抵制;在技术层面,不同的实施策略导致教师不同程度的抵制。也有研究者通过问卷的方式,分析了教师的知识、信念、认同、学校文化因素与课程实施阻抗的关系(张新海,2008)。

教师抵制并非我们想象的那样一无是处,它也具有促进课程实施的积极意义,它在某种程度上为我们发现问题和解决问题提出警示。正如富兰(2001:75)所说:"意见相似并非好事。这会使人们的观点变得更加雷同,并且排斥他人,同时却错过了许多更有价值的新线索"。

为了促进课程的有效实施,转变教师对课程实施的态度很重要。有学者认为,教师参与课程变革是有条件支撑的。条件包括物质条件和心理条件。物质条件包括时间、课程资源、技术等;心理条件则包括心理安全感、感情上的支持等。前者来源于校内外的资源配置,后者则主要和学校文化相关(王鉴:103)。教师的改变是一个渐进的过程。布里奇斯与米切(Bridges,W. & Mitchell,S. 2002:33—35)把教师改变分为三个不同的阶段:①"忍痛割爱期",即与自己以往熟悉的专业实践模式分手,即使它曾经给自己带来了许多成就和辉煌,也要勇于抛弃;②"冲击适应期",即教师进入不确定地带,应对变革带来的冲击和挑战,但并非所有教师都能超越这个阶段;③"专业再生期",即教师具备了新的专业素质和行为特征,步入了一个崭新的境界。

2.2.3 促进教师课程实施策略研究

教师专业发展及素质提升是课程实施的关键。斯科特(Scott,1994:157)提出了一个整合课程实施与教师发展的概念框架:课程变革实施要跟组织结构与学校管理相联系(Munger,1991);要让教师参与决策过程(Maloy and Jones,1987);应该为教师与同事交流挑战性的观点提供机会(Carson 1984; Young,1988)。如果没有这样的一个概念框架,教师的专业发展会囿于狭窄的愿景,正

如 Leithwood(1986)所描述的那样:教师发展被当做个人活动而不是整合与课程实施各个阶段的发展过程。

为充分发挥教师在课程实施中的作用,需要采取多方面的策略,特别重要的有:让教师理解课程;组织和激励教师大力开展课堂改革;鼓励和组织教师进行校本课程发展;加强教师的理论学习;培养教师反思的习惯与能力;加强教师对课程及课程实施的研究;加强教师文化建设(丁念金:405)。也有学者认为,在新课程背景下,要推进以校为本的教育研究制度。教师个人、教师集体、专业研究人员是校本研究的三个核心要素,他们构成了校本研究的三位一体关系,教师个人的反思、教师集体的同伴互助、专业研究人员的引领是开展校本研究和促进教师专业成长的三种基本力量,缺一不可(余文森,2003)。还有研究认为,课程实施的不确定性和境域性要求教师在课程实施中发挥主体性。教师主体性发展的外部条件是重构课程制度与改造教师文化,内部条件是更新教师的课程观念和建构个人知识。教师主体性发展的路径包括在对课本知识的反思性言说中确证教师的个体主体性、在与学生的公正性言说中体现教师的主体间性、在建构师定文本中彰显教师主体性、在反思性教学中提升教师主体性以及在课程行动研究中深化教师主体性(孙平,2007)。

在课程实施的范畴之下,教师课程实施的研究谱系从宏观走向微观,包含了教师课程实施的角色、教师课程实施的态度、促进教师课程实施的策略等方面(图 2.8)。

2.3 研究评述与展望

站在历史的长河中,研究是在后浪推前浪的积淀与延续中不断推进与嬗变的过程。左顾右盼,学者们在课程实施领域留下了自己的研究足迹,把这些足迹连在一起,或隐或现地形成了一条研究的线索。作为后继的研究者,可以沿着已有的线索走向深入,也可以另辟蹊径独树一帜。但如果完全舍弃以往的痕迹,研究则可能出现无意义的重复甚至倒退。

综观国内外关于教师课程实施的研究,笔者认为目前研究存在的问题是:

(1)研究视角过多地关注了作为一种变革过程的课程实施,过少关注常态。

国内外的课程实施研究都因课程变革遭遇瓶颈而起,美国在 20 世纪 60 年代结构主义课程失败后开始关注课程实施,我国的课程实施研究因第 8 次课程改革而引起关注。但课程实施并不是仅仅基于课程变革的背景,教师的教学生活中每天都在实施课程,在课程实施中时时做着或决策或执行的活动。笔者认

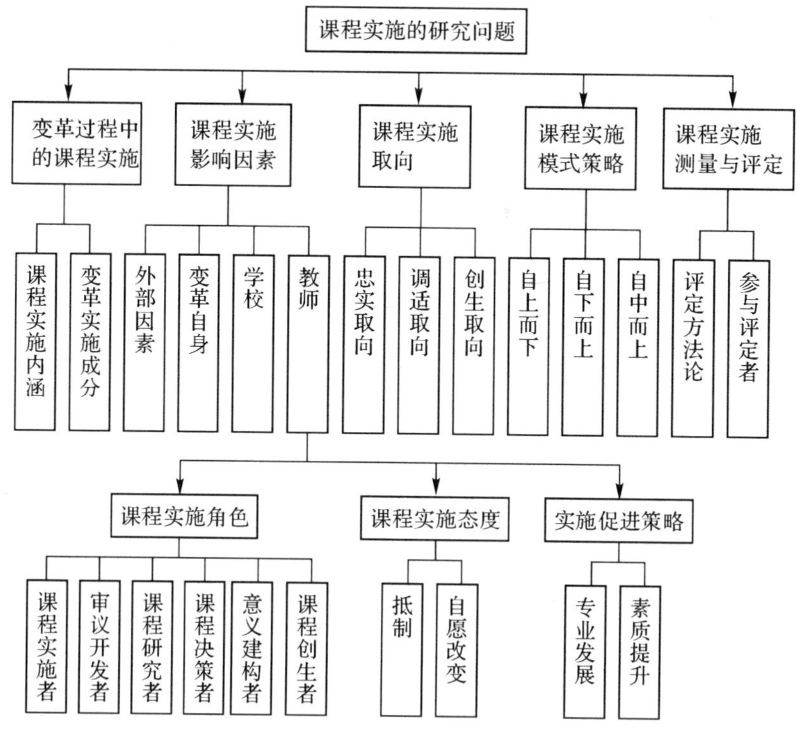

图 2.8 教师课程实施研究谱系

资料来源:本研究整理。

为,教师的日常课程实施往往是血溶于水的最具生生不息的顽强生命力的存在。教师的日常课程实施也在发生静悄悄的变革。所以,关注教师的日常课程实施,才能真正发现来自教师的自下而上的首创精神,也有助于研究者更好地设计自上而下的容易被教师接受并转化为行动的课程变革。当代变革的策略需要"来自上面的鼓励"和"来自下面的首创精神"(联合国教科文组织,1970:221－222)。仅仅将课程实施视作课程变革的一个环节与现实相悖,研究更应关注教师的日常课程实施是一种怎样的状态?课程变革是怎样融入教师的日常课程实施的?所以,对教师课程实施研究仅仅定位于非常态是有失偏颇的,研究视角需更多地转向常态。

(2)研究内容过多地集中于课程实施的有效性探讨,过少地关注对教师具体课程实施过程的意义诠释。

国内外大量的有关课程实施研究的目的旨在服务于课程变革,由此导致关于课程实施的研究集中于描述或检测课程实施的效果,探讨影响课程实施的因

素,提出促进课程有效实施的策略。而且,课程变革实施涉及的变量比较复杂,所以这些研究往往比较宏观,很多研究有浮于表层的面面俱到之嫌。尽管研究者不约而同地提到了教师是影响课程实施的关键因素,但对教师具体课程实施过程展开研究的文献相对欠缺。“当前有关课程实施的实证研究中,对‘教师个人因素的分析’还不够充分,对课堂中的课程实施的影响因素仍缺乏系统的呈现与深入的分析。因此,深入探讨‘教师个人因素与课程实施之间的互动关系’(李子建,2005)以及课堂中教师和学生是如何演绎、体验课程的,在未来的研究中应该引起足够的重视。”(陈晓波,2008:101－109)教师的课程实施开始于领悟课程,行动于运作课程,反思于经验课程。教师是怎样理解自己的课程实施过程的?教师认同学术界倡导的“教师是课程执行者”、“教师是课程开发者”、“教师是课程设计者”、“教师是课程决策者”、“教师是课程意义建构者”、“教师是课程创生者”的身份吗?课程实施过程对教师自我、对学生、对课程产生了怎样的影响?课程实施研究需要从只关注效果的技术理性转向实践理性和解放理性,倾听教师发出的声音。

(3)研究方法过多地采用“客位研究”,过少地做到“主客位研究相结合”。

“主位研究”与“客位研究”是文化人类学田野工作的重要研究范式或研究方法。在文化人类学的语境中,主位研究是指站在被研究对象的角度,用他们自己的方式和观点去描述和解释他们的生活现象。客位研究是站在局外人的立场,用研究者所持的方式和观点去描述和解释所看到的和体验到的生活现象(马文·哈里斯,1988:15—18)。就课程实施的研究而言,已有的研究文献过多地来自于课程理论工作者的“客位研究”,即站在局外人的立场对教师的课程实施进行研究。作为教师自身的“主位研究”则相对较少。“谁是教师研究者”?科林·兰克希尔(Conlin Lankshear)和米歇尔·诺贝尔(Michele Knobel,2007:4)认为教师研究包括教师本人与其他教师合作研究课堂或独立地研究他们自己的课堂。乔·切西里(Kincheloe,2003)认为,教师可以利用教师研究来抗衡目前以课程和教学法为中心的潮流。这些课程和教学法以“专家研究”为基础,并由教育管理人员和政策制定者使用“严密的组织管理”方式,强制实行“专业技术标准”。在这一潮流之中,课程变得高度标准化而忽视了学校团体、学校环境、学生要求和背景的多样化。笔者认为,教师课程实施研究既要有研究者的客位研究,又要有教师的主位观点,需要两者有机地结合。

基于目前有关教师课程实施研究尚存留待补白的地方,后续的研究将在填补已有研究的空白点之处做出贡献。展望未来的教师课程实施研究,有进一步探讨的问题是:

日常的教师课程实施是一种怎样的状态?

教师是如何理解自己的课程实施之旅的?

在课程实施中教师是如何决策课程与教学的?

复杂变革境遇下教师该如何踏上新的课程实施之旅?

本研究试图以上述问题域为研究旨趣,通过研究者与教师各自发出的声音,在教师课程实施研究的薄弱地带有所突破。向内关照教师课程实施的心灵之旅,向外探寻合理解释教师课程实施的意义空间。

2.4 本章小结

基于对国内外课程实施文献资料的分析,宏观层面课程实施的研究围绕作为一种变革过程的课程实施、课程实施的影响因素、课程实施取向、课程实施模式与策略、课程实施程度等问题展开;微观层面对教师课程实施的研究主要集中于探讨不同视域下教师课程实施的角色,教师课程实施的态度以及促进教师课程实施的策略。这些研究存在的问题是:研究视角过多地关注了作为一种变革过程的课程实施,过少关注常态;研究内容过多地集中于课程实施的有效性探讨,过少地关注对教师具体课程实施过程的意义诠释;研究方法过多地采用"客位研究",过少地做到"主客位研究相结合"。

本研究将课程实施研究谱系延伸在微观层面的教师课程实施领域,主要探讨教师课程实施过程,如图 2.9 虚线部分。

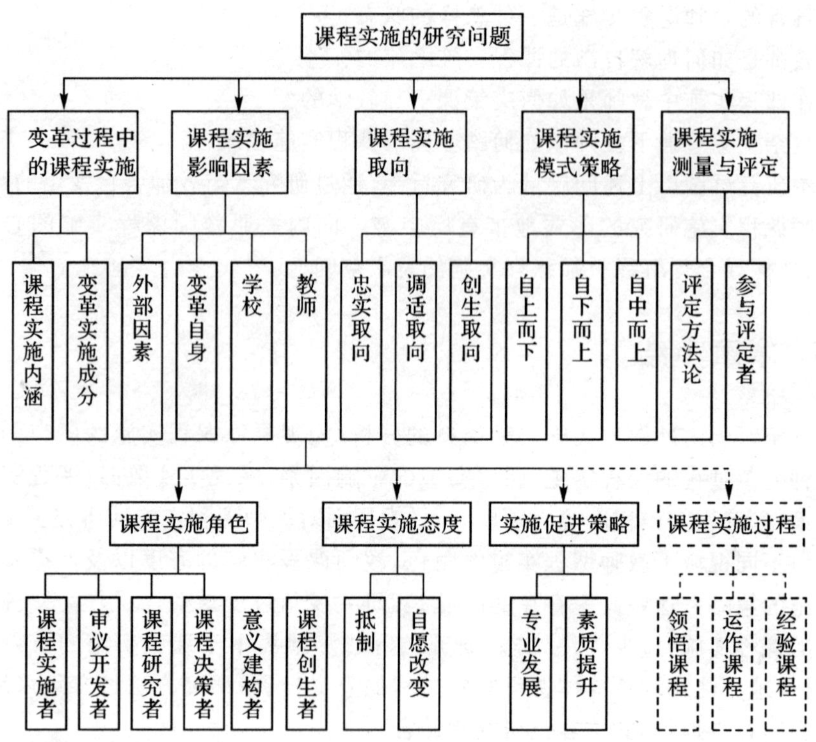

图 2.9　教师课程实施之旅研究谱系

资料来源:本研究目标。

03 教师课程实施田野研究:M小学和W中学的意蕴

一个问题的产生是由于我们知道得太少而极欲知道得更多;一个难题的产生是由于我们知道得太多,而各种知识却相互矛盾冲突。问题是好奇心的产物,难题则是反映了知识的困境;问题寻求的是答案,难题寻求的是解决方案(赫舍尔,1994:1—2)

已有"田野研究"的概念与方法,来自人类学。这种方法由于聚焦在具体的研究场景以及研究者与对象之间的互动所带来的"霍桑效应"而成为动摇质性研究"科学性"的"沙滩上的建筑"(朱敏,2009)。囿于具体场景的"小地方"研究能否代表"大社会"仍然是田野研究方法易受攻击的软肋以及需要解决的难题。

将"田野研究"应用于教育研究,"教育田野研究"的特质是什么?如何认识和选择"教育田野"?如何开展"教育田野"研究?这是一个尚未充分揭示的问题。"教育学立场下的教育田野,是影响人的身心发展的场所。这个场所的代表,不是'社区',而是'学校'。……至于选择什么样的学校作为田野,不是取决于学校所处的地域是否遥远和它的文明程度,也不取决于其文化背景,而是取决于具体的教育问题。这样,学校田野选择的标准就变成了:什么样的学校田野能够发现和解决什么样的学校教育问题?"(李政涛,2007)。我主要选择了M小学和W中学作为我的研究田野,特别关注了"课堂",是因为这两所学校有着我所期待解决的课程实施研究意蕴。

3.1 M小学"光谱校本课程"规划与实施研究

2010年9月开学不久,女儿拿着张选课菜单神采飞扬地告诉我:"妈妈,这学期星期五下午的两节学校光谱课程有30多门选修课,趣味养殖、喜剧欣赏、佳片有约、中华美食……我都很喜欢!唉,可惜呀可惜,每个人只能参加一门。有的课限30人以内,全校这么多同学,我不一定能报上。不过,班主任刘老师说,这些课上到期中就结束了。然后是第二轮的选课,第一次没选上的可以第二次再选,我到底该报哪一门呢?”

看着女儿满心欢喜的样子,不由得让我再度审视我也亲历的M小学的“光谱校本课程”研究。①

3.1.1 “光谱校本课程”规划与实施研究缘起

我介入M小学的“光谱校本课程”研究始于2007年9月,当时是因为女儿就读于该校,我以志愿者的身份自愿为M小学的科研贡献学术资源。我把自己当做了M小学“局内人”的一分子,而M小学的王校长非常客气地把我看做来自高校的“专家”。我觉得自己获得的是一种既是“局内人”又是“局外人”的双重身份。陈向明(2007)认为,这种双重身份可以使研究者处于一个十分有利的位置:他既可以与当地人接近,了解他们的所思所想;同时又可以伺机撤出,不必完全拘泥于大多数人的礼节。他既有一种归属感又有一定的个人空间。他是一个“公开的”研究者;在人际关系上,他的身份处于“朋友”与“陌生人”之间;在处理知识信息方面,他在“熟悉”和“陌生”两者之间徘徊;而在参与程度上,他处于“参与”和“观察”之间。这两种角色之间所形成的张力(tension)为研究者创造了一定的空间,为他获得灵感和创造力提供了一个刺激源。

M小学建校于1925年,历史悠久,多年来一直坚持从学生发展的实际出发寻找教育科研的起点,先后进行了“整体·合作·乐学·优化”研究,以及旨在促进学生个性化发展的生本教育实验。在我介入之前,刚刚完成浙江省2005年度教育规划年度课题《促进学生个性化发展课程模块与教学模式研究》。王校长希望继续深入研究以多元智能理论为基础,以“光谱教育理念”②为指导的个性化学校课程,并逐渐将之形成学校的科研与办学品牌。我的第一个任务是以现有的研究成果为基础,协助进行2008年的浙江省教育规划课题的设计与申报。

为了更好地了解与沟通,9月中旬,我第一次以“局外人”的身份来到了M小学。教学楼一楼正门“光谱教育,七彩童年”醒目大字一下子就让我感受到了校本特色。经过与王校长的初步交流与思维碰撞,我拿到了一大堆反映学校前

① 相关成果参见黄小莲,王怡芳.给每位学生一个成功的支点——基于多元智能理论的校本光谱课程规划与实施研究[J].中小学管理,2010(3)、(4):30-32,40-42.

② 无色的阳光透过三棱镜会出现红、橙、黄、绿、蓝、靛、紫七种美丽的可见光,这七种美丽的可见光排成的光带,物理学上称为光谱。M小学把在学校围绕多元智能开展的教育称为“光谱教育”,光谱象征每个儿童智能、风格、潜能广泛的多样性。光谱教育理念倡导以尊重多元为前提,发现学生优势智能并加以有针对性的培育,达到“面对多元的学生,实施多元的教育,促进多元的发展,获得多元的成功”的目标。

期研究的成果资料离开了。根据M小学的研究基础，在进一步和校长与教科室主任的电话或电子邮件的沟通下，我了解到了学校在围绕多元智能理论，基于“光谱教育理念”开发系列校本课程的过程中，遇到了这样一些需要化解的矛盾：

第一，丰富的校本课程门类与有限的学习时空之间的冲突。

《义务教育课程设置实验方案》（教育部，2001）重新规定了国家、地方、学校课程在整个课程计划中所占的比重，在课程内容和课时安排上，体现一定程度的弹性，地方与学校课程的课时和综合实践活动的课时共占总课时的16%～20%。随着三级课程的施行，市、区级的教育业务部门相应都组织力量编写了地方课程，比如杭州市教研室就编写了《我与杭州》《廉洁教育》，省教研室编写了《人·自然·社会》。M小学充分挖掘学校现有的资源优势进行了旨在满足学生个性发展的校本光谱课程开发。学校里的老师由于兴趣爱好、专业特长各异，每位老师就是一个很好的课程资源。学校引导教师根据自己的特长自主设计一门光谱课程，如“四大名著人物点击”、“小数学家乐园”、“对联欣赏”、“航模俱乐部”、“动漫设计”、“小小书法家”、“七彩世界”等。学校同时依托社会力量开发光谱课程，如“三棋（围棋、中国象棋、国际象棋）俱乐部”、“铜管乐队”等；依托家长资源开发的课程有“传染病预防”、“消防自救”等；依托社会资源开发光谱课程，如“学军实践活动”、“学农体验”等，学校先后开发的光谱课程有四十余门。这些课程具有多元性、开放性、选择性等特点。但这么多的光谱校本课程容易与学生有限的在校时间发生冲突，有些老师质疑一周两节课的时间根本无法实现校本课程开发与实施的目标。而且，在这样的三级课程中，难免会出现交叉重复的现象，如果各级课程都是照搬，不仅教学时间不允许，而且会加重师生的课业负担。由此，学校课程实施如何平衡丰富的校本课程资源与有限的学习时空之间的矛盾成为一个突出问题。

第二，共同基础落实和个性发展诉求的矛盾。

光谱校本课程以学生个性发展为诉求，为资质不一、能力倾向相异的学生提供满足他们不同需求的课程，在充分发挥学生主体性和创造性的基础上，培养学生多方面的兴趣、特长和能力。国家课程是国家依据未来公民接受教育之后所要达到的共同素质而开发的课程。它根据不同教育阶段的性质与培养目标，制定各个领域或学科的课程标准或教学大纲，编写教科书。国家课程实际上也是一个质量标准，是教育评价的重要依据，也是不同学校、不同地区进行教育质量比较的重要依据，所以，几乎所有学校所有教师都把课程教学的重心放在共同基础的落实上。为达成共同基础，有些教师经常“悄悄”挤占地方和校本课程的课时。由此，如何保证校本课程同样得到保质保量地落实而不是“面子工程”？如

何处理校本课程和国家课程之间的关系？学校课程实施必须解决根据学校教育情境,平衡共同基础标准落实与学生个性发展诉求之间的矛盾。

第三,校本课程内在需求与教师专业特长之间的矛盾。

随着全球一体化进程的加快,为了使今天培养的人才能够适应未来社会的发展,M 小学校本课程开发把满足时代发展需求作为一个重要的维度来思考。学校认为,随着杭州国际化程度的显现,为了促进学生的语言和交往智能,应该从小学一年级开始对学生进行英语口语的教学。为此,学校开设了每周 20 分钟的英语口语练习。但后来发现,这门课程几乎形同虚设。原因是学校专职英语老师只能满足国家英语课程的师资配备,学校现有的懂英语的老师因为以前学的是“哑巴”英语,会看不敢读。所以,有些班级这 20 分钟只好采用让学生看英语碟片的方法应对,课堂中没有英语对话和教学,致使这门课程的学习效果无法达到预设的目标。学校现有教师的专业素养与校本课程的内在需求存在矛盾。

为化解上述制约学校校本课程开发与实施中遭遇的瓶颈,M 小学希望通过开展进一步的课题研究寻求解决问题的路径。于是,我们把这一轮的研究主题确定为《基于“光谱教育”理念的学校课程规划与实施研究》,课题方案在浙江省 2008 年教育规划课题申报中成功立项。

2008 年 5 月,我以“局内人”的身份参与了课题的研究工作。这时,我开始接触 M 小学的各科老师。老师们都很忙碌,但对学校倡导的“光谱教育”理念还算认同,在课堂上各科老师都采纳了“光谱评价”方案。我从女儿的《多彩光谱星学生手册》中不断地看到女儿获得了红星(语言言语智能)、橙星(音乐节奏智能)、黄星(逻辑数理智能)、绿星(视觉空间智能)、靛星(自知自省智能)、蓝星(身体动觉智能)、紫星(人际关系智能)、银星(自然观察智能)。女儿说除了上课,在活动中表现好也能获星,“单色光谱星”积累到一定颗数可获得一颗“多彩光谱星”,期末各种星最多的同学将被评为学校的“多彩阳光少年”。从 2008 年 5 月课题正式启动到 2009 年 8 月课题结题,我不间断地去学校,跟校长、跟课题组成员、跟各科老师,特别是跟女儿的班主任交流,倾听并记录校长、课题组成员和老师在“光谱校本课程”①实施中遭遇的困惑、难题以及解决的策略。每次回来以后,我要求自己站在“客位”的角度,从“研究者”的局外人身份考量发生在 M 小学的课程实施故事,在基于校本的行动研究过程中不断地修正课题实施计划使

---

① “光谱校本课程”是指:用光谱教育理念统整的国家课程、地方课程、学校课程总称,也即指以光谱教育理念将国家和地方课程校本化实施。文中与之对应的还有一个概念“校本光谱课程”,特指 M 小学开发的相对于国家和地方的学校课程。

研究逐步走向深入。整个研究基于下面的分析框架(图 3.1)。

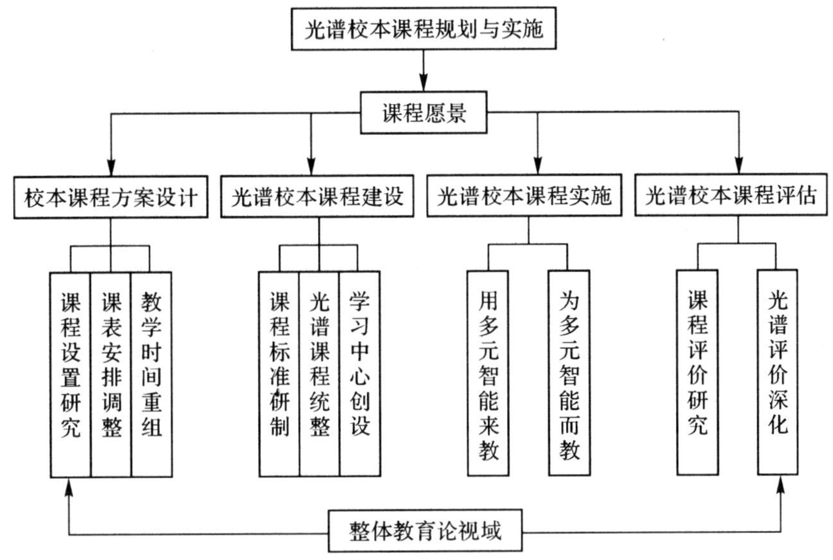

图 3.1 光谱校本课程研究框架

资料来源:课题组设计。

光谱校本课程建设和光谱学生评价在第一轮的课题研究中已经成型,光谱课程评估准备放到第三轮研究中进行,所以这次研究主要从"学校课程方案规划"和"教师光谱校本课程实施"两个层面推进。虽然跟本研究直接相关的是教师课程实施,但因为学校的课程规划反映着学校对课程设置所作出的决策,它直接左右着教师的课程实施,同时我也想了解教师是否存在决策学校课程规划的可能性,所以接下来按照从"源"——学校课程规划到"流"——教师课程实施的思路叙述田野研究的过程与收获。

3.1.2 "光谱校本课程方案"规划研究

学校对课程进行整体规划,其实质是学校对课程总体设计所作出的决策。学校层面的课程规划不但有利于避免校本课程开设的随意性和散乱性,而且有利于课程资源的统整与有效利用;还有利于实现学校对课程的系统化优质管理。

有学者认为,在制定学校课程规划的过程中,需要遵循四个原则:①基于政策。学校课程规划并不是指学校可以对整个国家课程计划进行任意的增删更改。学校课程规划具有很强的政策制约性,必须在政策允许的范围之内进行,否则,就难以保障国家对学生素质的基本要求,就会偏离教育目的。②基于学校。

学校课程规划,不能完全沿用国家或地方的课程计划,也不能照搬其他学校的课程规划。学校课程规划的制定必须从本校的实际出发,建立在学校的课程传统、已有的课程基础、学校在课程和教师方面的优势与不足、学校的愿景和使命、学生课程需求的基础之上。③基于研究。同时基于政策与学校现实的学校课程规划必须基于研究,只有通过全面深入的研究才能找到政策与学校现实的结合点。④基于对话。学校课程规划是以广泛的对话为基础的,且其制定过程本身就是一个对话的过程。学校课程规划不是校长或者教学管理人员闭门造车的结果,而是民主决策的结果,需要理论工作者、学校管理者、教师、学生、甚至家长之间广泛深入的对话(崔允漷,2005)。

在制订光谱校本课程方案时,基于学校问题解决的需要,我们进行了以下几个方面的研究:

(一)学校课程愿景研究

《现代汉语大词典》解释愿景的意思是:所向往的前景。课程愿景是教育学者为之奋斗希望达到的教与学的图景。采用"SWOT"来分析确定学校的优势(Strength)、劣势(Weakness)、机会(Opportunity)和威胁(Threat),从而将学校的课程规划与学校内部资源、外部环境有机结合,努力实现课程实施的最佳效益。

表 3.1 SWOT——影响课程愿景的主要因素分析

因　素	S(优势)	W(弱势)	O(机会)	T(威胁)
学校硬件	新校区刚落成,教室比较富足	老校区空间比较拥挤	校区之间资源整合调配	校区之间各自为政
教师队伍	对教学有热忱,有团队意识	教师素质比较参差	建立专业共同体,同伴互助	高层次优秀教师、打品牌教师偏少
学生状况	阳光、活泼,以校为荣	居住分散,课外交往少,合作少	家长积极参与学校活动,家校一致	独生子女集体意识比较淡薄
课程教学资源	社区、教师、家长资源比较丰富	因为时间方面的冲突,开发利用不够充分	通过项目学习进行统整	应试教育观念冲击资源的全面利用

资料来源:课题组整理。

基于"SWOT"分析,M 小学利用"集团化办学"正在建造新校区的契机,解决学校硬件设施局促的困境,从创设现代化的办学环境入手,为光谱校本课程实施提供特定的"学习中心"。我们将课程愿景定位于:以个性化光谱校本课程促进学生、教师、学校个性化发展！

（二）学校课程模块建构

为解决“丰富的校本课程门类与有限的学习时空之间的冲突”，我们试图通过学校课程模块的创新寻求问题解决的路径。考虑到学生在学校学习必定受到学习时间与学习内容两大因素的制约，而学习的内容有的是必学的，有的可以是选学的，相对应的学习时间有的是规定的，有的是自主安排的，因此关于学校课程体系的建构，可以从课时与内容两个要素、规定与选择两个层面去思考：规定内容与规定课时、规定内容与选择课时、选择内容与规定课时、选择内容与选择课时，由四个象限建构出一个四维度课程体系。我们把这样的课程体系称之为“四维度光谱教育课程体系”（图3.2）。

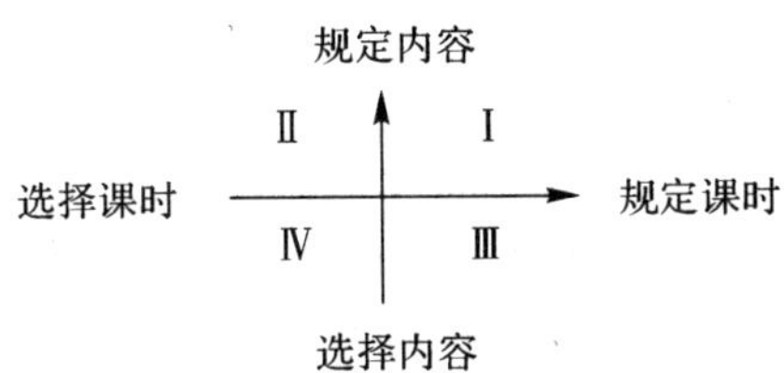

图3.2　四象限光谱课程体系建构

根据以上坐标系中的四个象限，学校建立了四种课程模块：

1.基础性课程模块（Ⅰ）

这些课程是规定课时，规定内容的，也就是国家课程。“国家课程是专门为培养未来的国家公民而设计，并依据这些未来公民接受教育之后期望达到的共同素质而开发的课程，即根据不同教育阶段的性质与培养日标，制订各个领域或学科的课程标准或教学大纲，编写教科书。它是一个国家基础教育课程计划框架中的主体部分，也是衡量一个国家基础教育质量的重要标志。”（崔允漷，2001）

对于国家课程，学校的决策权力在于根据国家课程内容与培养目标，开展相应的教育教学活动，以体现国家教育理念与价值取向。我们认为学校、教师不是完全被动的执行者，之中存在一个根据学校、学生实际将“国家课程”校本化的过程。

2.发展性课程模块（Ⅱ）

这些课程是选择课时、规定内容的，主要是地方课程。“地方本位课程是在国家规定的各个教育阶段的《课程计划》内，省一级的教育行政部门或其授权的教育部门依据当地的政治、经济、文化、民族等发展需要而开发的，并在国家课程计划规定的课时范围内设计并开发的课程。”（崔允漷，2001）目前，M小学开设的地方课程主要是浙江省教研室组织编写的《人·自然·社会》。同时，根据学

校实际，把学校开发的部分课程也列入其中，如“心理健康教育”、“家长讲坛”等，这部分课程主要对学生进行安全、理想、诚信、环境、心理等方面的教育，其侧重点在于体现人文性，实施时间可以是国家课程标准中的“综合实践活动”与“地方与学校开发或选用的课程”其中的一部分时间，也可以结合学校的一些活动开展相应的教育。如结合“国旗下讲话”进行理想教育、诚信教育、思想养成教育，结合春游、秋游进行环境教育，结合学军学农活动，进行体验性教育。

3. 特色性课程模块（Ⅲ）

这是规定课时、选择内容的课程，也就是“校本课程”。“校本课程是在具体实施国家和地方课程的前提下，通过对本校学生的需求进行科学的评估，充分利用当地社区和学校的课程资源而开发的多样性的、可供学生选择的课程。校本课程的开发主要依据党的教育方针、国家或地方的课程计划、学校教育哲学、学生需要评估以及学校的课程资源。它强调以学校为基地（本位），并与外部力量的合作，充分地利用学校内外的课程资源。因此，它是国家课程计划中一项不可或缺的组成部分。它有利于全面落实党的教育方针，有利于学校办出特色，有利于尽可能满足学生的个性发展需要，也有利于教师自身的专业发展。”（崔允漷，2001）M 小学根据自然、社会、人文、历史资源，特别是学校内部的师资这一资源，充分发挥每位教师的特长以及学生的个性需求所构建的校本课程，是学校个性化教育的主力课程，学校把教师开发的课程资源进行整合，分为艺术教育类、学科延伸类、学生社团类、综合实践类四类课程（表 3.2）。

表 3.2　M 小学校本光谱课程体系

类　别	内　容
艺术教育课程	棋类：中国象棋、国际象棋、围棋 琴类：二胡、笛子、琵琶、葫芦丝、电子琴、铜管乐等 书法：硬笔书法、软笔书法 设计：七彩世界（低段）、卡通人物设计（中段）、艺术节设计（高段） 手工：编织、民间剪刻、插花艺术、制作等 艺术体操：形体训练
学科延伸课程	语文：快乐阅读、文学欣赏、小小作家等 数学：趣味数学、思维训练、数学综合实践活动等 英语：英语沙龙、口语交际
学生社团课程	足球俱乐部；小芽文学社；小记者社团；电脑俱乐部；航模俱乐部 小小数学家乐园
综合实践课程	学军学农活动；科技节、艺术节、趣味运动会；基地实践

资料来源：课题组整理。

目前学校共开设校本课程四十余门,这些课程短的只有 4 课时,长的 16 课时,这一课程的实施时间为国家课程标准中的“综合实践活动”与“地方与学校开发或选用的课程”中的一部分时间。

4. 创造性课程模块(Ⅳ)

这是选择课时、选择内容的课程。这一区域建立的课程,主要依据是校本课程及其延拓,其主动权在于学生,课程往往采用“项目”的方式开展,在学习时间上不局限于课堂,教师的作用在于引导学生自主实践、自主探索,学生在教师的指导下或者在家长的帮助下开展研究性学习。它需要学生综合运用跨学科的知识,以学会科学探究,解决问题为指向。

基础性课程、发展性课程、特色性课程、创造性课程四个模块形成光谱教育的整个课程体系,为光谱教育的全面实施奠定了基础(图 3.3)。

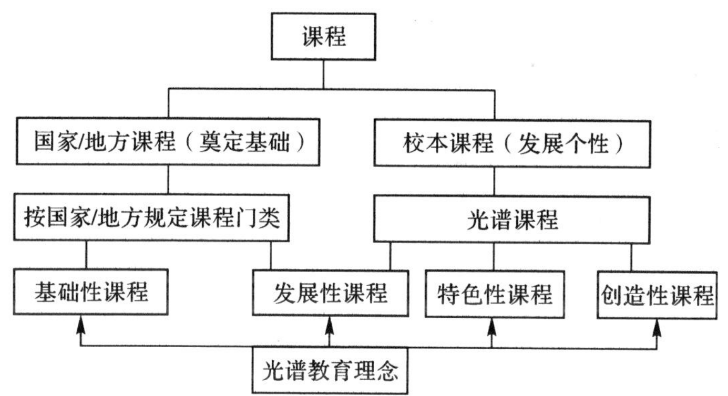

图 3.3 “构建学校课程体系,培育多彩光谱少年”课程结构图

资料来源:课题组设计。

(三)教学时间重组

经过一定的整合,学校可以开设的校本光谱课程有四十多门,如何将这些课程在课程方案中得到执行?如果不对教学时间加以重组,这些课程可能会成为一个个美丽的童话难以在现实中实现。

根据心理学的观点,小学生的注意力很难维持一段较长的时间。小学生学习兴奋点最佳保持时间在 15 至 25 分钟。最新的脑科学研究告诉我们(戴维·索萨,2004:202):越短越好。较短的学习时段通常比较长的学习时段有效。大约 20 分钟的课时段更有可能吸引学生的兴趣并导致更多的学习保持。教学两节 20 分钟的课比一节 40 分钟的课能提供更多的记忆时间。

所以,我们将一节课的教学时间从原来的 40 分钟减少到 35 分钟,由每天 6

节课、每节 40 分钟,改为每天 8 节课、每节 35 分钟、20 分钟、15 分钟不等。这样,一周就多出了 10 节课。对于这 10 节课,周一到周四都开设一节 20 分钟的限选微型课;周一到周五每天一节 15 分钟的微型课。周五下午属国家安排的校本课程时间,我们开设的课程既有琴棋书画社团课程,也开设"课程超市",即根据学生的兴趣爱好开出艺术、科技、手工、体育等选修课,供学生选择。

(四)学校课表设置

整个课表首先保证 80%国家课程的设置,然后是每周一节的地方课程,剩下的都设置为校本光谱课程,光谱课程的时间有 35 分钟的,也有 20 分钟和 15 分钟的短课,校本光谱课程的比例控制在国家规定的 20%以内。

表 3.3　M 小学基于"光谱教育理念"的课表设置

<table>
<tr><th>星期
时间</th><th>一</th><th>二</th><th>三</th><th>四</th><th>五</th></tr>
<tr><td>8:00—8:25</td><td>升旗仪式</td><td>早操</td><td>早操</td><td>早操</td><td>早操</td></tr>
<tr><td>8:25—8:40</td><td>光谱课程</td><td>光谱课程</td><td>光谱课程</td><td>光谱课程</td><td>光谱课程</td></tr>
<tr><td>8:45—9:20</td><td>国家课程</td><td>国家课程</td><td>国家课程</td><td>国家课程</td><td>国家课程</td></tr>
<tr><td>9:30—10:05</td><td>国家课程</td><td>国家课程</td><td>国家课程</td><td>国家课程</td><td>国家课程</td></tr>
<tr><td>10:05—10:10</td><td colspan="5">眼保健操</td></tr>
<tr><td>10:20—10:55</td><td>国家课程</td><td>国家课程</td><td>国家课程</td><td>国家课程</td><td>国家课程</td></tr>
<tr><td>11:05—11:40</td><td>国家课程</td><td>国家课程</td><td>国家课程</td><td>国家课程</td><td>国家课程</td></tr>
<tr><td>11:40—13:00</td><td colspan="5">午餐、午休</td></tr>
<tr><td>13:00—13:20</td><td>光谱课程</td><td>光谱课程</td><td>光谱课程</td><td>光谱课程</td><td>12:40—13:15
光谱课程</td></tr>
<tr><td>13:25—14:00</td><td>国家课程</td><td>国家课程</td><td>国家课程</td><td>国家课程</td><td>13:25—14:00
光谱课程</td></tr>
<tr><td>14:00—14:05</td><td colspan="4">眼保健操</td><td rowspan="4">放　学</td></tr>
<tr><td>14:15—14:50</td><td>国家课程</td><td>地方课程</td><td>国家课程</td><td>国家课程</td></tr>
<tr><td>14:50—15:20</td><td colspan="4">体育锻炼</td></tr>
<tr><td>15:20</td><td colspan="4">放　学</td></tr>
</table>

资料来源:课题组设计。

学校从每天 40 分钟一节课压缩到 35 分钟一节课节省下来的时间中,增设了 20 分钟和 15 分钟的两节微型课,一天中课节增多了,这样就可以腾出更多的

时间让学生学得更广。M 小学每周 20 分钟的微型短课分别开设了口语交际、硬笔书法、阅读指导、思维训练、英语会话课程,这些课程在某种程度上是对国家课程的拓展和进一步发展学生能力的需要,学校老师的想法是不希望校本课程偏离国家课程太远:

1. 口语交际

口语交际在整个语文学科中占的比例大约为十分之一,而在实际教学中实施情况不容乐观,学校从发展学生的口头语表达能力这个目的出发,增加删减原教学内容,重新改编各年级的口语交际课程标准,每周增加一节 20 分钟的课程,逐步形成具有本校特色的口语交际课程体系。

2. 硬笔书法

随着现代技术越来越深入我们的生活,文字书写逐步被人们忽视。我们认为,汉字是中华民族的文化标志,是不能随意被丢弃的。因此,根据学生发展情况,学校加强了写字教学,作为对国家课程的强化。具体举措为,选择适合各年级的硬笔书法教材,每周增加一节 20 分钟的写字课,对学生进行硬笔字的考核。

3. 阅读指导

语文阅读教学实施经典阅读进课堂、进家庭战略。各年级都为学生提供一份阅读书目,利用课余增加各年级的阅读量,对学生进行阅读考评。阅读经典进课堂要求在课堂上加大阅读教学的量,提高阅读教学的质。语文教师在集体备课中,每位教师对自己负责精备的课文要罗列拓展阅读内容,在教学中有机渗透整合。每周一次阅读导读。指导家庭阅读,通过倡议、评比、演讲、经验介绍推动家庭阅读。

4. 思维训练

加强对逻辑思维能力的培养,强化数学学科教学。根据学生发展的特点,三—六年级每周增加一节数学活动课,培养学生对数学的兴趣;四—六年级成立小数学家协会,每周一次数学思维俱乐部活动,培养数学学习能力特别强的学生。在校园里营造数学学习氛围,环境布置、数学节、数学专题研讨会等。

5. 英语口语

抓住小学生学语言的身心优势,满足不同智能特点孩子的发展需求,加强英语口语教学,从英语教学中单独列出英语口语教学一块内容,每周增加一节 20 分钟的英语口语课,强化口语训练,培养必要的语感。

学校还结合学生需要开设每天 15 分钟一节的微型必修课:

周一:行为规范教育

周二:少先队队课

周三:电视节目(包括艺术欣赏、校园新闻等)

周四:健康教育(以心理辅导为主,主题是培养自信的光谱阳光少年)

周五:光谱评价(光谱教育的多彩评价方法是课堂随机评价和周评总评相结合)

因为课表设置的严肃性,关于课程方案的规划与变动内容需报区教育局批准才能予以实施。所幸我们研究所提出的基于"光谱教育理念"的学校课程规划获得了区教育局认可。所以,后面接下来做的就是光谱校本课程的实施问题。

在整个学校光谱校本课程规划的研究中,我曾试图邀请一位在教学上很有想法的学校教师共同参与研究与决策,结果遭到了拒绝,以下是她的真实想法:

> 我不会参与学校的光谱校本课程规划的。你问我原因吗?首先,我不是课题组成员,没有这样的研究任务;其次,这是学校管理层关注和要做的事,我一介普通教师,没有参与管理决策的权利,也不懂学校课程规划该怎么做;再说,我的分内事就是教好语文和做好班主任工作,教学和学生管理已经够我忙的了,根本顾不过来。不过,虽然我不太关心学校的课程规划,但我对上面布置给我的开发一门校本课程的任务,已经交差了,就是整理了一些资料,还不是很像样。

在学校光谱校本课程规划的研究过程中,除了我这个"局外人",参与直接研究与决策的主要是校长和课题组成员。课题组成员主要由学校中层和各年级骨干组成,老师们对规划的想法和建议主要通过年级骨干反映到课题组,每位老师所提供的校本课程的门类也在间接层面影响着学校校本光谱课程的设置与整合。学校每一位教师的全员参与还是在光谱校本课程的实施过程。

3.1.3 "光谱校本课程"实施研究

"教育改革最终发生在课堂上。如果我们没有把教师置于核心焦点,任何有关教育改革与教育品质的探讨都会流于空谈。影响教育品质的因素固然很多,但是我们可以肯定的是:影响教育品质的关键乃是在学校里实际负责教学任务的教师。"(王洁、顾泠沅,2007:3)。M小学通过光谱校本课程的规划,三级课程的实施时间在课表设置中得到了保证,但最终需要教师在课堂中加以实施。在这一过程中,"我们"主要关注了教师实施光谱校本课程的态度以及光谱理念在课堂的实现。

(一)教师实施三级“光谱校本课程”的不同态度

M小学老师在实施“光谱校本课程”中,出现了一种非常有趣的现象:老师们对待四个课程模块的实施态度截然不同。老师们对基础性国家课程存有偏心。不论备课还是上课,对待基础课程就像“亲生女儿”,特别用心和认真;而对待发展性、特色性、创造性三个模块的地方和校本课程就像是“前妻的孩子”,尽管也有备课,也在按课表上,但老师们往往比较敷衍和随意,甚至尽量把发展性课程和特色性课程的内容往基础性课程靠拢,变相地为基础性课程补课。究其态度如此反差背后的根源,可能还是“考试理性”带给老师的压力。或者老师们认为,基础性课程的基础必须人人过关,所以要多花时间。促进个性发展的发展性课程和特色性课程只是点缀,能发展到什么程度就发展到什么程度,不必勉为其难。

虽然老师们的想法可以理解,但这种现象值得关注。如果长此以往,基础性课程就会挤占发展性课程和特色性课程,影响校本课程的实施效果,最终使校本课程形同虚设,达不到培养个性的设想。因为这种现象并不是M小学的个例,而是很多学校老师普遍的心理状态。我曾就这种现象跟我20年前的师范同学,一位在一所县城小学当校长的A电话求证:

我:老同学,我想问一件事,在我们那边的县城小学开设校本课程吗?

A校长:课表上是有的,检查老师的备课也是有的。上面来检查也是没问题的。

我:老师们上校本课程和国家课程有什么不一样的地方吗?

A校长:你想听真话还是假话?

我:当然想了解真实的情况啊!

A校长:这种课经常被老师们上成语文课或数学课。我都查不胜查啊,有时也只能睁一只眼闭一只眼算了。因为上面考评、家长关注的就是学生的语数成绩,你批判老师很功利,但老师不能不食人间烟火啊,学校和老师的奖金都是跟考评挂钩的。

我:无语。

A校长:老同学,理想跟现实真是很有距离的,素质教育任重道远啊!

在对光谱国家课程的实施取向上,M小学的老师们基本上认同“执行”取向。以下是我跟一位已经有15年教龄的一年级语文老师B的对话:

我:B老师,您好!您对这套人教版的语文教材有什么看法?

B老师:这套教材跟老版本的比,一年级上学期识字量从原来的180字上升到现在的400字,识字量太大,教学任务很重,学生掌握起来有些费力。

我:您会根据学生实际情况降低识字要求吗?

B老师:绝对不会,因为它是《小学语文课程标准》和教材明确规定的。如果我随意降低要求,学生考试就遭殃了。所以,唯一的办法是增加识字的时间,有时不得不利用一些课外时间。

我:在平时的教学中,您会调整教材的课程内容吗?

B老师:一般情况下都是按照教材上,有时会补充一些课外资料,主要是为了达到语文课程标准的要求,让学生学得更轻松有效一些。

我:您是怎样将光谱教育理念体现在您的语文课程的?

B老师:因为知道学生的智能是不同的,所以在评价上宽容了一些。但因为考试的压力,任何学生都必须达到语文课程标准的底线,对那些语言智能弱的学生教起来会比较累。

B老师的语文课程实施基本照着语文教材和课程标准执行。在"教什么"和"怎么教"的问题上,B老师认为自己对"教什么"是没有决策权的,因为教材已经把教的内容决定好了,自己的任务就是执行好。而对于"怎么教",确实可以自己说了算。刚做老师时她经常参阅一些教参和教案,后来教材熟悉了上起课来得心应手。新课程改革后教材换了,要求采用"自主、合作、探究"的学习方式,她说一切又得重新开始学了,首先要尽量熟悉新教材,只有教材比较熟悉了,才有精力去关注学生。对于学校倡导的光谱校本课程,她觉得主要是评价学生的方式变了,但不管张三李四的语文智能强不强,都要达到语文课程标准的底线,否则考试过不了关,会受到学校和家长指责的。

在对发展性、特色性、创造性校本光谱课程实施取向上,老师们觉得自己自主权比较大,课程实施完全是另外的一种状态。以下是我对一位有7年教龄的数学教师C的访谈:

我:C老师,您觉得上校本光谱课程和国家课程有什么不同吗?

C老师:国家课程要统一考试,压力很大。光谱课程上课内容和考试方法都是自己决定的,比较自由。

我:您怎么评价你们学校的校本光谱课程?

C老师:学生很喜欢上光谱课,因为不考试,老师也没压力,大家都比较开心。

我:你们学校的校本课程内容都是自己开发的吗?

C老师:有些是,有些不是。像数学思维训练,我就购买了数学思维训练的教材,开学时数学组集体商议了一下,可以根据学生的实际情况有选择性地上。而《电视节目欣赏》,没有现成的教材,有关内容要自己挑选。

我:您觉得自己有能力开发一门校本光谱课程吗?

C老师:现在学校要求我们这么做,大家根据学校要求,找了一些材料组合在一起,拉拉扯扯可以把课上下来,但科学性和系统性都不强。有些课程有点像样,有些课程不很像样,质量参差不齐。我觉得教研组集体开发的质量高一些,靠单个人的力量开发的比较单薄。

我:您觉得光谱课程实施存在的困难和问题是什么?

C:困难就是没有现成的材料,有时要自己找课程资料。问题是没有统一标准,老师备课很随意,上课也很随意,有点脚踩西瓜皮,滑到哪就算哪,质量不一定有保证。

C老师认为,除了地方课程有统一教材,在实施发展性、特色性、创造性课程模块时,"教什么"、"怎么教"、"考什么"都由老师自己说了算,所以老师的决策权很大,这些课程实施起来没有压力,虽然质量不一定有保障,但学生很开心,老师上课也很轻松。对于老师开发的校本课程,C老师认为学校老师毕竟不是课程专家,加上平时教学工作繁忙,如果仅靠个人力量要开发高质量的校本课程还是有一定难度的。

M小学的老师在三级课程的实施中,对于国家课程,将自己定位于"执行者"的角色;对地方课程,老师们会对课程作一定的调适;对校本课程,老师们有着完全的开发和决策权,但普遍对校本课程不够重视,对自己的课程开发能力也缺乏自信。在三级课程中,对于"怎么教"的问题,老师们有着充分的决策权。

(二)教师实施光谱校本课程的课堂策略

对于光谱校本课程在课堂教学中的实施,M小学曾提出过"分层教学模式":学生分层、分层备课、分层授课、分层训练、分层辅导、分层评价。但分层教学一不小心就给学生贴上了"优等生"、"中等生"、"差生"的标签,它虽然在一定程度上可以让不同程度的学生获得不同程度的发展,但并不利于学生建立良好的自我认知。基于光谱教育理念的课程教学,需要让不同优势智能的学生用不同的智能来学同样的内容,课堂教学应该促进学生智能的发展。加德纳提出要

"为多元智力而教与学"、"以多元智力来进行教与学"、"以项目学习"为本。①

(1)为多元智能而教

"为多元智能而教",我们的理解是通过课程教学促进学生各项智能的发展,这就需要教师在学科和智能中找到统整点。"我们"设计了这样的一张表格(表3.4),以使教师在平时的备课中有意识地关注学生多元智能的发展,而不仅仅为教学科知识而教学科知识。

表 3.4 学科——智能统整表

智能 学科	语言智能	逻辑数理智能	视觉空间智能	身体运动智能	音乐智能	人际智能	自我内省智能	自然观察智能
语文								
数学								
英语								
品德与社会								
科学								
音乐								
美术								
体育								

资料来源:本研究设计。

以教学目标为例:一般教学从认知、情感、技能三方面概括目标,但把多元智能融入教学设计后,以上三大目标就拓展为八大智能这样一个目标:

一是拓展语言智能,即能解释、能说出、能描述、能写出、能创作、能发表、能阅读、能仿作、能分析、能评论、能倾听、能应用等。

二是拓展逻辑数学智能,即能计算、能写出算式、能排序、能比较、能类推、能操作等。

三是拓展视觉空间智能,即能创作、能组合、能想象、能画出、能制作、能设计、能看地图等。

四是拓展肢体动觉智能,即能表现、能模仿、能从事、能扮演、能做出、能动手等。

① 转引裴新宁.多元智能:教育学的关注与理解[A].钟启泉.多维视角下的教育理论思潮[C].北京:教育科学出版社,2004.248.

五是拓展音乐智能,能对各种声音联想、能发出、能欣赏、能唱出、能创作、能用音乐表达等。

六是拓展人际智能,即能接纳、能建立良好协作关系、能表现出、能认识、能解决、能观察、能和他人分享等。

七是拓展自知自省智能,即能体会、能明白、能控制、能投入、能反省等。

八是拓展自然观察智能,即能记住、能动手操作、能调查、能参加、能照顾等。

以下是M小学老师们将一年级"学科"内容通过"项目学习"(表3.5)实现"为多元智能而教"所作的教学设计(表3.6)。

表3.5 "为多元智能而教"课程统整

逻辑——数理智能 我的一家人(数学)	语言——言语智能 可爱的家人(语文)	音乐——节奏智能 我爱我家(音乐)
自然——观察者智能 我为爸爸妈妈做杯饮料(科学)	统整主题: 我爱我家	交往——人际智能 感恩的心——制作服务卡(地方)
内省——自知智能 今天我当家(品德与生活)	空间——视觉智能 画画亲近的人(美术)	身体——运动智能 森林运动会(体育)

资料来源:M小学D老师提供。

表3.6 "我爱我家"项目主题活动设计——画画亲近的人

单元主题	我爱我家
学习活动名称	画画亲近的人
任课教师	E老师
主要智能	空间——视觉智能
教材选用	浙美版美术第2册
活动目标	1. 初步进行人物的绘画练习。 2. 用绘画的形式表现人物的特征和表情,提高观察生活的能力。 3. 通过欣赏和表现最亲近的人,增进对最亲近的人的感情,从中认识艺术作品所表达的主题思想。

续表

活动流程	1. 欣赏导入 (1)出示课件:《父亲》、《悄悄话》、《母与子》。请学生仔细观察,用心体会,感受画中表达的内容,并谈一谈自己有没有相类似的情景。 (2)理解“亲近”的含义,鼓励学生说一说自己最亲近的人,谈一谈和最亲近的人的一段生活故事。 2. 捕捉特征,激发创意 (1)明确学习内容:用绘画的形式表现最亲近的人。 (2)教师示范画最亲近的人,并请学生根据画面内容概括老师所画的最亲近的人的外貌特征。 (3)归纳:要生动地表现人物必须要抓住人物最大的特征。 (4)练习:出示人物照片,请学生代表到黑板上用最简单的图形概括形象。 (5)启示学生静心回忆最亲近的人的形象特征。 3. 选择形式,表现“亲人” (1)鼓励学生用自己擅长的形式表现亲近的人。 (2)引导学生思考如何从动作和表情上表现“亲近”的感觉。 (3)学生创作,教师巡视。 4. 展示作品,学习评价 合作小组推荐优秀学生作品进行全班交流。 5. 研究拓展 (1)把画好的画送给最亲近的人,请他们收藏并评价。 (2)做一件小礼物,写上一句“知心话”,送给最亲近的人。

作业设计:

画画亲近的人(智能:空间——视觉智能)

姓名:　　　　　　年　　　　班

一、小朋友,请用你最喜欢的方式在下边的画框里画一画你最亲近的人。

续表

二、请你做一件小礼物,写上一句“知心话”,把它们送给你最亲近的人。请在下边的画框里简单地画一画小礼物。

三、评价

智 能	评估项目	自我评估			家长评估			教师评估		
		优秀	良好	加油	优秀	良好	加油	优秀	良好	加油
空间视觉	构图饱满,用笔流畅									
	用色大胆,整体协调									
	人物特征突出,能表现亲近的人的动作和表情									

资料来源:M 小学 E 老师提供。

M 小学一年级老师用项目学习的方式,把各学科中具有相同主题的内容统整在一起进行组织实施。比如上面案例的项目主题是“我爱我家”,各科老师以此为主题,美术课设计了“画画亲近的人”,数学课认识时间围绕一家人的作息来设计,将知识脉络化,与学生的生活经验结合,产生有意义的学习。

(2)用多元智能来教

用多元智能来教,我们的理解是教师在课堂教学时,可以根据每个学生的智能强项,让学生从不同智力的角度参与学习。比如:人教版《数学》第三册第 68 页的“对称”,我们是这样设计的(图 3.4)。

拿着这样的创意实施教学,数学老师觉得很难用一节课时间完成这样的课

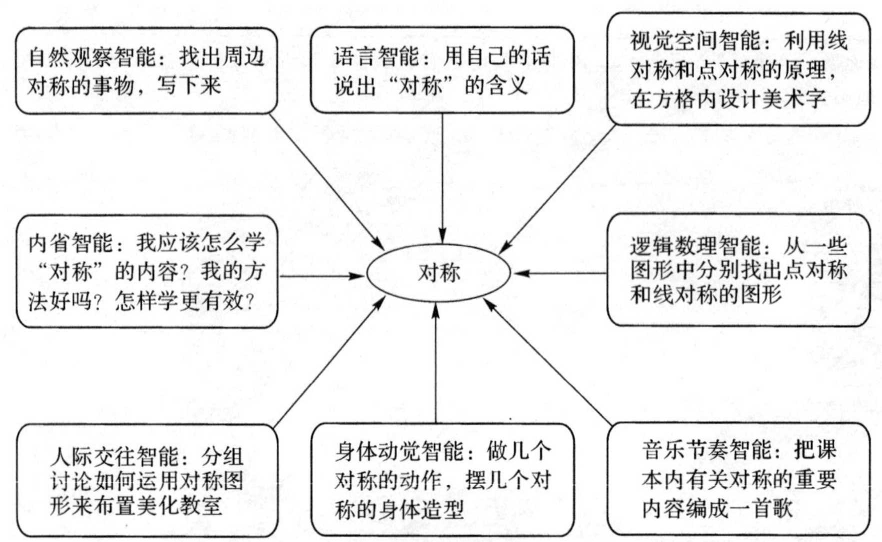

图 3.4 “用多元智能来教”教学设计

资料来源:课题组设计。

程内容,有些内容还需通过环境拓展加以实施。M 小学创设了光谱学习中心,旨在让学生用不同的智能展开课程内容的学习与探究(图 3.5)。

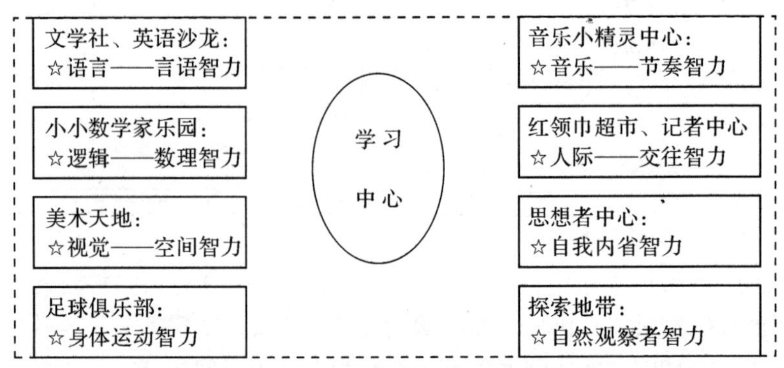

图 3.5 光谱活动中心

资料来源:课题组设计。

这些中心的环境创设根据课程学习的需要,分成四类:第一类,永久开放性活动中心;第二类,临时特定主题活动中心;第三类,临时开放性活动中心;第四类,永久特定主题活动中心。除了集体活动外,学生可利用早自习、课间休息、午休时间、自由选择或轮流到各个学习中心独立自主地充实或强化探索与学习。

M 小学的 F 老师设计的“探索地带”活动中心包含了这样的一些区域：

> **探索地带**：“探索地带”主要用于培养学生的自然观察智能。学生在科学课中也进行着自然观察智能的训练，所以在“探索地带”进行的活动是科学课上所难以进行或持续的研究项目，或者是科学课上所没有的科学实验、科学小游戏等。所以，“探索地带”设计分成四大区域：
>
> (1)无土栽培区：这是让学生进行无土栽培活动，是科学课上所没有的，但能很好地增加学生关于养殖知识、技能的了解。
>
> (2)生态系统研究区：这个区包括一个鱼缸和一个沙漠生态研究区。在科学课上有相关的知识学习，但是缺乏实验基地，学生只能根据教师的讲解来了解知识，没有亲身的经验。生态系统研究区提供了研究场所，让学生在鱼缸中养殖鱼类、水生植物；在沙子中种植仙人掌等沙漠作物。通过自己的亲自种植，增加直接经验，培养学生严谨的科学研究态度。
>
> (3)动手操作区：学生在此进行科学实验的操作、科学小游戏的探究。
>
> (4)智慧展示区：展示学生需要了解的科学知识，展示学生完成的科学探索作业。

总之，“为多元智能而教，用多元智能来教”的目的，是通过光谱校本课程的实施，促进学生各项智能的多元发展。

3.1.4　“光谱校本课程”研究反思

站在局外人的立场反思 M 小学“光谱校本课程”规划与实施研究，有收获，有困惑，也有期待。

主要的研究收获是深刻体会到“要将美丽的课程理想转化为现实的课程实践，这中间还有很长的一段路要走”。课程在实施现场遭遇颇多的复杂性：第一，学校课程规划的复杂性。学校课程方案的规划并不仅限于课表的设置那样简单。如何在国家规定的框架下合理布局三级课程，既保证国家和地方课程的实施效果，又为校本课程赢得更多的实施空间？这一规划的过程其实是一个面临诸多选择的决策过程。首先，学校应该开设哪些校本课程？目前课题组对此的决策主要根据社区和教师所能提供的资源从学生喜欢的程度加以筛选，其中微型短课不敢离国家课程太远，差不多是国家课程的拓展。虽然学校以“光谱”理念统整课程，但具有学校自身特色的个性课程还没形成。在整个学校课程规划过程中，我们觉得课程愿景是规划学校课程方案的灵魂。因为有了“以个性化光

谱校本课程促进学生、教师、学校个性化发展”的理想和激情,M 小学才会去大胆探索改变课程设置的策略,才会大胆提出将 40 分钟一节课改为 35 分钟的设想(当然变革需要科学的理论依据),才会为校本光谱课程的实施赢得有限之中的无限时间。当然,学校的课程愿景应该基于政策、基于学校、基于研究、基于合作,不能是天马行空的海市蜃楼。学校课程规划的落实离不开教师的参与及给力。

第二,教师课程实施的复杂性。在学校场域,教师不一定参与课程开发,但教师一定是课程实施的主体。教师的课程实施受到很多因素的制约。教师对课程内容和实施策略的决策并不能全凭着自己的意愿。对于国家和地方课程,课程标准和教科书基本框定了课程内容的选择范围,教师对课程内容的拓展或充实只是围绕实现课程标准的需要,并没有真正地自主选择空间;而围绕课程内容设计的实施策略也是为着达成课程标准的需要,虽然策略的决定完全是教师自主的,但这种自主同样受到课程标准和内容的牵制。对于校本课程,从理论上讲,教师完全拥有对课程的设计、开发、实施与评价的自主权利。但在事实层面,教师根据自己特长或意愿设计的课程只有被纳入学校课程体系,被学生选择认可的情况下才能得到实施。受现行评价机制的规约,教师参与校本课程开发与实施的积极性并不是很高。比如在光谱校本课程实施中,需要将“用多元智能来教,为多元智能而教”的理念转化为课堂教学行为,一部分老师积极学习有关理论,很快在教学实践中体现了光谱课程的理念,而且在具体策略上很有创新价值。但也有一部分教师老方一帖,课堂基本没有实际的改变。三级课程的有效实施离不开教师的积极参与,更离不开教师的实践智慧。没有教师的积极参与,真正的课程变革很难发生。

在研究中,笔者也遭遇了一些在行动研究中无法解决的困惑,有待进一步讨论:第一,关于光谱课程实施与学生智能发展的困惑。从理论上讲,每个学生都有自己的智能强项和弱项。但在实际现实中,却存在这样的一种事实:有些学生各方面的智能都很强,有些学生各方面的智能都较弱。所以,在学校群体中,各项智能都不尽如人意的学生很难从丑小鸭变成白天鹅。从理论上讲,多彩光谱的基本理念是:把活动纳入到理论背景中;引导儿童进入多领域的学习活动区;识别儿童的智能强项领域;培育儿童的智能强项;建立儿童的智能强项与其他学科领域及学业表现之间的联系(陈杰琦等,2004:4—11)。课程与教学为其“搭建桥梁”,包括:①学生发现了自己的强项领域,乐于在其中探索并自我感觉良好,这种成功的体验会使学生对进入一个较困难的领域产生信心。②可以利用学生在其强项领域的学习风格引导进入困难领域。如对于一个有音乐智能强项的学生,如果将数学任务配以音乐的话,就会对其更具吸引力。③可以利用学生在强项领域学习的内容引导其参加其他领域的学习。比如,可以引导一个对科学感兴趣并表现出能力的学生阅读、书写有关科学的内容。④学生在某个领域的优势可能与另一个遥远的领域相关。比如,一个对音乐节奏很敏感的学生,对语言或运动领域的节奏也可能做出反应。但在实际现实中,往往存在的事实是,强项并没有带动弱项,而是差异越来越明显。这样的问题如何处理?

第二,关于对教师的期待与教师现实处境的困惑。

当笔者融入了 M 小学教师团体,经常试图邀请一些老师能够参与校本课程研究,然而面对现实中老师们忙碌的身影又有些不知所措。笔者一直尝试寻求一种让研究发生在不增加老师额外负担的日常状态中,同时这种状态又可以在真正意义上促进教师改善课程实施质量的方式。有时跟老师聊光谱课程实施的问题,这些老师马上回应:"跟你谈谈想法是可以的,千万别再给我们施加研究和写论文的任务。你也看到了,我们每天要处理大量的教学和班级事务,忙得分身乏术,还要应付学校的各种检查,参加各种专业培训,不是我们不愿意,实在是没有时间……"确如老师们所说,现实学校中的教师并不是可以对自己的教学生活为所欲为的主人,教育官员、校长、家长、学生对教师各有不同的期望,使得教师如同一个十字路口的迷途者:

> 一个有着教育官员头衔的人指着"教育政策"、"教育目标"的指路标,命令他说:"你必须朝这个方向走!"另一个是学校校长的人指着"升学率"的指路标,以一种老板对伙计惯常使用的口吻说:"除了这一条路,你别无选择!"又一个据说是衣食父母的学生家长指着"升学至上,成绩第一"的指路标,诚恳地告诉他说:"从这里走,可以到达一个叫明星学校的理想地方,这才是人生的正途!"最后一个告诉他应走方向的是一个怯生生的小孩,他说他是他学生,指着空白的指路标腼腆地说:"先生,我看不懂上面写些什么,不过,我很喜欢这条路,它看起来又平坦又好走,我陪着你走一段好吗?"一时间,这位号称"人类心灵工程师"的传道授业解惑者,自己先迷惑了。他一面挣扎在"走这一条"、"走那一条"的叫嚣声中,一面扪着自己的教育良心低声问:我怎么办?在无力与无助中,他被四种——不,五种不同的力量分头撕扯着,他只觉得他好像是犯下滔天大罪的重刑犯,在百口莫辩下被判了五马分尸的酷刑。(徐继存、车丽娜,2008:208)

如今,不论是社会、家庭还是教育行政部门,都对教师寄予了游离教师现实

境遇的无限期待。社会期待作为知识分子的教师能够承担促进社会发展、化解社会矛盾的公共责任;家长期待教师能使孩子学业优秀,帮助解决孩子成长过程的一切问题;教育行政部门期待学校老师能出色完成上面布置的每一项任务,还能做教育改革的急先锋。所以,教师"被赋予"的角色越来越多,压力越来越大。教师除了要应对每天的教学任务和学生问题,还要一一应对来自不同职能部门布置的集千头万绪于一身的各项任务,教师原本有限的本可以从容地用心教学的时空被无限挤兑,处在夹缝中生存的教师穷于应付各种表格的填写和文件的学习,一不小心成了教育过失的替罪羊。而以应付态度设计或开发的校本课程,其质量可想而知。正如有教师自己所认为的那样,术业有专攻。她认为对于课程,由于教科书已经解决了她所教学科的内容问题,她不可能去思考课程重建和架构工作,这不是她的专业能力可以企及的,在现实中她的主要精力在于处理班级事务及课堂教学问题。教师不是万能的,现实中的教师只能做能够做的事。

教师的课程工作,究竟是开发自己的课程,还是符应课程政策所给予的课程?依布迪厄(Bourdieu,1992)的理论,场域影响人的惯习(habitues)。教师若长期居于被决定、被要求、被监督的执行者角色,很自然地将课程文本视为当然;宰制性的课程意识形态囚锢了教师对日常生活意义的追求,于是教师习于自我定位为技术工人或不自知,外界也经常将教师的此种身份视为毫无问题的。在目前世界各国的课程改革中,尽管教师被赋予"课程设计者"、"课程研究者"、"课程开发者"、"课程评鉴者"等诸多角色;在本研究中,尽管学校要求教师参与光谱校本课程开发,但笔者发现教师的惯习是认同自己在课程中的"实施者身份",韦伯和米切尔(Weber & Mitchell,1996)认为教师的"身份"与"角色"并非同义词。角色可以被指派,而一种身份的获得却是一种持续的社会协商的历程。如何基于教师的现实处境,对教师的课程角色提出"合理"期待,以逐步获得教师的身份认同,这是一个有待进一步深入探讨的课题。

第三,关于校本课程本身的一些困惑。

有研究指出:20世纪80年代以来,西方校本课程开发在经历了兴盛时期之后,开始出现回落,并在90年代初进一步转型。集权和分权机制的国家均强调校本课程开发和国家课程开发的融合,强调国家调控下的学校自主;同时,不再仅仅把校本课程开发当做一种变革的口号,而是更加重视校本课程开发在学校中的实际发生程度,重视学校和教师课程开发能力的提高,重视对校本课程开发效果的评价(徐佳,2007)。目前,我国的校本课程借助"自上而下"的行政力量正处于兴盛期,尽管教师开发校本课程的积极性不高,校长也认为16%~20%的校本课程只是学校课程中的细枝末节,无法在真正意义上通过课程体现学校的个性化发展。但全国各地的校本课程在数量上扩展迅猛,在内涵和质量上却良莠不齐。笔者对此困惑的问题是:是不是所有学校所有教师都要参与校本课程开发(这之中会不会造成资源的浪费与重复?校际之间是否可以资源共享?)?校本课程的研究重点是放在“国家课程的校本化实施”还是放在“校本课程的开发”上?如果是前者,确实每位教师都能做到参与;如果是后者,它可能有违教师的能力和意愿,与教师生存的现实境遇相悖,而且会造成原本已经臃肿的学校课程更加膨胀,由此加重师生的课业负担,可能到时又会质疑教师为什么要开发出那么多课程?教师为开发校本课程的辛勤付出可能重新遭到否决。在本研究中,M小学两者都在做,老师们重视“国家课程的校本化实施”甚于“校本课程的开发”。

任何一项研究不可能穷尽整个领域,同样“基于光谱教育理念的学校课程规划与实施”也是一个开放体系。M小学的研究可能只是一小块碎片,但是镶嵌在整体中也会闪亮。展望未来,校本课程研究需要重视课程的统整问题。现行的学校课程大多还是分科课程,科目分化繁多,知识过于零散,科目之间缺乏横的衔接和纵的连贯,造成脱节和重复的现象,而且无法贯通学生实际的生活,顺应社会快速的变迁。人脑与学习过程的研究表明知识的统整较有利于学习,现实生活的问题必须结合各学科知识才能有效地解决。通过课程统整,不仅能够优化课程本身,而且能在一定程度上减轻学生的课业负担,减少教师不必要的重复劳动。课程统整需要教师的合作参与。但课程统整如何获得具有学科身份的教师认同,这又是一个摆在课程教学论研究者面前需要探索的现实问题。

3.2 W中学教师教学决策行动研究①

如果说对M小学关注的是基于学校场域的教师校本课程实施情况,那么,对W中学关注的则是基于课堂时空的教师课程实施决策行为。在课堂层面,笔者认同教师的课程实施就是教学的观点,教师的教学决策从课程论的视角,就是教师课程实施中的决策问题。

随着高等教育从“精英”走向“大众”,考上“重高”意味着基本迈进了大学的门槛,升学的压力从“高考”不断向“中考”下移。作为一所县属初级中学,W中学期待通过提升课堂有效教学走出师生苦教苦学的现状。美国学者亨特

① 相关成果参见黄小莲.教学决策水平:教师专业成长的标志[J].课程·教材·教法,2010(3):78—84.

(Hunter:198)指出:“教学决策和有效教学是相互联系的概念,有效教学基本上等同于合理的教学决策”。有效教学取决于教师对课程内容、教学方法、教学过程的取舍。教师的教学决策水平是教师专业成长的标志。研究有效教学必须关注教师的教学决策能力。W 中学试图通过“初中课堂教学决策研究与实践”的课题研究,从优化课堂教学决策入手,走一条初中教学轻负高效之路。

整个研究主要采用调查与课堂观察的实证方法,通过对初中教师教学决策实然状态的把握,为促进教师教学决策水平的提升提供实践框架。

3.2.1 调查分析:初中教师教学决策实然水平

教学面临很多的选择:教什么?用什么方法教?它需要教师对具体的课程内容和方法作出决策。课堂又是个充满着不确定因素的场所,教学过程是坚持预设还是选择生成?对学生的疑问是及时处理还是放到课后?它同样需要教师作出决策。教学决策是指在教学过程中,教师为实现教育教学目的所进行的思考、判断,作出一个个决定的过程。教学是一个系统的过程,包括教学前的准备、教学的实施和教学后的评估。所以,完整的教学决策包括教学前的决策——为教学做设计;教学中的决策——教学、观察和调整等;教学之后的决策——反思、预测和重新设计等。教学决策不仅仅是一种行为活动,而且是一种思维活动,它受包括教学经验、教师信念、教师知识和教师智慧等许多因素的影响。

(一)W 中学教师教学决策现状调查

本次调查共发放问卷 72 份,回收 72 份,问卷有效率 100%。调查内容主要包括教师教学设计中的决策、课堂教学中的决策、课后教学反思中的决策。调查结果如下:

1. 初中教师课前设计中的决策调查

对于教师课前教案设计中的决策问题,我们主要调查了教师对“教学内容、教学流程”的决策以及教师课前设计中的决策重点等要素。

(1)关于教师是否独立设计教案的调查

中国的教辅市场非常丰富。所以,有人说中国教师不需要教学设计,因为教案已经有人帮你现成设计好了。初中教师的教案是搬用现成的还是自己设计的?我们的调查发现,52.78%教师的教案是自己独立设计的,29.17%的教案参照教参,18.05%的教案是集体备课或网上下载的。

(2)初中教师对教案中课程内容的决策

新课程要求教师要注重课程资源的开发,提倡教师“用教材教”而不是“教教材”。初中教师是怎样取舍课程内容的呢?他们依据什么决策课程内容呢?从

调查结果来看，25％的教师依照课程标准选择教学内容，22.2％的教师根据学生现有水平设计，37.5％的教师参照考试内容决定教学内容。

(3)初中教师对教案中教学流程的决策

笔者认为(黄小莲，2003)：教学惰性会桎梏教师的创造性教学。如果有一套专门的教学程序，教师就会习惯性地日复一日地重复这一教学程序，懒于决策和创新。初中教师有固定的教学流程吗？在调查中，“经常有”与“有”的教师占到被调查教师的61.1％。他们的流程基本上还是传统教育学的五大步骤：导入——复习——新授——巩固——作业。

(4)初中教师教案设计中的决策重点

我们设计了“分析学生心理特点、分析学生知识储备、确定具体教学内容、设立课堂教学目标、设计课堂教学流程、选用适当教学方法、选择有效辅助材料、确定评估效果方法”八项教学设计中的决策要素，请教师选择对实际课堂教学影响最大的三项，结果如下(图3.6)。

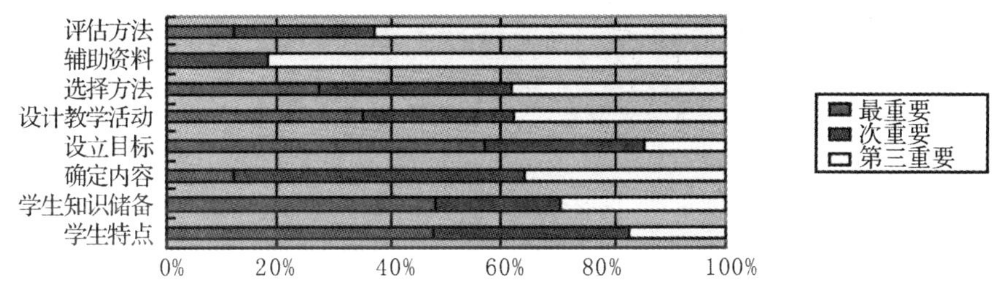

图3.6　初中教师教案设计中的决策重点

资料来源：本研究统计。

从调查结果看，尽管老师们的观点有所差异，教师认为教学设计中对实际课堂教学影响最大的是目标的设立，其次是内容的确定，同时教师备课时对学生特点和知识储备的了解也对后续的课堂教学带来重要影响。

2.初中教师课堂教学中的决策调查

关于课堂教学中的决策，教师们遭遇的主要是“预设”与“生成”的取舍问题。

(1)课堂教学中初中教师决策预设与生成的频率

我们的问题是：“您是否在课堂教学中经常遇到预设与生成不知如何取舍的情况？”选择“经常遇到”的教师占15.27％，“偶尔遇到”的教师占79.17％，“没有遇到”的教师占5.6％。从被调查教师的背景看，80％的教师都有着10年以上的教龄。所以，他们拥有足够的经验预设到课堂教学中可能会出现的意外事件，而且，面对课堂教学中的生成，他们也有足够的经验加以决策。因此，绝大多数

教师驾驭课堂教学中的预设和生成能力比较强。

(2)课堂教学中初中教师根据生成调整预设的频率

初中教师是否根据瞬间课堂教学中生成的问题及时调整预设呢?从调查结果看,54.17%的教师选择"经常会",40.27%的教师选择"有时会",5.55%的教师选择"不太会"或"不会"。绝大多数被调查教师具有较强的处理课堂生成的教学决策意识。

(3)课堂教学中初中教师的决策重点

我们以"教学内容的完成情况、教学目标的达成度、学生的参与度、教学环节之间的连续性、教学方法的适切性、各教学环节时间的分配"作为教师决策课堂教学的6个要素,请教师根据课堂教学中对这些内容的关注程度由强到弱排出前三项。结果如下(图3.7):

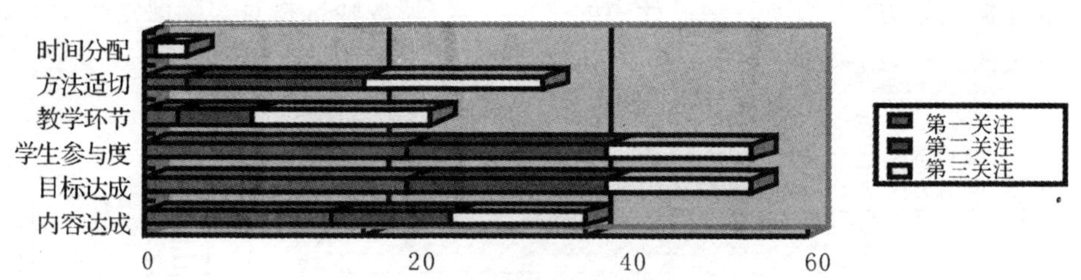

图3.7 初中教师课堂教学中的决策重点

资料来源:本研究统计。

教师们最关注的是学生的参与度(25人),其次是目标的达成度(24人),再次是教学方法的适切性(16人)。

3.初中教师课后反思中的决策调查

调查主要关注了教师课后是否对教学决策效果作出评价以及决策教学问题的依据。

(1)初中教师对课堂教学决策效果评估

课后教师是否会对自己课堂教学中作出的决策进行效果的评估?是否会提出补救措施,重新进行决策?选择"经常会"的教师占33.33%,"有时会"的教师占48.61%,"不太会"和"不会"的教师占18.06%。在访谈中有老师指出这个反思主要靠自己总结,比较随意,不够系统深入。

(2)初中教师对教学问题的决策依据

初中教师对教学问题的决策是如何产生的?教师的决策是基于经验还是理性分析?根据对被调查教师教龄的统计,72位教师的平均教龄14.88年。可喜

的是,大部分教学经验丰富的教师对教学问题的决策并没有倚老卖老,41.66%的教师对教学问题的决策基于理性的分析,45.83%教师对教学问题的决策寻求有创见的方法,12.5%的教师依赖经验或随意决策。

(二)调查结论

因为调查样本平均教龄是 14.88 年,属初中骨干教师群体。所以,本调查结论适用于解释初中骨干教师的教学决策现状。

(1)初中骨干教师具有较强的教学决策意识,对教学问题的决策寻求创新

在被调查的初中教师中,没有初中教师认为教学决策不太重要或不重要,教师具有较强的教学决策意识。而且,虽然这些教师的平均教龄已达到 14.88 年,拥有丰富的教学经验。但教师们意识到社会在进步,每一届学生也都在进步。尽管碰到的可能是相同的教学问题,因为学生变了,老经验可能解决不了老问题。所以,45.83%的教师能够积极寻求有创见的方法,初中骨干教师的决策创新意识比较强。

(2)初中骨干教师的课前教学设计难逃中考指挥棒,存在决策固化倾向

处于中考的压力之下,37.5%的初中教师确定课程内容以考试内容为参照。有初三老师说,到了初三,这个比例可能会是 100%。中考是每个学生必须迈过的一道槛,为了生存,教师和学生都很无奈。我们认为,我们不能取消中考,但是否可以改进考试的形式和内容,如果考试更侧重思维和能力的测试,至少可以避免很多死记硬背的重复劳动。

在教学环节上,许多老师习惯了"导入——复习——新授——巩固——作业"五步教学流程,也就是教学流程决策固化。教师习惯了按照一套程式来推进自己的教学,这样的教学容易操作,久而久之,就逐渐养成了一种决策惰性。走进初中的课堂,最大的感受就是教学秩序有条不紊,教师教学循规蹈矩;学生学习亦步亦趋。更不一般的是几乎每堂课都是如此行事,如此标准。年复一年的重复容易窒息教师和学生的生命活力,所以,在教学流程的设计上,我们同样需要寻求创新。

(3)初中骨干教师课堂决策能力强,但课后反思决策不够

从调查数据看,54.17%的教师经常能及时根据课堂生成调整预设,课堂教学中很少碰到预设和生成不知如何取舍的情况,教师的课堂教学决策能力较强。但对于决策的效果如何,课后经常进行反思评估的教师只占 33.3%,66.67%的教师偶尔会或者不太会去反思测评。如果说,在课堂教学中,教师无法对自己的行动进行充分、完全的反思。那么,反思在课后则是非常必要的。课后对情景进行再理解有助于未来更加有效地决策。没有课后系统的反思,教师的决策水平

永远只能停留在原有水平,很难有改进或提高。

3.2.2 课堂观察:初中教师教学决策行为描述

为了真实把握初中教师课堂教学中的决策行为,在调查的基础上,我们将研究渗透于平常的教学之中,通过广泛听课、访谈上课教师,探寻初中教师在课堂教学决策中的真实表现。我们主要关注了三类课:①观察同课异构课,比较教师不同的决策思路与方法,辅以访谈。②观察公开课,了解教师在非常态下的决策特征,辅以访谈。③观察常态课,收集课堂中值得探讨的决策案例,辅以访谈。研究人员一共随堂观察了 81 堂不同学科的课。

(一)对教学决策行为的课堂观察与分析

1. 同课异构中的教学决策行为比较

同样的教学内容,由不同的教师在不同的班级执教,因为教师自身素质的差异、学生学习水平的差异、课堂教学情境的差异,教师的课堂教学决策行为也表现出相当的差异。

细细分析由两位专业背景不同的教师执教的这两堂内容相同的课,虽然在教学中都采用了实验,教学流程和教学方法大体相似。但两者的决策理念出现了很大的差异:教师 G 作为物理专业的老师,整个教学注重于学生物理思维和实验能力的培养,上出了物理课的味道。教师 H 因为其专业背景是生化专业,整个教学利用填空、板书、在课本上划重点等方式强化知识点的记忆和落实,估计学生应付考试的成绩不会差(表 3.7)。

课堂观察记录 1:

表 3.7 《电生磁》(八年级下科学)

比较内容	教师 G	教师 H	比较分析
设计思路	从实验演示入手,引导学生寻找规律,再用实验证实学生推断是否正确	从实验观察入手,验证书本上的定则,并通过填空练习,巩固概念	前者更注重学生科学思维和自主学习能力的培养,后者则偏重知识点的落实。
教学目标	①知识目标:掌握安培定则的理解与运用 ②培养学生实验的能力 ③培养学生探究的兴趣	①知识目标:掌握安培定则的理解与运用 ②培养学生实验的能力	前者注重学生观察能力和兴趣培养,后者倾向知识点的落实。

续表

比较内容	教师 G	教师 H	比较分析
教学方法	实验法,课件,讲述	实验法,课件,讲述	前者注重实验的过程的探究,后者注重对实验结果的表述。
教材处理	新课引入,实验活动,归纳结论	新课引入,实验活动,归纳结论	前者对直线电流的磁场判断讲解较为详细。
导入环节	小结,复习上节内容,以观察奥斯特实验导入	复习前面所学内容,以观察奥斯特实验导入	后者用概念填空让学生巩固知识点,效果更好。
教学流程	1. 复习 2. 演示实验导入 新课:奥斯特实验 3. 通电直导线周围磁场:安培定则一 4. 通电螺线管的磁场:安培定则二 5. 练习、巩固、小结	1. 简单复习小结 2. 观察实验 3. 总结奥斯特实验 4. 直线电流周围的磁场有何特点(安培定则一) 5. 通电螺线管的磁场(安培定则二) 6. 练习、小结	两者基本相同,对教学流程的决策存在固化倾向。
教学风格	以实验引导学生观察解释、推测,层层递进、环环相扣,培养学生物理思维,有利于学生长足发展,教师幽默风趣,课堂气氛活跃。	以实验来证实已知定律,加深学生学习的印象,注重知识的落实、稳重、扎实,教学基本功扎实,语言清晰准确。	二者各有千秋,但从长远来说,前者对学生科学思维能力的培养更加有效。

资料来源:课题组观察记录。

从上述同课异构中发现,教师的知识结构会影响教师的教学决策。布鲁纳十分强调学科知识结构的重要性,他认为:“一个教育者应知道在某个探究领域的学科知识是什么,知道学科知识是如何联系的和如何获得的。”①学科概念结构的知识,是教师储存在脑中的一张认知地图,这张地图会协助教师了解学生目前的学习状态,也会协助教师了解学生的错误所在。有这样一张认知地图,教师可以随着师生互动的状况,调整教学进度,改进教学策略。

2. 公开课中的慎重决策

对于公开课,不同的研究者站在不同的立场会有不同的观点。虽然大家一

① 转引(台湾)陈峰津. 布鲁纳教育思想之研究[M]. 台北:台湾商务印书馆股份有限公司,1982:9.

致认为公开课有做秀的成分,平时也很难模仿。但公开课对于执教老师来说,从备课到上课以及评课一次经历所得到的收获,可能胜于平时几年的摸索。

为了在公开课上出新意或确保成功,老师们往往要经历几次备课和试讲的过程,这个不断调整课程内容、教学方法、教学环节的过程就是一个追求决策最优化的过程。

课堂观察记录 2:我与《致女儿的信》(九年级上册)的美丽邂逅(I 老师)

精彩片段:

(出示:“仁者见仁,智者见智。”爱情是人类最炽热的情感、最美好的情愫。每个人都渴望幸福,向往爱情。那么过早地摘取爱情的果实,我们能收获甜美吗?)

师:也许你曾偷偷地喜欢过一个人,你觉得那是爱情吗?在中学生中,出现了令父母担忧,让老师焦虑的早恋现象,你觉得他们的存在合理吗?(组织四人小组讨论后交流)

生 1:我觉得过早摘取爱情的果实,不会收获甜美。就拿我自己来说吧,我曾暗恋过两个人,……爱情应该是专一的……

师:你大胆地举自己的经历来说明观点,真勇敢!相信不久的将来你一定会收获甜美的爱情!

生 2:我反驳这位同学的观点,我觉得是可以收获甜美的。男女同学间的相互欣赏,是情感发展的自然现象。假如两人拥有共同的理解,有共同的奋斗目标,并且能为实现这些目标共同努力,相互促进,相互鼓励,而不是在一起单纯地聊聊天、逛逛街,把握好情感的分寸,也不一定会耽误我们的学业与前途的。

师:很有见解,可是如何才能把握好分寸呢,还有待继续思考。

生 3:通过这节课的学习,我感受到了爱情的美丽,但中学生过早地摘取爱的果实一定会使它的美丽大打折扣。因为我们对爱的理解还太少,彼此之间不能建立真正的爱情。况且现在的我们还应有更高的追求。春天还不是收获爱情的时候。

师:巴尔扎克曾说过:“我必将勇敢地追随我的命运,举目眺望比一个女人的爱情还要远的地方。”何况是我们中学生呢?

生 4:我反对这位同学的说法,怎么就不能收获甜美呢?歌德曾说过:“哪个少年不钟情,哪个少女不怀春?”早恋至少说明他们已经长大了,有了丰富的情感。有时早恋也可以促进双方共同进步,鼓励双方奋发向上。我

觉得这就是一种甜美。

师:真不错! 你还能用歌德的话来证明自己的观点。同学们的发言真的很精彩,可惜时间有限,课后我们继续交流。

师小结:爱情是美,早恋是情窦初开,是成长过程的正常现象。但中学生不是恋爱的季节,我们还没有足够的能力去承担这份美丽。就像文中说的:做一个幸福的人,只能是在你成为有智慧的人的时候。(出示:"真情告白,衷心祝愿":人的爱情应当不仅是美好、诚实、坚贞的,同时也应该是理智和慎重的、机警和严肃的,只有那样的爱情才能带来欢乐和幸福。)

师:这是苏霍姆林斯基给女儿的另一封信中的一段话,老师把它送给同学们。(学生齐读)

整节课,学生的精彩发言让 I 老师的课行云流水般的轻松自如,更博得了几百位听课老师一次又一次热烈的掌声。公开课前,I 老师对课程内容的选择进行了慎重的决策。要不要上以爱情为主题的《致女儿的信》? 因为对于爱情这个敏感的话题,在教学中一直是个禁区,没有人敢去涉及。如果稍有不测,就会发生意外事件。I 老师的这一决定受到了同行及县教研员的一致反对。但 I 老师却觉得,对于爱情,不管是在迁客骚人的笔下,还是在影视作品中,都是不可或缺的角色,少了它是成不了席的。而这也是每一个人要经历的必然阶段,为什么要遮遮掩掩呢? 为什么不光明正大地把它说明白呢?

顶着反对的意见确定教学内容以后,I 老师对设计好的教案进行了试教,结果并不成功。

这篇课文涉及中学生特别敏感的爱情话题,怎样在课堂上真正实现对话,让学生有安全感,放下心理包袱,大胆说话成了关键点。在自己班试教的时候,当我让学生说说自己对爱情的理解时,学生们你看我,我看你,大眼瞪小眼地笑,都不往正题上说,或者都说不好意思说,担心人家笑话。几个爱耍嘴皮子的家伙嬉笑说些让人发笑的话。那就点名吧! 结果要么站着不说话,要么说不到正点上去,让自己没有办法。任凭你怎样引导,就是千启不发啊。就这样稀里糊涂地结束了试教,课后很是郁闷,思考着应怎样让学生说话。

I 老师坚守对中学生来说爱情是不可缺席的信念,认真总结了问题的症结,及时地对教学设计进行再决策,终于使公开课教学获得成功!

于是我重新进行了决策,布置预习作业时,就大大方方地告诉学生,这篇课文是初中教材唯一一篇直接探讨爱情话题的阅读文章,要求大家仔细去思索、去体会,对中学生来说,什么是爱情?你是怎么理解爱情的?然后与家长交流,听听父母的观点。接着让同学们去探索与爱情有关的名人名言、古诗词,探索感人至深的爱情故事、经典爱情影片等,从中感受爱情的美好。我又在课前播放了《泰坦尼克号》的主题曲和经典片段,鼓励大家在课堂上大胆、大方、大声地说出自己的心里话,营造了一个宽松、民主、和谐的学习氛围。其次在课堂上创设了良好的自主学习情境,想方设法地激发学生参与对话的激情与冲动,让学生有话想说,大胆地发表自己的看法。这样的决策让我有效地引导了学生与课外古诗句词对话,与文学作品中和生活中的爱情故事对话,与名人名言对话;有效地实现了同学间的对话、师生间的对话,甚至是与父母间的对话,从而初步领悟到爱情的真谛,感受到爱情的美好。

老师们上公开课,无论对“上什么”的内容决策还是对“怎么上”的策略选择都非常慎重。公开课的教案经常是几经修改。I老师公开课的成功,首先在内容的决策上她坚持了自己的信念。有学者将教师信念称之为“学校教育的幽灵”,认为课程能否进入课堂,需要经过教师的理解、判断和选择,经由教师知识和信念等个人理论的筛选和过滤;课堂上可能发生什么和发生了什么,同样与教师角色的信念有着十分密切的关系(谢翌,2006:42)。其次,对于教学策略的选择主要得益于I老师在试教过程面对遭遇的困境作出的决策调整。决策的选择直接影响着教学的效果。

3.常态课中的决策分析

在常态课上,课题组研究人员很注重与上课老师的课后访谈,我们的目的主要是唤醒教师的课堂教学决策意识,善于根据课堂情境灵活调整教学预设,同时引领教师对自己在课堂教学过程中所进行的教学决策进行反思。教师在课题的引领下,决策意识明显增强。

课堂观察记录3:《课堂情景变化促使我作出决策》(J老师)

本堂课的内容为七年级(上)第一章第一节第一课时《观察蜗牛》。课前设计:①课前一天布置学生到大自然中寻找蜗牛,并进行预习;②课堂结构为:先介绍并练习使用放大镜,接着观察蜗牛的结构,然后探究蜗牛的各种感觉。但当我步入课堂时,发现同学们的脸上溢满了笑容,课桌上、书本上、手上都有蜗牛在爬,还有同学拿出自备的放大镜在观察蜗牛。这完全出乎意料,想不到同学们对课前布置的实验,预习热情会这么高,学生们的表情和行为告诉我,他们很想立刻把自己的实验结果说出来和同学们共享,很想得到老师对他们实验结果的肯定。我如果不随时改变教学设计,将带来两个负面影响:①介绍放大镜的使用和蜗牛结构的观察,学生肯定不会认真听,注意力肯定在那些爬行的小蜗牛上。②他们自己的实验结果远远得不到表达,将会打击他们课前实验预习的兴趣,久而久之会养成他们对课前有关实验预习置之不理的习惯。所以我在短时间内作了决策,调整授课计划,顺应课堂情境的变化,就让学生自己通过交流、讨论、再观察、再实验来肯定实验结果,否定不正确的实验结论。课堂过程改变为:①讨论蜗牛的生活习惯、食性及对农作物是否有危害作用。②交流蜗牛是否有视觉,并观察蜗牛的眼,在学生观察过程中,介绍放大镜的使用方法并进行使用方法的纠正,观察短触角的顶端是否有眼等,使观察进一步深入。③交流蜗牛的触觉,并明确触角、足、壳等结构;④交流蜗牛有听觉吗?学生争执很激烈。此时出现了再决策,讨论要距蜗牛前方0.5米鼓掌的原因,设计实验再做实验。⑤探究蜗牛是否会嗅,会尝,也设计了再实验,特别强调"探制变量",再观察蜗牛的口。⑥用秤称蜗牛的质量,不再拿出自备的蜗牛,而从学生当中去收集,此时学生的学习热情达到了高潮。

这堂课通过瞬间教学计划的调整,把放大镜的使用及蜗牛结构的观察插入探究蜗牛各种感觉的活动中,克服了单纯学习前两个内容学习注意力不集中的问题,同时又使学生自始至终参与学习过程,还通过再设计实验,再做实验纠正了学生自己做实验过程中存在的一些不合理现象,使学生的动手能力得到了提高。

决策过程本质上是一个选择的过程,根据课堂情景选择了"改变教学计划",就放弃了"严格按既定计划执行"。教师在课堂上遇到何种情景,很多是难以预测的,教师只要机智地顺应情景,瞬间作出决策,这个决策将可能会成为课堂上的一个亮点,有个好地决策不仅能很好地解决课堂中遇到的"意外",还可能使本来平平淡淡的课有了意料之外的"活力"。

(二)课堂观察结论

通过对81堂课的观察,我们发现,课堂观察结果和调查存在不一致,这可能跟调查中教师无意中存在自我美化的倾向有关。在课堂观察阶段,我们的研究对象面向了全校不同教龄不同层次的老师,观察结论如下:

1. 初中教师的教学决策较多地依赖预设,较少地顺应生成

在课堂观察中,我们发现,即便是公开课,教师的最大愿望是课堂能够按照原定预设目标顺利进行。碰到生成,改变预设临时决策是迫不得已而为之。尽管这个生成可能会收到意想不到的精彩,但我们的老师很少冒险。由于教师课前预设过多过细,生成空间不足。面对课堂中生成的疑问,哪怕一些很有价值的信息,有些老师担心自己驾驭不了出现失控场面,有些老师怕节外生枝完成不了教学预设,所以对生成的问题或置之不理或以课堂时间有限为由,"因为时间关系,这个问题留到课后讨论。"强迫学生跟着自己的思路即"教案"走,教学就像CD机那样按既定速度播放着。课堂始终处于波澜不惊的状态,日复一日地周而复始。

2. 初中教师教学决策较多地以知识达成为倾向,较少关注学生全面发展

在课堂观察中,我们还发现:教师高度关注认知目标的达成。完成知识性教学任务,是教师课堂教学决策的核心。其他诸如学生的情感或心理,教师往往忽略不管。

这种以知识为中心的课堂决策,在外因上可能是教师屈于中考的压力,在内源上跟传统教学有关。有研究表明(张朝珍,2009):强调知识掌握的理智教学最早源于夸美纽斯的思想,以赫尔巴特的主知主义教学理论为代表。他们主张通过教师主导的、对教材知识的传授发展学生的智力。夸美纽斯指出:"我的计划的成功,完全系于一种百科全书式的教本的适当供应,这种教本只能由几位具有创造力的、精力饱满的学者合作才能得到。"赫尔巴特则将教师教学决策的立足点置于教学内容的提供与传递上,"教师不是卢梭所说的那样是自然之助手,而是儿童观念的提供者、'多方面兴趣'的控制者。"布鲁纳的发现学习理论虽然倡导教学方法决策的学生探究取向,但这种探究是在教师主导下的,他的结构课程理论重视学术性知识的作用,强调学术逻辑与学生心理逻辑的统一。赞可夫的理论知识起指导作用的原则,瓦根舍因、克拉夫基的问题解决学习与系统学习统一的原则,奥苏伯尔的"有意义讲解式"教学,加涅的"指导教学设计模式",都是以知识技能的掌握为决策前提的。

建构主义理论认为,知识是由学习者个人自己构建的,而不是由他人传递的。它强调学习者个人从自身经验背景出发,对客观事物的主观理解和意义建构,重视学习过程而反对现成知识的简单传授。学生的立场应该成为课堂教学决策的出发点,教师的任务是引导学生发现真理并培养他们发现真理的能力。

3. 教师的教学决策较多地滥用经验,较少地基于科学

走进课堂,我们会发现教师在有意无意中做着各种决策。但我们又往往发

现这些决策很多很随意、甚至散乱。面对复杂多变的课堂,教师的即时决策显得有些生硬。很多教师认为自己对课堂教学的决策主要依靠经验的积累。经验是我们行动的基础,在重复性活动中经验也是我们行动的指南。教学确实存在一些重复性工作,经验也的确可以帮助教师迅速处理一些常见的问题,也能帮助教师敏锐地找到解决问题的关键。但如果把经验当做唯一,当做解决任何问题的百宝箱,最终导致的是教师课堂决策思维的固化、行为的僵化。

决策是一门艺术,也是一门科学。提出理性决策应当既尊重逻辑基础,又对科学保持开放的态度,即将缜密的推理与事实结合起来。这就需要教师的课后反思,通过理性分析不断比较实际所为与在理性状态下理应所为的差距,以此提高决策艺术的科学成分。

在课堂观察中,我们还发现教师在课堂教学中存在不假思索地从众决策。对某些课堂中的教学问题,大家怎么做,我就照着做,不去分析情境的不同特征,只是简单机械地人云亦云。这样的决策虽然一方面可以节省不少独立探究付出的精力,另一方面可以找到一种安全感:大家都这么做,没什么风险需要自己独自承担,但在这种安全感的包围中,教师们逐渐失缺了解决课堂教学问题的个性和创造力,由此造成课堂教学千人一面的"似曾相识"!

总之,教师课堂教学决策的生成场域是一个极其复杂的结构,不仅是一个多因素互动的心理空间,也是一个多种权利关系相互作用的空间。这种复杂多变的场域结构,需要教师用适切的决策,将这些情境因素统和起来,并使之对学生产生意义效应,在意义的空间中建构知识、促进成长。

3.2.3　行动研究:提升初中教师教学决策水平的策略探寻

针对调查和课堂观察所得结论,我们的目标是改善学校教师的教学决策水平。课题组首先通过听课发现教师教学决策中存在的具体问题,再通过课后访谈与上课老师讨论问题的症结,促进教师对自己决策行为的反思以及对有效教学决策的思考;第二步以读书会的方式为教师提供与决策相关的书籍,通过阅读习得相关的决策知识;第三步是以教研组校本教研或者学校工作坊的形式,抛出典型决策案例,从或成功或失败的决策过程中吸取经验,提升自己的教学决策水平。W 中学对教师教学决策的促进策略可以概括为三条路径:

(1)加强个体决策反思,"课前——课中——课后"整体思考

大部分教师在描述他们的课堂教学时,认为他们往往不知道是什么,为什么,但在瞬间就知道怎么做,因为课堂教学的情境要求教师不断地行动,不可能存在一个"停下来—分析—权衡—决策—行动"的过程,课堂教学决策往往是一

种当机立断的行动。如果说,教师在课堂教学时,无法对自己的决策行为进行充分、完全的反思,那么,课后对决策情境进行再理解有助于未来更加机智地决策。教师的个体决策反思应学会对整个教学决策过程“课前——课中——课后”的系统思考。学校可以鼓励教师通过写反思日志的方式总结自己教学决策中的成功与失败之处,为下一轮的决策优化提供经验。在调查中发现,教师对课堂决策效果的课后反思并不主动。为此,我们制定了专门的表格供教师使用。

表 3.8 W 中学《初中课堂教学决策的研究与实践》教学反思记录表

<table>
<tr><td>授课者</td><td colspan="2"></td><td>时间</td><td></td><td>班级</td><td></td></tr>
<tr><td>课程内容</td><td colspan="2"></td><td>科目</td><td></td><td>课型</td><td></td></tr>
<tr><td rowspan="5">课前设计</td><td>教学目标</td><td colspan="5"></td></tr>
<tr><td>教学重点</td><td colspan="5"></td></tr>
<tr><td>课程资源</td><td colspan="5"></td></tr>
<tr><td>教学流程</td><td colspan="5"></td></tr>
<tr><td>设计理念</td><td colspan="5"></td></tr>
<tr><td rowspan="2">课中实施以及调整</td><td rowspan="2">问 题</td><td colspan="3">调整(处理)</td><td colspan="2">效果</td></tr>
<tr><td colspan="3"></td><td colspan="2"></td></tr>
<tr><td rowspan="5">课后反思</td><td>本课成功之处</td><td colspan="5"></td></tr>
<tr><td>需要改进之处</td><td colspan="5"></td></tr>
<tr><td>调整前后感受</td><td colspan="5"></td></tr>
<tr><td>再设计再实施</td><td colspan="5"></td></tr>
<tr><td>其他</td><td colspan="5"></td></tr>
</table>

资料来源:课题组设计。

(2)加强群体决策,构建专业成长共同体

校本教研要真正促进教师教学的有效性,需要对教师教学中的决策行为作出审视,探寻教师决策背后内隐的教学理念。这种审视可以通过教师对自我教学决策的反思单独进行,也可以通过不同知识结构、专业发展阶段的教师之间的共同体进行。比如基于师徒结对的共同体可以使新老教师之间近距离检视彼此的教学决策,在对比中学习和感悟资深教师的决策经验,激发年轻教师教学决策创新的热情,在互促中共同实现教学决策能力的不断提升。我们构建了以学科为单位的专业成长共同体:

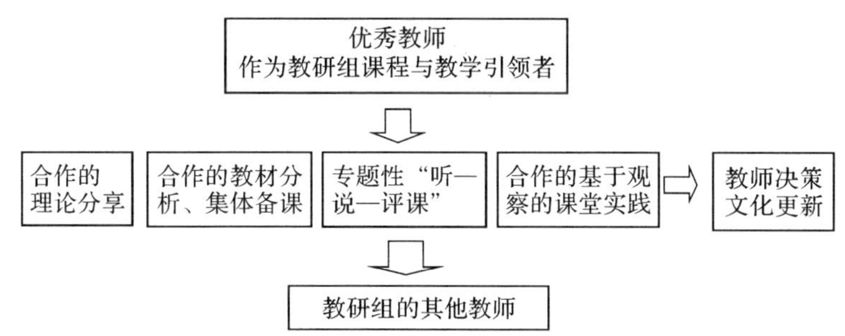

图 3.8　基于校本的"教师结对"共同体文化

资料来源：课题组设计。

正如帕尔默(P.154)所说："如果我想教得好，则一定要去探究我的内心世界。但我可能在那里迷失，不断自我蒙蔽和故步自封。因此，我需要一种同事之间相互切磋、对话的共同体的指引——何况这样的共同体可扶植我经受教学的磨炼，给我在任何名副其实的教学单位都能找到的累积的集体智慧。"

但在课题组成员参与的几次集体备课过程中，当学科组长或主备课教师拿出一个教学初步方案、介绍教案设计意图时，其他教师本应该根据自己班级学生的实际情况，从不同角度、不同侧面来谈谈个人见解，提出自己的教学设想，对学科组长或主备课教师的教案作修改、补充，并对主备课教案进行适当的调整。可惜的是，这么好的机会没有得到充分的利用。大多教师的做法没有发表自己的意见与见解，直接将教案拿来就用。不同教师没有根据自身的教学特点和学生特点形成自己个性化、特色化的教案。在随后的听课中，有几位教师的教案和教学组织流程几乎完全相同。这样的结果，不仅没有达到集体交流和发挥集体智慧结晶的效果，反而是助长一些教师不独立思考的抄袭行为。所以，如何有效发挥专业共同体的群体决策效益，有待我们作进一步的研究。

(3)引进校外专业支持，以工作坊促进教学决策理论与实践的融合

教师与理论工作者的亲密合作，有利于双方从自身的角度思考，透过不同的声音，提供不同层面的资料与洞察，以互补、互惠的方式，建构有关教学决策的专业理论与知识，促进各自的专业发展。我们以工作坊为主要方式，将校内教师在课堂教学决策中遭遇的问题加以归纳，然后以主题的方式，邀请校外相关学者参与我们的工作坊，通过理论与实践的互动，促进对问题的意义理解，探讨解决问题的策略。

通过个体反思、群体决策、专家引领，教师课堂教学决策经历了内力和外力的多次撞击，获得优化和提升。整个过程我们归纳为这样的一个循环流程图：

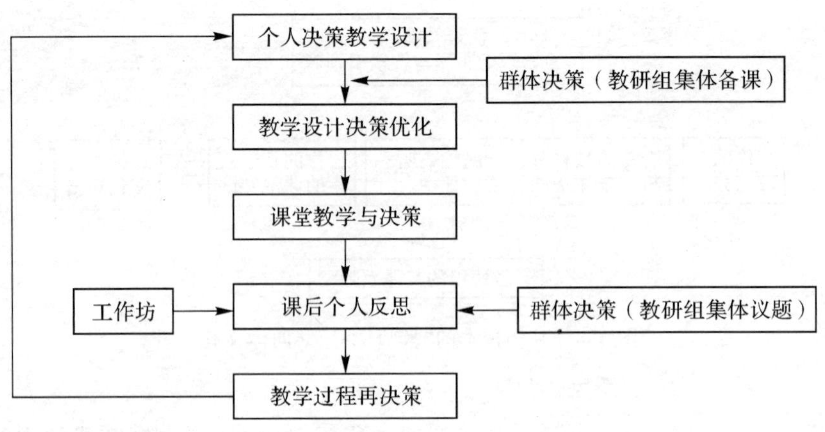

图 3.9 促进教师教学决策水平提升循环图

资料来源:本研究总结。

开展初中课堂教学决策与实践研究旨在以提升教师的教学决策水平促进教师的专业成长。我们相信:教师专业成长每次迈出一小步,对教师有效教学的促进就是一大步!

3.3 本研究的基本立场与理论基础

"人只不过是一根芦苇,是自然界最脆弱的东西;但他是一根能思想的芦苇。"(帕斯卡尔,2009:87)人因思想而伟大,学术论文往往因为研究者的学术思想而散发着生生不息的独特魅力。在社会科学研究中,要不要,可不可能坚持马克斯·韦伯(Max Weber,2002:19)提出的"价值无涉"①的方法论一直是我国学者广泛争议的论题(李金,1994;侯钧生,1995;赵一红,1999;郑杭生,2000;朱葆伟,2000;刁生富,2001;夏江旗,2004;王葎,2008;陈彬,2010)。虽然韦伯对"价值无涉"与"价值关联"作了严格的区分,指出社会科学家并不评价价值关联的对象,只是通过追溯其原因来解释它们,只理解而不做褒贬。但正如伽达默尔的

① 韦伯认为:"价值无涉作为经验科学的原则向文化科学提出了客观性的要求:将价值判断从经验科学的认识中剔除出去,划清科学认识与价值判断的界限。"它的核心观点是:"经验科学只能告诉人们事实怎么样,它可能怎么样,但决不教导人们应当怎么样,后者完全取决于人们自己依据于一定价值取向的选择;从存在无法上升到应当,因此关于实在的经验认识的科学必须拒绝承担价值判断的任务,从而保持科学认识的客观性和中立性。"详见[德]马克斯·韦伯著.社会科学方法论[M].韩水法,莫茜译.北京:中央编译出版社,2002:19-22.

“前见”理论所解释的那样,理解不是纯客观的,而是有“前见”的。[①] “前见”作为一种个人的前理解的价值立场,它是历史传统的经验存留。理解者的价值“前见”构成了他特定的理解“视域”,只有当理解者的“前见”与被理解的对象发生“视域融合”,真正的理解才能实现。而“前见”作为一种“经验存留”,无疑是人类的价值累积和价值选择的结果对人的理解活动的渗入,它甚至以无意识的方式渗入自觉的“价值无涉”的立场,渗透在对事实的“客观”描述中。

3.3.1 本研究的基本立场

在第二章对已有教师课程实施的研究谱系中,尽管学者们基于不同的研究视域与课程改革需要,赋予“教师是课程执行者”、“教师是课程实践审议开发者”、“教师是课程研究者”、“教师是课程决策者”、“教师是课程意义建构者”、“教师是课程创生者”等多种角色期待,但在具体的课程实践中,作为课程实施主体的教师到底是以一种怎样的身份介入的?教师的课程实施到底是一个怎样的过程?在理论上似乎依旧混沌。

基于笔者以局内人以及局外人的身份对 M 小学与 W 中学教师课程实施的田野研究以及一直是课程实施主体局内人一分子的自我觉知,本研究的基本观点是:教师课程实施的过程,因为面临着诸多不确定的复杂情境,是一个对课程内容和教学策略不断作出决策并加以执行的过程,是一次次向着“未知之地”的旅行。基于常态中教师主要实施的是国家课程,后面的研究主要探讨教师实施国家课程中的决策。中小学教师实施国家课程之旅不是自助游,而是以旅行团的方式照着旅行社的日程表不断核对旅游指南上的说明与实际景点的计划游,虽然旅行团可以在允许的范围内做一定的调整,但整个行程不能偏离计划太远而受限制。

目前在课程教学论领域关于教师课程实施中决策问题的研究,主要有两维:

一维是教师课程决策研究。以“教师课程决策”作为篇名在 CNKI 中国知网搜索,共搜到期刊论文 13 篇、硕博论文 3 篇[②]。国内外学者主要从课程政治学的视角,关注教师课程决策权的问题。课程决策并不仅仅是教育上的专业判断,它摆脱不了社会政治权力的影响,是一种不同利益主体相互冲突、协商与妥协的

---

① 有关伽达默尔的“前见”理论参见:洪汉鼎.伽达默尔的前理解学说[J].河北学刊,2008(1)、(2);魏金玲.论伽达默尔的前见理论[D].山东师范大学,2003.

② 三篇论文全部是关于幼儿园教师课程决策的研究。包括博士论文 1 篇:陈蓉辉.幼儿园教师课程决策的个案研究[D].东北师范大学,2009。硕士论文两篇:田燕.幼儿园教师课程决策研究[D].南京师范大学出版社,2002;吕晓.幼儿园教师课程决策的个案研究[D].西南大学,2007.

结果。如古德莱德(Goodlad,1991:9—23)指出,课程决策是个政治性的活动,不同的参与者在过程中开放他的意见,但最后决定往往诉诸于其权力所在的相对应的位置而定。克莱因(Klein,1991:24—41)将课程决策划分为七个层次:

(1)学术层次:依学者专家的专长、兴趣与信念建议新的教育途径和课程内容。

(2)社会层次:社会上对课程内容感兴趣者,就其关切层面表达对课程的意见。

(3)形式层次:中央或地方政府、教育团体与组织、教科书出版者,透过其所制定或出版的具体课程文件或教材,影响学校的课程内容。

(4)机构层次:各学校课程发展的参与者,以不同合作方式共同决定学校课程。

(5)教学层次:教室内的课程计划与教学进行方式,通常由教师做主要决策。

(6)运作层次:指教室中的运作课程及师生互动过程的决策。

(7)经验层次:指学生个人对课程的期望、知觉及其学习收获等。

这七个层次所作的决策,都包含九项内容:目标、内容、教材与资源、活动、教学策略、评鉴、分组、时间、空间。教师的课程决策权体现在“机构”、“教学”、“运作”、“经验”四个层次。虽然在机构层次上有些课程内涵的决定可能限制教师的决策权,然而学校教师本身直接面对学生,在课程目的、内容、学习机会等方面仍有相当的决策权。台湾学者游淑燕(1993)根据行政阶层的结构把课程决策分为国家层次、省市层次、县市层次、学校层次和教室层次。

从世界各地基础教育课程决策的机制来看,属于集权型的国家开始下放部分的权力,重视地方和学校在课程中的自主权,而属于地方或学校分权的国家则开始收回部分的权力,加强国家对课程的干预力度(黄忠敬,2003;丁念金,2005)。从新中国成立以来,我国课程决策机制的变化大致经历了三个阶段:①从20世纪50年代到80年代中期,国家高度集中统一的课程决策,课程几乎完全由国家决定,地方学校完全没有课程决策权;②从20世纪80年代中期到90年代末,以国家决策为主,国家决策与地方决策并行的阶段;③从20世纪90年代末开始,国家决策、地方决策和学校决策三者并行(丁念金,2001)。在三级课程管理体制下,教师的课程决策权已不是“给不给”的问题,而是如何“放权”、如何保障、如何监督其有效行使的问题(罗晓杰,2006)。有研究指出,国家并没有为教师参与课程决策提供有效的、可供选择的途径,教师虽然被赋予参与课程决策的权利,却难以在过程中得以实现。教师的课程决策权仅仅局限在校本课程的狭小空间,在国家课程和地方课程的决策中依然没有什么权利可言(刘桂辉,2006)。也有研究认为,长期计划体制下,学校和教师完全执行指令性的课程计划,不可能也不需要具备多少课程意识和课程开发能力,致使学校和教师的工作方式变得过于顺从和依赖,学校与教师对课程的独立判断和开发积极性、创造性逐渐萎缩(吴刚平,1999)。教师决策权力的实现建立在其专业发展的基础上,作为课程决策主体,教师须具备课程意识、课程理念、课程决策能力及课程研究能力(丁念金,2009)。有研究提出了基于 5 个 W 的课程决策分析框架(杨兰,2008):

表 3.9 课程决策的分析框架

Where	Who	why	how	what
1. 国家层面				
2. 地区层面				
3. 学校层面				
4. 教室层面				

资料来源:杨兰. 关于内地和台湾地区课程决策研究的评述[A]. 霍秉坤. 课程与教学:研究与实践的旅程[C]. 重庆:重庆大学出版社,2008:229—247。

Who:决策者——政府部门、专业团体、教师等相关个体或团体;what:决策的范围和内容——课程设计、实施、评鉴等过程中所涉及的课程要素;how——决策的过程,在一定程序基础上协商、妥协的过程;why:决策的依据——知识基础、个人经验、价值观等;where:决策的层面——国家、地区、学校和教室(具体到教室层面还有 when 的问题)。也就是说,对于一个课程决策,需要了解到底是哪些决策者(who),在什么样的情况下(where),基于什么理据(why),通过什么样的方式(how),作出了什么样的决定(what)。

另一维是教师教学决策研究,以"教师教学决策"作为篇名在 CNKI 中国知网搜索,共搜到期刊论文 15 篇、博士论文 3 篇、硕士论文 3 篇①。国内外关于教

① 三篇博士论文分别是:宋德云. 教师教学决策研究[D]. 西南大学,2008;张朝珍. 教师教学决策研究[D]. 华东师范大学,2009;杨豫辉. 数学教师教学决策研究[D]. 西南大学,2009. 三篇硕士论文是:张迎凯. 复杂性视阈下的教师教学决策研究[D]. 河南大学,2004;占丰菊. 课堂教学中教师互动性决策的初步研究[D]. 华东师范大学,2004;杨海燕. 新课程背景下高中化学教师教学决策的个案研究[D]. 东北师范大学,2009.

师教学决策的研究主要基于技术理性,关注教师教学决策的有效性及其影响因素,旨在改善教师的教学决策行为。国外的教师教学决策研究兴起于20世纪70年代,教学研究领域开始反思"过程——结果"研究范式的不足,认识到对影响教师教学行为的认知因素和内隐变量研究的缺乏,使行为主义教学理论很难真正有效地解释教师的教学选择行为。教学研究领域开始从对教师外在行为的分析转而关注可观察行为后面的思维过程,从认知的角度研究教师的临床教学思维与教学效果的关系。70—80年代中期的十年间,大量关于教师思维与决策的研究成果面世。1984年"教师思维研究国际协会"成立。1986年克拉克(clark)和皮特森(Peterson)对十年的教师思维研究成果做了全面的述评,指出"教师思维研究"的特征在于把教师界定为"决策者"。90年代后,随着教师专业化运动的兴起,教师的思维研究开始从认知过程的研究聚焦于教师个人理论和观念的研究,探寻教师决策背后的知识依据和成长历程。威廉·威伦和贾尼丝·哈奇森等(Willian Wilen,Janice Hutchision,2008:1)提出了教师教学决策结构体系:

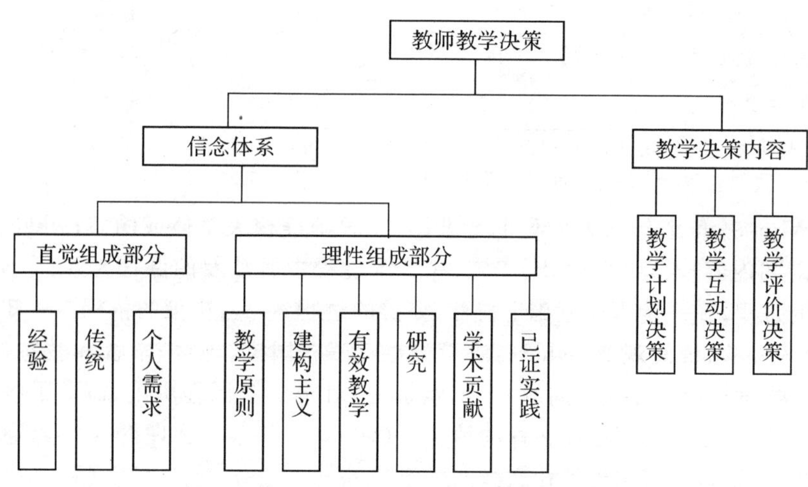

图3.10　威廉·威伦的教师教学决策体系

资料来源:[美]威廉·威伦,贾尼丝·哈奇森等著.有效教学决策[M].李森等译.北京:教育科学出版社,2008:1。

该体系首先分析了对于一名教师而言,信念体系是教师决策合理性的最可靠基础。教师信念体系可分为直觉和理性两部分,直觉部分包括经验、传统以及个人需求等;理性部分包括教学基本原理、先进的教学理论、科研成果以及验证过的实践经验等。教师教学过程中持有的信念、观念和假设,将会直接影响教师做出重要的教学决策及其随后的教学行为。其次,威廉·威伦和贾尼丝·哈奇森认为教师教学决策的内容包括教学计划决策、教学互动决策和教学评价决策。

我国有学者通过调查发现:目前中小学教师教学决策存在的问题主要表现在三方面:一是教师教学决策权力意识比较淡薄,二是教师教学决策能力有待提高,三是教学决策过程需要指导(宋德云,2008)。也有研究认为我国教师教学决策实践存在的主要问题是经验主义教学决策,经验主义教学决策的实践表征主要是教学决策的经验固化、决策窄化、决策异化和决策依赖行为。教师教学决策的经验固化表现为教学决策的程式化和简单随意;教学决策异化表现为决策行为与决策目的、教学决策目标的偏离甚至背离;教学决策窄化是以部分决策内容、环节代替整体的教学决策;教学决策依赖既包括教师个体对教师集体教学决策的依赖,也包括教师生搬硬套他人尤其是专家的理论或决策实践模式(张朝珍,2009)。还有研究指出:教学信念、教学思维方式、教师知识、课堂情境、学校文化是影响教师决策的主要因素(杨豫辉,2009;杨海燕,2009)。

本研究对教师课程实施之旅的决策研究,主要关注的是教师在领悟课程、运作课程、经验课程中是如何做出决策的?不同阶段的决策有何不同的特点?因为不管改革是否给教师"赋权",教师一直在课堂上做着"怎么教"的决策。"课堂是由教师控制指挥的宇宙"(Lorrtie,1969:9)。英格索的(Ingersoll,R. M,2009:76)调查证实了本研究的基本观点(图3.11),教师决策的影响主要体现在课程实施的教学层面。

英格索借助于来自"学校和教师调查"的全国数据研究了美国教师在"教学"、"社会"、"管理"一系列重大决策上有多大的影响力,发现在学术教学上教师有很大程度上的决策权。老师们经常说在选择课堂中每天能传播他们观点的特定手段以及特别的观点和理念时有绝对的主导权;但是老师们也说在学校重大决策如修改课程和课程改变与创新、选择教科书等方面的决策权会受到限制。与学术教学不同,教师在不重要的学校管理资源分配上有中等的影响力。他们对班级纪律、班级规模、班级经费有一些决定权;通常教师在自己被安排教什么的决策权是非常有限的,换句话说,教师对他的日常工作和工作场所所能进行些许管理与控制。

3.3.2 本研究的理论基础

对于一项研究来说,理论基础一定是为解决问题所用的。概念与问题、理论基础之间需要建立一种逻辑关系,从而使研究具有一定的前提。遵循这种认识逻辑,本研究的开展基于以下理论:

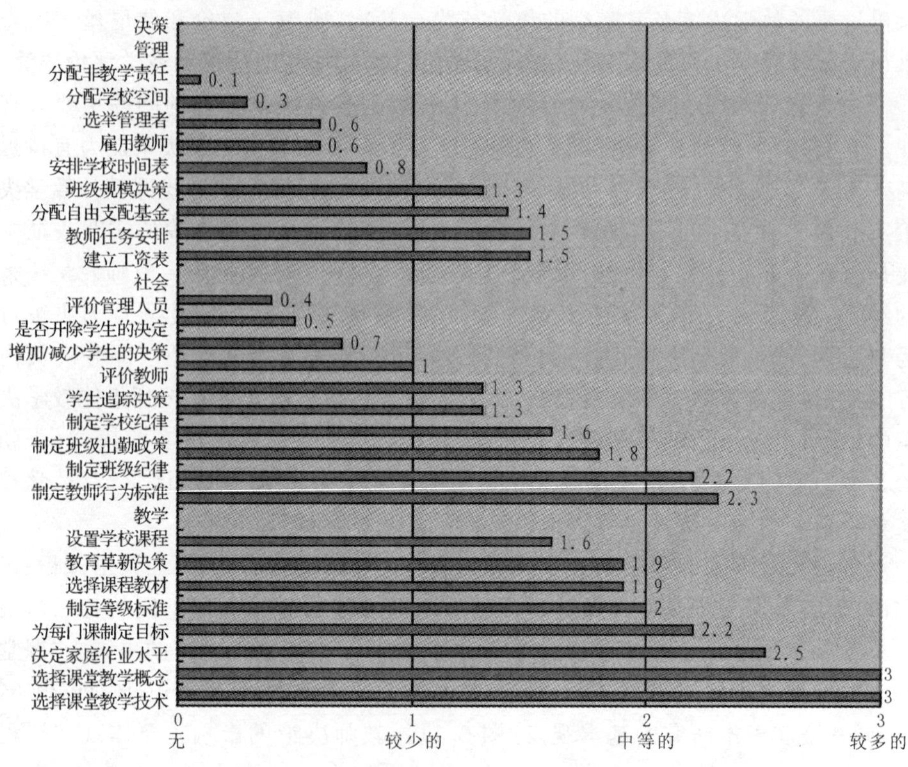

图 3.11 教师对重要决策的平均影响

资料来源:[美]理查德·迈·英索尔(Richard M. Ingersoll)著.谁控制了教师的工作——美国学校里的权利和义务[M].庄瑜等译.上海:华东师范大学出版社,2009:76。

(一)基于描述性的决策理论

国际管理决策中心主席罗索(Russo,1998:1)认为,决策科学与其他科学有很大的差别,它的运作不是从一种统一的范式(paradigm)来进行的。相反的,需要从两种方式来考虑:一种是标准化范式(normative paraadium),另一种是描述性范式(descriptive paradium)。决策领域的标准化范式与经济学联系(但也汲取了统计学及某些工程技术的成分),它的目标是建立最优化或完全理性的、普适的决策模型,这类模型完全以定量化的形式出现,它体现理性决策的原则。描述性范式与心理学,特别是认知心理学有密切联系,它仅仅试图对真实的决策者的决策行为做出描述性的说明,并一步一步地描述决策者实际上的认知与思维过程。这两种范式中,描述性范式是较新的一种,而标准化范式则有更为久远的历史。两者的区别如表(表 3.10):

表 3.10 决策科学的标准化的/经济学的和描述性的/心理学的范式之间的对比

范式的要素	标准化的	描述性的
理　论	理性的原则	认知过程为基础的实验
理论的目的	建立一个最优化决策的一般模型	理解真实人在确定范围内的决策
应用的目标	与完美行为作为对照,通过显示决策缺陷,帮助人们达到最优化的境界	通过对决策者的培训,或者通过帮助决策者改善决策环境使之更有利,达到帮助决策者提高决策水平的目标
主导的方法	数学模型和计算测量主观效用	过程追踪知识提取和表达
学科的根源	经济学 统计学	心理学 社会学 政治学
研究者的角色	机器人工程师	教　练

资料来源:[美]J. E. Russo 著. 决策行为分析[M]. 安宝生等译. 北京:北京师范大学出版社,1998:3。

本研究对教师课程实施过程中的决策研究,虽然我们追求的是最优化的理性决策。但标准化范式的建模并不适用于课程实施的具体情境。本研究的目的主要在于真实地描述教师基于特定的环境,在课程实施过程中如何做出决策的过程,以促进教师对自己所做决策的反思,提升教师的决策质量,所以基于心理学的描述性决策范式对本研究比较适用。

从最早的最优经典决策理论模型的出现,到现代参与式决策模型的提出(Vroom,V. H,Yetton:W,1973),已经形成了六种比较成熟的决策理论模型,分别是:最优经典模型与有限理性模型、混合扫描模型与渐进模型,垃圾箱模型和政治模型。如果以经典模型的七个标准作一衡量,它们各自的特点如下:

表 3.11 决策理论模型之比较

	最优化	有限理性	混合扫描	渐　进	垃圾箱	政　治
确　定 目　标	组织目标 在行动策略之前确定	目标通常在 在行动策略之前确定	政策指导在行 在行动策略之前确定	目标和策略 相互交织	目标和策略 同时出现	目标自发出现 不过是个人目的

续表

	最优化	有限理性	混合扫描	渐 进	垃圾箱	政 治
方法目标分析	总是以方法目标分析开始	通常以方法目标分析开是,不过偶尔也会改变目标	分析集中于总的目标与尝试性方法	没有方法目标分析,方法和目标不可分	方法与目标相互独立偶然结合	个人目的决定了组织的方法
决策检验标准	实现组织目标的最佳方案	实现让人满意的组织目标	实现让人满意的组织目标	决策者一致认为决策是正确的	参与者认为策略与问题正好合适	实现个人目的
决策过程	将组织目标最优化	可行性	改进后的可行性	持续对比	通过机遇结合	通过政治斗争实现个人目的
备选方案搜寻	寻求并考虑所有的选择方案	在适当的范围内寻找选择方案	在适当的范围内寻找选择方案	将选择方案的寻找限制在与问题相关的范围之内	在解决方案、问题参与者之间寻找适当的搭配	寻找个人满意的方案
指导原则	理论	理论与实践	理论、经验与对比	经验与对比	机遇	权利
标准化	标准化理想模式	描述性和标准化	描述性和标准化	描述性	描述性	描述性

资料来源:WayneK. Hoy,C. John Tarter 著.学校决策者[M].廖申展译.北京:中国轻工业出版社,2005:79。

这些决策模型都有其适用的条件。在很多复杂的情况下,最好的方法是最适合当时情景的方法。在选择决策策略的时候要考虑哪些可能的情形呢?塔特和霍伊(Tarter & Wayne K Hoy,1998)对各种理论模型适用的条件进行了总结:

表 3.12 各种决策理论模型的适用情形总结

模 型	适用情形
最优化	涉及面窄、具体的问题、全面的信息
有限理性	信息不完全,可确定的可接受结果
混合扫描	信息不完全,决策复杂,结果不确定,存在指导性政策

续表

模　型	适用情形
渐　进	信息不完全,决策复杂,结果不确定,没有指导性政策,在政策确立之前的短期策略
垃圾箱	理解偶然作出的决策
政　治	理解非理性决策

资料来源:WayneK. Hoy,C. John Tarter 著. 学校决策者[M]. 廖申展译. 北京:中国轻工业出版社,2005:81.

基于对决策理论的考察,从环境的角度类比,有限理性模型、混合扫描模型、渐进模型、垃圾箱模型对于处于不确定的课堂教学情境中的教师更适用。本研究注重从教师个人心理和社会情境的角度探究教师课程实施中决策的过程。教师个体对课程实施问题的认知、经验以及直觉判断,都会影响教师对不同策略的选择(项保华等,2005:VIII)。

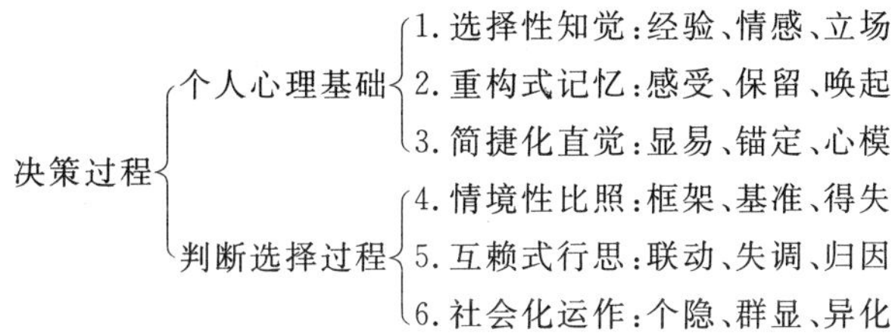

图 3.12　决策偏好建构与判断选择过程

资料来源:项保华. 管理决策行为——偏好构建与判断选择过程[M]. 上海:复旦大学出版社,2005:VIII。

(二)基于复杂性理论

兴起于 20 世纪 80 年代的复杂性科学研究,已被有些科学家誉为"21 世纪的科学",它不仅带来了科学方法论的突破,而且引起了哲学层面思维方式的变革。有学者认为教育研究应列入复杂性科学一族,"教育理论的研究可能是人世间复杂问题之最。教育不仅是人类每一个文明社会和个体人生旅程所不可或缺的东西,是联结人和社会的重要纽带,而且,它还具有与其他社会系统不同的功能,那就是它连结着、聚焦着人类文明的历史、现实与可能的未来。教育是一种人类社会所特有的更新性再生系统"(叶澜,2001)。教师课程实施的场域是个充满着诸多因素交互作用的复杂情境场,课堂教学并不是由教师教与学生学组成的简单、线性、僵化的教学活动,而是饱含动态生成与复杂演变的过程,教学情境的不确定性、学生的多变性、课堂意外事件的偶发性,使得教师必须不断地针对具体情境对课程实施做出决策。所以,对教师课程实施之旅问题的研究需要基于复杂性理论的思想。正如马塞尔·普鲁斯所说:一个真正的发现之旅不是寻找新的土地,而是获得新的目光。复杂理论大师莫兰先生,在他的《复杂思想:自觉的科学》(2001:184－185)一书中也写道:在布满繁星的夜空下,看第一眼时,给我们以纷乱无序的印象,看第二眼时,就发现了有条不紊的宇宙秩序,但是,随后第三眼又看到了不同的情况,因为有新的惊人的无序被注入到这个有序之中,这第三眼要求我们把有序和无序联合起来进行认识,我们需要思想上的双目。

有学者认为,复杂性科学具有以下一些特点:①它只能通过研究方法论来界定,其度量标尺和框架就是非还原的研究方法论;②它不是一门具体的学科,而是分散在许多学科中,是学科互涉的,从传统的分类学科到现在的交叉学科,从政治、经济、生物到语言、大脑、市场、交通,几乎涉及人类生活的每一个角落,甚至很难说清它的边界之所在;③它要力图打破传统学科之间互不往来的界限,寻找各学科之间的相互联系,相互合作的统一机制;④它要力图打破从牛顿力学以来一直统治和主宰世界的线性理论,抛弃还原论适用于所有科学的梦想;⑤它要创立新的理论框架体系或范式,应用新的思维模式来理解自然界带给我们的问题(黄欣荣,2006:4－5)。复杂性理论的构成非常复杂,它既包含了现代科学的各分支,也包含了非线性科学的各学科,同时还包含了当代热门的人工生命研究的各领域,它是一个开放的复杂系统:

"课程是复杂系统,它不是一个一个等待执行的线性的学程,而是一个复杂的、动态的相互作用的网络,它不断向各种不同的相互联系的形式分化,因此,它是一项需要愿景和毅力的艰巨任务。"(小威廉姆·多尔 & 诺尔·高夫,2004:50－51)我们所教的学科像生命一样的广泛和复杂,知识生产和再生的速度使我们难以把握。其次来自教师本人,教师自我对课程的理解、信念、知识基础、实践智慧交混地影响着课程实施中的判断与决策。第三是来自课程实施的服务对象。教师通过课程实施旨在促进学生的发展,我们所教的学生远比生命复杂。各种分立的知识被传授给学生,但在学生身上整体涌现远远超出了单独的学科知识,教育环境中个体生命的发展是典型的自组织过程,个体发展在有序与无序的交混中突变与再生,对复杂多变的环境作出适应。

教师课程实施的复杂性还来自课程实施的场域充满着诸多的不确定性。莫兰(2004:147－148)认为迎接不确定性的三个借以获取成功的手段是:第一努力完善地思考,这同时意味着意识到行动的环境论。行动环境论包含的第一个原则是:任何行动一旦发起,就进入一个在它被实施的环境内部的许多相互作用和反馈作用的游戏之中,这个游戏可能使它脱离它的目标,甚至导致一个与预定结

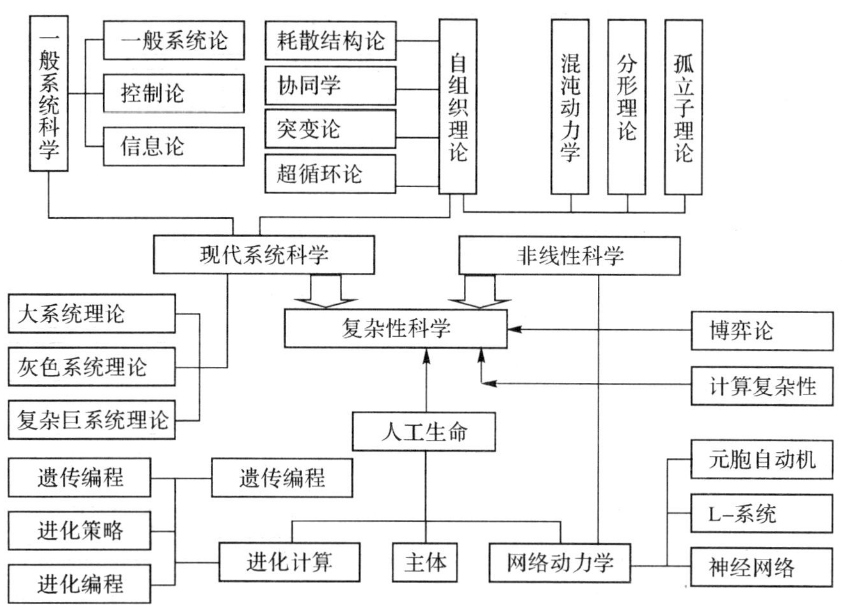

图 3.13　复杂性科学的理论构成示意图

资料来源:黄欣荣.复杂性科学的方法论研究[M].重庆:重庆大学出版社,2006:49。

果相反的结果;行动的环境论的第二个原则告诉我们:行动的结果是不可预见的。第二个借以获取成功的手段是变得善于制订和实施策略。策略和程序(programme)相对,虽然它可以包含被程序化的成分。程序是为实现一个目标预先决定的行动的序列。程序在人们可以确切确定的稳定的外部条件下是有效的。但是在这些条件下最微小的扰动都会使程序的实行失常,从而不得不停止下来。策略像程序一样是为实现某个目标而建立的,但是它将建立若干可能的行动方案,然后根据它对不确定的环境的了解而选择实行其中之一。策略不断努力搜集信息,检验它们,并根据在进展途中搜集到的信息和遭遇到的偶然事变改变其行动。第三个借以获取成功的手段是全神贯注地进行博弈。一个策略本身包含着对它将迎战的不确定性的意识,从而包含着进行一场博弈的准备。它应当充分意识到这场博弈,以便不把赌注倾注到一个虚假的确定性上去。教师的课程实施之旅需要教师根据多样化的学生需求不断变换课程实施策略。

研究教师的课程实施之旅需要研究者在复杂性理论的思维引导下,善于捕捉教师课程实施过程中"涌现"的教学决策事件,敏锐判断其具有的整体性价值,进而在动态多元的深度解读中理解教师的课程实施之旅。正如维特根斯坦

(Wittgenstein,2004:1—2)所说:洞见或透识隐藏于深处的棘手问题是艰难的,因为如果只是把握这一棘手问题的表层,它就会维持原状,仍然得不到解决。因此,必须把它"连根拔起",使它彻底地暴露出来;这就需要我们开始以一种新的方式来思考。这一变化有决定意义,打个比方说,这就像从炼金术的思维方式过渡到化学的思维方式一样,难以确立的正是这种新的思维方式。一旦新的思维方式得以确立,旧的问题就会消失;实际上人们很难再意识到这些旧的问题。因为这些问题是与我们的表达方式相伴随的,一旦我们用一种新的形式来表达自己的观点,旧的问题就会连同旧的语言外套一起被抛弃。

3.4 本章小结

笔者以局内人以及局外人的身份对 M 小学与 W 中学教师课程实施的田野进行了研究。M 小学进行了"光谱校本课程"的系列建构,教师对待光谱国家课程、光谱地方课程以及校本光谱课程的实施态度不太相同;W 中学初中教师的课堂教学决策研究,通过调查、访谈以及各类课的观察,发现初中教师的课堂教学决策较多地依赖预设,较少地顺应生成;较多地以知识达成为倾向,较少地关注学生全面发展;较多地滥用经验,较少地基于科学,在此基础上提出了提升教师教学水平的自我反思、同伴互助、建立专业共同体等策略。

基于两所学校的田野研究,提出了本研究的基本立场与观点:教师课程实施的过程,因为面临着诸多不确定的复杂情境,是一个对课程内容和教学策略不断作出决策并加以执行的过程,是一次次向着"未知之地"的旅行。基于常态中教师主要实施的是国家课程,后面的研究主要探讨教师实施国家课程中的决策,以描述性决策理论和复杂理论作为主要的理论基础(图 3.14):

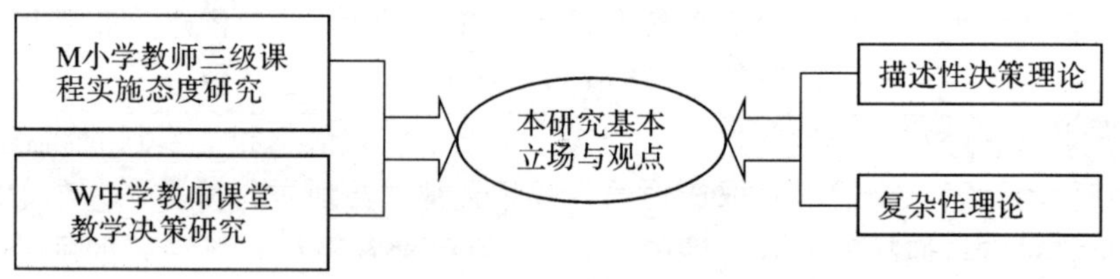

图 3.14 基于教师课程实施田野研究的立场与观点

资料来源:本研究提出。

04　教师领悟课程之旅:有限理性决策

教师的课程实施之旅是一个过程还是一系列事件?过程和事件有什么不同?“一个过程定期出现,它遵循比较恒久的模式;而一个事件是非同寻常的、不规则的。一个过程可能是连续的、稳定的、始终如一的;而事件的发生是突然的、间断性的、偶然的。过程是具有典型的,事件是独特的。过程遵循规律,而事件创造先例。”(赫舍尔,1994:30)

教师的课程实施之旅是一个过程,如果以古德莱德的课程层次作为分析框架,我国中小学大部分教师的课程实施开始于领悟课程,行动于运作课程,反思于经验课程,在实践行为上表现为备课——上课——评课的过程。教师的课程实施之旅也是一系列事件,每个教师的旅途中都会发生一些不可预见的意外事件。这些事件构成了教师课程实施之旅中的故事,每一个故事背后都反映着教师在特定场域对事件做出决策与执行的智慧。

沿着教师课程实施的旅程,本章探讨的是教师领悟课程中的决策。领悟课程是整个教师课程实施之旅的部分事件;单以领悟课程本身而言,它又是一个过程,时序上一轮又一轮的备课构成了教师的领悟课程之旅。

4.1　基于比较的教师领悟课程决策叙事

领悟课程即教师对课程的领悟。有研究认为:领悟课程是教师对正式课程的理解和在以往运作课程的反思基础上的课程重构,是教师在正式课程进入实施之前所领会、感悟的课程。领悟课程中的领悟是指领会和感悟。领会是领略事物而有所体会。领会可以分为领略和体会两个心理过程。领略是了解事物的情况,进而认识它的意义,或者辨别它的滋味;体会即体验。领会重在“领略”,着眼于对课程整体的解读,强调的是整体的课程。感悟也可以分为“感”和“悟”两个心理过程。感即“感触”,是以课程文本的细节、局部为对象的;“悟”是由表及里、见微知著的见解。感悟重在“悟”,着眼于教师对课程意义的表达,强调的是教师自身的认知和经验(杜志强,2006:2)。

本研究认为,领悟课程是正式课程与带有教师个人基因的实践智慧相遇生成的“混血儿”,它以或内隐或外显的方式生存于教师的备课过程中。如果教师领悟课程仅是对正式课程的纯粹的客观分析,它就是冷冰冰的、抽象的;如果领悟课程是纯粹的主观情感,它就成了自我陶醉,丧失了现实世界之根基。虽然古德莱德提出的“理想课程——正式课程——领悟课程——运作课程——经验课程”的课程五层次理论,其背后是一种“研究—开发—推广”(R-D-D)的线性理论开发模型。在这个模型中,设计的流向是单向的,暗喻着正式课程决定领悟课程,领悟课程决定运作课程,运作课程决定经验课程。但在实践层面,领悟课程是教师在一次又一次的备课中不断循环反复的过程,是贯穿于教师整个职业生涯的人生之旅。在课程领悟中因为融入了教师“我”的元素,正式课程转化为教师“我的课程”;运作课程因“我”而起变成“我的实施”;从学生的经验课程中“我”对自己的课程实施做出评价,反过来又促进“我”对课程的领悟。(图 4.1):

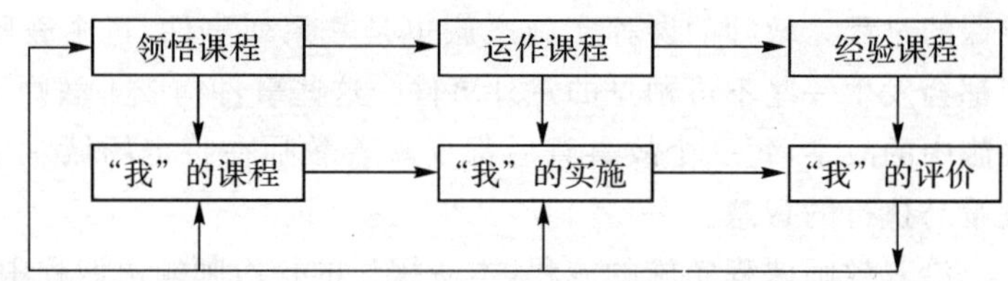

图 4.1 教师课程实施过程

资料来源:本研究观点。

不同的教师,在他专业发展的不同阶段,在不同的课程实施场域,他对自己所教学科课程的领悟是有很大差异的,这种差异主要表现在他备课过程中对课程内容与教学策略的决策上。我们可以从教师自我对备课的叙事中感受到他的专业成长。

4.1.1 “纸”到“心”的积淀:两位资深教师备课决策史透视

对于教师而言,无论小学、中学还是大学,都要备课。备好了课,不一定能上好课,但是要想上好课,必须要备好课,才能“胸有成竹”,在上课时收放自如。备课的含义有广义和狭义之分,“狭义备课”是指教师认真研究一定的课程内容和所面对的学生实际,确立科学的教学目标,并考虑采取哪些相应的方法,运用相应的资源,引导学生达成目标(知识、技能、方法、情感、态度等),目的是上好具体的一个单元或者一堂课。“广义备课”是指教师不断地学习，不断更新专业知识、增加文化积累，不断总结与反思教学经验，通过增加专业储备，体现“终生”理念，目的是上好所有的课。

自新中国成立特别是20世纪80年代以来，我国中小学一直存在着备课制度，学校非常重视对教师备课的管理与检查。尽管备课的形式和要求在不断变化，但通过备课促进教师上课质量的初衷一直没变。我的一位工作22年的师范同学从毕业至今一直工作于一所农村乡镇中心小学，做了22年的小学数学教师。我们也许可以从她对自己备课史的描述中依稀感受到我国改革开放30多年来学校备课文化的变迁。选取她作为我研究教师备课决策之旅的对象，我的出发点有三：第一，研究对象跟笔者有着浓厚的友情，她不会刻意对笔者隐瞒什么，由此可以保证所获材料的真实性；第二，研究对象备课历程的共时性，她的备课经历差不多跟我国改革开放同步，也反映着她专业发展不同阶段的备课特点；第三，研究对象本人属于典型个案抽样①。研究对象所处环境具有典型性，她代表了我国占绝大多数农村教师的生存与备课境遇；研究对象没有耀眼的光环，仅仅是中国农村成千上百万教师中一名普通的农村小学教师。在2010年暑假碰面的时候，我请她跟我聊聊她这20多年来的备课经历。整个资料的获取基本上是她的口述，称不上严格意义上的访谈或对话。在下面呈现的研究资料中，我将她编号为K老师：

> K老师：你让我跟你说说这20多年的备课经历，我权且把它分成差不多4个5年吧！第一个5年，你也知道的，我们那一年的分配特别背，咱们班40个同学除了两个留在市里，其余回县城的全被分到了乡镇小学。呵呵，我们那时中师毕业虽然只有19岁，在乡下大家也算个人才。校长问我喜欢教什么主科？我说喜欢教数学。他说那就从一年级带起吧，从一年级带到五年级，整个数学教材就熟悉了。唉，那时条件太差了，除了教参和教材没有任何其他资料，只好自己摸着石头过河。不过备课倒是挺认真的，备一节上一节，备的是详案，几乎把上课该说的话都写下来了。那时的教案还写得挺规范的，好像教学目标、教学时数、教具准备、教学过程这些内容都包括了。我那时除了教数学，还要教自然（现在的科学）、美术、劳技等等，一周

① 与最大差异抽样和极端个案抽样相比，典型个案抽样走的是“中间道路”，所选择的对象被认为是所研究现象的典型。详见威廉·维尔斯曼著.教育研究方法导论[M].袁振国主译.北京：教育科学出版社，1997：360.

20 多节课,除了数学要检查备课,其他课是不用写教案的。

我:你那时备课主要关注什么?你是怎么决策教学内容与教学方法的?

K 老师:当然主要关注的是教材了,刚毕业时对教材内容不熟悉,所以先要自己消化,然后想的就是怎么把学生教会。至于教学内容就是照着教材上了,教法主要是讲解加练习吧!

我:你那时备课的目的是什么?

K 老师:一是应付学校和教育局的备课检查;第二是因为没经验,备课是为上课壮胆。还有主科是要全乡统考的,不备课担心影响教学质量。新老师第一印象很重要啊,要靠教学质量立住脚跟。总体来说,第一轮的备课还是挺认真的。

我:说说你的第二个 5 年吧!

K 老师:第二个 5 年还算认真吧!不过已经不太注重备课的形式了。有了第一轮的积累,我把第二轮备课的要点基本上写在教材上面了。写教案主要是应付检查。

我:第二轮备课你主要关注什么?你又是怎么决策教学内容和教学方法的?

K 老师:我觉得这一轮备课对教材重难点把握得比较好了,开始在备课时考虑以前学生错得比较多的地方在哪里,这一次备课如何避免。也就是比较关注如何突破教材的重点和难点,考虑学生的学情了。至于内容么还是围绕教材讲,偶尔会补充一些练习。在教学方法的设计上遵循了一定的教学流程:一般先口算练习;接着分析上堂课错题的原因;再做一些与新课有关的题目导入新课教学;然后再进行新课的尝试练习和巩固练习;最后是课堂总结和课堂作业。

我:到了第 3 个 5 年,属于资深教师了。我听说你教的班数学考试成绩一直领先,而且学生作业很少,达到了真正"轻负高质"的境界。你还备课吗?说说你达到"轻负高质"的诀窍在哪里?

K 老师:呵呵,我教的班学生的负担确实不重。但是备课还得备,因为上面要检查。我这第 3 个 5 年基本稳定在教高段两个年级。教得多了,教材差不多装进心里了,而且对学生什么地方容易出错也了然于心了,上课就能有的放矢,课堂教学的效率就高了,学生基本上在课堂里就能当堂掌握,不需要课外补课了。我觉得教学经验还是很重要的。现在你们把老师的这种实践经验叫实践智慧,确实如此。

我:你最近这几年是怎么备课的?你会去网络下载教案吗?你们学校

是不是集体备课？

K老师：最近这个5年变化很大！第一，我在2005年买了电脑，终于跟着时代前进了！网络上资料很多，我也采用电子备课了。第二，新课改来了，教材变化很大，提出了很多新理念，所以需要重新备课。第三，学校前两年开始集体备课，按年级组每人分备几个单元，教师的备课负担减轻了。即使不集体备课，现在网络资源那么丰富，一个上午就能下载到整个学期的教案。不过网上教案那么多，确实像你说的，需要在鱼目混杂的众多教案中用专业的眼睛进行决策，淘出一部分好的教学设计，整合到自己的教案中。现在的年轻教师备课越来越轻松，但自己独立备课的能力越来越弱，叫备课"网络依赖"吧！

K老师描述自己差不多4个5年的备课旅程，如果用教师专业发展的理论解读，体现的正是她在专业发展的不同阶段的备课蜕变。关于教师的专业发展，我国学者从教师关注的变化把它分为五个阶段："非关注"阶段、"虚拟关注"阶段、"生存关注"阶段、"任务关注"阶段和"自我更新关注"阶段（叶澜等，2001：265—267）。这一理论涵盖了职前和职后两个阶段。K老师的备课旅程更适合用本纳（Benner，1984）的教师专业发展阶段理论来解释。Benner把教师从入职初期到成为专家型教师的教学成长过程分为：新手阶段（novice）、高级新手阶段（advanced beginner）、胜任阶段（competent）、精熟阶段（proficient）、专家阶段（expert）。在第1个5年，K老师处于"新手"阶段，一切都需要学习和适应，她在备课时主要关注的是熟悉教材。在第2个5年——高级新手阶段，K老师已经有了很好的实践基础，在技术上开始表现出一定的熟练水平，她的备课开始关注学生，在形式上直接将备课要点写到了教材上。在第3个5年，她已经能完全胜任教学，在备课上实现了从"纸"到"心"的飞跃，教学效果"轻负高质"。到了第4个5年，K老师的专业发展也步入了精熟阶段。虽然遭遇信息技术和课程改革的冲击，采用了电子备课，但K老师凭着前面15年的实践积累，能批判地吸收和整合新的知识，驾轻就熟地驰骋于课堂。在她专业发展的每一个阶段，虽然备课的方式在不断地变，她对备课的决策重心也一直在变，但K老师一直在备课。在备课中不断领悟教材，理解学生，走向专业成熟。

笔者在总结K老师备课之旅中的决策特点时，看到了《人民教育》刊登的一篇题为《聊聊"懒"课》（2009）的讲述，讲述者是浙江东阳市吴宁第五小学校长李成良。虽然管着一所拥有近2000名学生的大学校，李校长仍坚持教一个班的数学课，上课不带课本，也没有书面教案，很少甚至不给学生布置课外作业，学生成

绩还特别好。他笑称自己是"懒"校长、"懒"教师。从教近 30 年，他的学生参加过 10 次学段过关检测，合格率都在 98%以上，其中有 6 次达到了 100%，优秀率也不低。他追求一种"懒"课境界，"懒"课的核心是备课"懒"和上课"懒"。本研究主要择取他对"备课"的讲述。因为不写教案，李老师笑称自己"懒"，但他对教材的了解已经达到了"烂熟与心"的境界。李老师认为备课好比和面，关键是要"和透"：

> 备课怎么"懒"呢？我懒的是不写书面教案，但对教材却备熟备透，烂熟于心。不知道大家是否有亲自擀面的经历？做好手擀面非常重要的一步就是"和面"，"和面"最关键的就是要和"透"。上翻下倒，左搅右拌，直捣中央，久而透。备课好比和面，和面不透，吃面不韧，口感不佳；同样，备课不精不透，上课效率就不高。
>
> 在备课前要做好两项准备工作，才可以提高数学课的备课质量。最主要的是要"吃透两头"：一是要吃透教材。只要你心中有教材，"任尔东西南北风，我自岿然不动"。课程改革，不管怎么改，大体知识点永远都改不了。以不变应万变，永远是一大高招。

李老师能够达到"懒课"的境界，在这个过程中其实用足了工夫，一般教师如果不像李老师这样花心思，是无法企及"懒课"的境界的。李老师整个备课经历了"备教材"和"备学生"两项工作，他的整个备课已经融会贯通于内心，这是一种心灵的备课：

> 我们浙江东阳的民居建筑中最有代表性的就是斗拱，不用一个铁钉，利用各个榫头卡接，通过凹凸槽阴阳对接，横向与纵向相互咬合，相互牵制，使得它们(斗拱的构件组成)牢固地形成一体。斗拱在力学上将单点支撑变成了多点支撑，将受力分解到木头的各个支点，保证了结构上的安全。其实我们研究教材也是如此，必须做好知识链接，环环相扣，搭建知识模块。现实中，许多老师却在为备课而备课，为检查而备课。他们认为备课就是写教案，有的甚至是抄教案。就像做斗拱，只是用钉子把木头钉在一起，却并不能受力。少了知识链的无缝链接，要上出高效的数学课几乎是不可能的。

李老师是怎样搭建教材知识的"斗拱"呢？他的观点是"熟背每一本数学教科书，最好是每一册教材都能背出来"。他的方法似乎有点傻，他整整花了两年

时间把10册数学教材熟背于心。这种看似“死记硬背”的方法有什么价值呢？

> 1980年我师范毕业，学校安排我担任数学专职教师，我就找齐了小学的10册教材（当时是五年制的），花了两年时间将其全部背熟。在背教材的过程中，我对小学阶段各块知识的前因后果都一清二楚。这对我们梳理知识的帮助很大，特别是在确定教学目标时就不会出现“错位”。在20世纪80年代末，我对哪一道例题在第几册第几页都能对答如流。虽然我们不能完全围绕教材转，但作为一名数学教师，必须明确编者意图，明确每节课所学的知识点、知识块在整个单元、整册教材、整个小学阶段所处的地位、作用及来龙去脉。每节课的重点、难点、关键点都做到心中有数。背熟全部教材，理清编者思路，明确研究方向，重组自我教材，搭建知识模块，这样才有系统性，才可以“偷懒”。虽然我们的教材几经修订，但是我们也要反思这样安排是否最适合自己上课，是否最适合“我”的学生。特别是推行新课程以后，更应比较新旧教材的优缺点，抓住数学的本质去备课。说简单一点，课程怎么改，总是离不开计算、应用题和几何形体等数学基本知识结构。

在熟记教材的过程中，李老师理清了小学整套数学教材的编写思路，对每个知识点的来龙去脉了然于心。在李老师的心中已经有了一张他所教的数学学科的认知地图，有了这样一张认知地图，李老师成了一名非常优秀的“向导”，他非常清楚分布在数学领域不同景区的路线，不会轻易迷路。现实中很多老师心中缺少的就是这样一张认知地图。他们备一课上一课，不知道整个学科有哪些知识点，教材为什么提供这样的知识点而不提供那样的知识点，这些知识点的价值何在，哪些知识点对学习其他内容是举足轻重的，必须多安排课时多花时间让学生扎实掌握。他们自己的学科知识可能就是稀里糊涂、支离破碎，由此导致在教学中“大糊涂教小糊涂，越教越糊涂”。学生毕业时，如派纳所描述的（1975：381）：“我们毕业了，拿到了证书却没有清醒的头脑，知识渊博却只拥有人类可能性的碎片。”但是，对教材的备课，仅仅做到这一步还不够，李老师认为备课还应“熟做每一道习题”：

> 其二，熟做每一道习题。最好把练习中的全部题目熟透。也许有人认为这是多此一举，其实不然。因为练习中的每一道习题，都是经过编者精选的，都是有编者意图的。你只有弄清编者意图，才能有的放矢地组织教学，在组织教学时就不会偏离重点，同时可以将教学内容进行取舍、重组，这样

才能做到有效练习,从而提高课堂实效。在我近 30 年的数学教学生涯中,背教材、做习题对我的帮助很大。我现在担任有着 36 个班级、90 多位教职员工的学校校长,日常事务不少。在上课时间得不到保证的情况下,我有时就对教学内容进行有机整合。如:浙教版六年制《数学》(第十一册)中,分数乘除应用题是按照"求一个数的几(百)分之几是多少——已知一个数的几(百)分之几是多少,求这个数——例 1、例 2 用乘法算——例 3、例 4 用除法算"的顺序编排的。我认为这样编排不合理,容易造成学生负迁移。在教学中,我把例 1、例 3 合并成 1 个例题,把例 2、例 4 合并成 1 个例题。熟做每一道练习题,我们就可以尽量做到"错在心中",更有利于预设学生的知识掌握情况。

背熟教材,做熟习题,让我真正胸有成竹。

很少有教师对教材的备课能够做到像李老师这样把整套小学数学教材背下来,把每道习题做熟并理解编者的意图。这个过程,李老师备课所花的精力不是一朝一夕就可以实现的,他花在吃透教材上的时间远远超出了一般教师撰写书面教案的时间。在完成真正吃透教材的同时,对学生的因材施教,李老师也是那么的用心:

二是要吃透学生。孙武曰:知己知彼,百战不殆。说起来简单,做起来还是比较复杂的。比如,要做好家访,与家长沟通,为孩子的学习共同出谋划策;要注重平时观察,及时了解把握每个学生的学习态度、学习习惯、知识点的掌握情况等,及时反思、分析,多问自己,学生为什么会这样呢?要注重课堂提问,在平时的教学中,针对哪些学生该提什么样的问题,可以提什么样的问题,他能回答什么问题以及掌握到什么程度,心里都要非常清楚。……再比如,要关注作业批改,从作业、小测试中分析每一个学生的知识掌握情况,反馈信息,进一步知晓学生到底学到什么程度。我还喜欢与生同乐。现在的孩子兴趣非常广泛,知识面越来越广,特别是五、六年级的学生,他们不喜欢看到老是板着脸上课的老师,更喜欢和他们一起休闲的伙伴。我本身兴趣较广,像象棋、篮球等体育类项目玩得还是不错的。最近几天,三年多前毕业的一位学生 2007 年初中毕业了,其家长告诉我:"我家孩子最喜欢的老师还是李校长,李校长教数学的时候没有课外作业,他最开心了。课外时间会跟孩子下棋,感到李校长数学很厉害,下棋也很厉害。我的孩子只有在李校长教数学的时候得过满分。"

心中有学生,更重要的一点是:要着重分析学生理解、掌握知识的难点和学生的心态来确定教学难点。

熟背每一册教材,熟做每一道习题,熟记每一个学生,才是真的准备透了。备课备透了,我们才可以"懒"备课,为上"懒"课奠定基础。(李成良,2009)

李老师备课时的决策重心关注"教材"和"学生"两头。因为没有外显的书面教案,李老师笑称自己备课"懒"。国外有研究发现(Peterson, Manc & Clark, 1978):教师的教学计划随教学时间的延长而减少。当教师对教学内容越来越熟悉时,他们开始减少计划活动,根据经验选择一个令人舒适的教学策略。事实上现实中的很多老师都没有李老师那么用心,用心到可以"熟记每一册教材,熟做每一道习题,熟记每一个学生"。

帕尔默认为(2005:11):好的老师具有联合能力。他们能够将自己、所教学科和他们的学生编织成复杂的联系网,以便学生能够学会去编织一个他们自己的世界。这些编织者用的方法不尽相同:讲授法、苏格拉底式的对话、实验室试验、协作解决问题、有创造性的小发明。好老师形成的联合不在于他们的方法,而在于他们的心灵——这里的心灵是取它古代的含义,是人类自身中整合智能、情感、精神和意志的所在。

备课需要教师心灵的投入,这两位资深老师在他们的备课之旅中用心积累与感悟,对课程领悟经历了从"纸"到"心"的飞跃。课程只有融入了教师的智能、情感和精神,才能散发知识的魅力和生命的热度,才能通过教师自身对学科的热爱激发学生走入知识与学科的探索热情。教师只有通过心灵才能领悟课程,对话文本,与课程共感,与学生共鸣,由此体验到课程与教学的乐趣。

4.1.2 素颜与浓妆:常态课与公开课备课决策叙事

对于常态课和公开课备课,教师们对备课的重视程度是截然不同的。常态课备课往往比较随意,决策课程内容和教学方法注重的是实效,撰写教案一般为应付学校或上级部门的检查,上课并不一定完全按照教案的思路。常态课备课体现的是一种"天然去雕饰"素颜朝天的真实状态,不过教师内心有着自己所界定的理想教学的设想。

具体的常态课备课,现在大部分学校都采用了集体备课的形式,寒暑假学校按年级组分配教师每人分备几个单元,开学时利用集体备课的时间交流自己所备单元的心得,集体修改后整合形成年级教案集,教师拿到教案集后加上个性化

修改就算完成了备课任务。即使没有集体备课,一位网友告诉我,网络时代的备课太轻松了。过程就是:"打开网页→搜索→下载→完成"。只要输入关键词,轻点鼠标,相关的教案、课件等便纷至沓来,可谓应有尽有。面对良莠不齐的教案,确实需要在众多的教案中学会选择的决策能力。他一般不会专情于一份教案,会首选一些名师的教学设计浏览一下,把它作为主体,然后再看一些其他的教学设计,把之中比较好的部分整合到主体里面,这样就变成集众人之长的自己的教学设计了。但新教师的备课往往会比较认真,下面是一位名校的L老师对自己备课过程的描述:

> 我们学校新老师备课分为以下几个步骤:第一,个体备课。暑假期间,年级组分工每位教师重点备一单元,新教师要求全册备课,以熟悉教材为主要目的(事实上,会有老教师分享以前的教案集,教师主要是在这个教案的基础上进行再修改);第二,集体备课。学期初,年级组针对暑期备课进行总结整理,每位教师分享备课心得,老教师分析教材、解读文本,并介绍本年级学生特点以及需要采用的基本教学方法。年级组长将每位老师重点备的一单元进行整理,形成新的年级教案集,并上交教导处审核;第三,师徒备课。平时上课,主要是师傅上课,徒弟去听,徒弟再依据师傅的教学设计以及本班的具体学情,进行教案二次修改。上公开课,一般要先把教案拿给师傅审阅,师傅提出意见,徒弟进行修改,然后试教,再请听课教师(一般是师傅、学科督导)对教学设计以及教学方法提出修改意见,徒弟再进行修改,再试教直到正式开课;第四,新教师集体备课。新教师集体备课主要是给新教师一个交流困惑的平台,因为大家在教学中会碰到很多共性的问题,而这些问题老教师在教学中是不会出现的。新教师一般利用下班后,进行集体备课,备课主要依据原有教案集的框架,备出详案(上课说的每一句话都要写下来)。学校会定期检查备课笔记,主要从二次修改、课后反思、作业分层几个方面考查。
>
> 我的备课主要是遵循以上四种形式。我自己个人备课时,第一,是看教参,了解本节课的教学目标和重难点;第二,自主分析教材,了解文本;第三,阅读教案集,参考他人的教学设计;第四,在教案集的基础上添加自己的想法,对教案进行二次修改,并制作课件。我对课程内容没有大幅调整,只是针对课文,做练习上的补充。

这位新老师认为,他们学校的备课是比较规范的。作为新老师,因为对教材不熟悉,所以花在备课上的时间是比较多的,他们一般是照着教材传授课程内容,在决策上考虑较多的是"怎么教"的取舍。

对于公开课备课,任何老师都很重视,很多公开课备课都是几易其稿。而且,公开课因为级别的不同,投入的程度也不太相同。对于面向校内教研组的公开课,备课往往依靠教师个人独立完成教学设计。教师希望自己的公开课与常态课有所不同,首先会选择自己比较上手的内容来上,其次在教材处理和教学方法上尽量希望有所创新,所以他会对自己以前的教案重新作出调整和修改,还会对自己拿捏不定的地方主动找同事讨论,以获得满意的解决问题的方案。对于面向校外的区级公开课,在由执教老师备出教案之后,学校会调动整个教研组的力量参与设计,然后是试教再修改,再试教再修改,直到满意为止。由此上推,如果是市级的公开课,教师备课除了调动学校教研组的力量,还会动用县一级教研员的力量;如果是省级公开课,市级教研员的力量就会参与进来;如果是全国公开课观摩比较,就会有省级教研力量的参与。公开课备课往往是几经打磨,对每一个教学环节都精雕细琢,浓妆艳抹。

每一个经历过公开课备课的老师都认为,一次公开课备课中获得的专业成长,胜过他平时几年的教学积累与感悟。笔者认为,尽管公开课存在一些令人非议的诟病,但公开课备课是集体智慧的舞蹈,是改革真正发生的地方!作为公开课教学的承担者,在倾听集体决策的过程中,还应根据自己的个性和学生的实际情况合理取舍他者的意见,找到一条适合自己的路。这里笔者择取某市教改之星论文评选的内部材料 N 老师备《为蚂蚁让路》的草根资料作一分析。

N 老师因为要参加市教坛新秀最后一关的考核,周四傍晚接到上课内容《为蚂蚁让路》,下周一现场公开课。N 老师看到课文时,发现自己竟然读不懂。比如:"在永恒的长路上,我因此改写了时间残暴的属性。"这"永恒的长路"是指什么?为什么说"我"改写了时间残暴的属性?"我目睹了整整一个王国的国家行为:在新生的大海边取水,并重订契约,确认对国家和女王的忠诚。"蚂蚁们怎样重订契约,以示忠诚?为什么说在水坑里取水是一个王国的国家行为?

N 老师通过到网上查阅作者李汉荣的资料,阅读作者的相关作品,体会作者的写作特色,理出了解读文本的思路:谁为蚂蚁让路?怎样让路?为何让路?对文本作出了第一重解读,并设计了相应的教学设计。之后校内和校外的三位名师介入了他的备课,三位名师对文本又做出了三重解读,由此相应地三次修改了教学设计,笔者将他对整个过程的叙述归纳为下表(表 4.1):

表 4.1 《为蚂蚁让路》备课决策过程

第一重解读:尊重生命　敬畏生命

解读者:N 老师自己

课堂设计 1:(1)主干问题:“我”为何要礼貌地、满怀敬意地为蚂蚁让路?

(2)三个板块:第一板块,蚂蚁是生命,对生命的尊重;
第二板块,蚂蚁王国和人类社会一样;
第三板块,蚂蚁还拥有许多人所不曾拥有的品质

反思:三个板块几乎涉及文章中所有内容,重点不突出,哪个主题最有研究价值,还需决策。

第二重解读:我即蚂蚁

解读者:名师 P

课堂设计 2:(1)主干问题:“我”为何要满怀敬意地为蚂蚁让路?

(2)两个板块:第一板块,我本蚂蚁;
第二板块,我要向蚂蚁学习

试教感受:寸步难行、多次想逃出教室

反思:老师和学生年龄不同,生活经历不同,对生活的感受也截然不同。老师深有感触的东西,学生并不一定有同感。不是老师想到的都要教给学生,而要根据学生的实际,选择合适的教学内容。

第三重解读:人权问题

解读者:名师 Q

课堂设计 3:(1)主干问题:“我”为何要满怀敬意地为蚂蚁让路?

(2)两个板块:第一板块,蚂蚁王国的什么震撼了作者,使他怀着敬意,礼貌地为它们让路?
第二板块,蚂蚁的什么打动了作者,使他怀着敬意,礼貌地为它们让路?

反思:名师 Q 质疑需要跟一个五年级的小学生讲人权问题吗?他们能听懂吗?课文对学生真正有教育意义的主题是什么?

第四重解读:关注弱小　蚂蚁礼赞

解读者:名师 R

课堂设计 4:(1)主干问题:这是一群怎样的蚂蚁?我为何要满怀敬意地为他们让路?

(2)两个板块:第一板块,这是一群怎样的蚂蚁?我为何要满怀敬意地为他们让路?
第二板块,把五厘米的距离由“短”读“长”,体会“五厘米”的意义。

板书:

蚂蚁		人		
颗粒状	弱小	勇敢	忠诚	辛勤
土崩瓦解	不堪一击	虔诚	无畏	

现场公开课:评价是 N 老师近年来上得最好的一堂公开课。

反思:文本解读,以生为本。教师对文本的解读可以非常深刻和独到,但我们不能忘记我们面对的是 6—12 岁的儿童。我们不能把成人的认识强加给孩子,或牵引着他们向前。小学教学贵在深入浅出,符合儿童的认识水平。

资料来源:本研究根据某市教改之星论文《文本解读应以学生为本》整理。

公开课后,N 老师根据公开课感受再度对课堂设计 4 进行了修改。整个备课过程经历了一次试教、三改教学设计。这一备课过程既包含了对领悟课程的理解与重构,又包含了对运作课程(试教)的反思。N 老师在集体智慧的引领下几经洗礼,也差一点迷失在对文本领悟观点迭出的丛林中。所以,面对集体智慧的舞蹈,需要公开课的主角对众人的不同观点做出决策,在备课中彰显自我与个性,以此形成自己的教学风格,促进自身的专业成长。

许多著名的特级教师,也是在公开课备课的不断决策比较中得到历练,实现专业境界的不断提升。全国著名的小学语文特级教师王崧舟在备他的成名作《万里长城》时,前前后后改了不下 12 次。《万里长城》的导入,最早的设计是先让学生欣赏一组长城的照片,然后说说自己的感受;调整后改为让学生自由朗读一首赞美长城的小诗; N 次修改后成为:老师动情地朗读英国女王伊丽莎白、西班牙首相阿斯纳尔、美国总统克林顿游览长城后留下的题词,然后请学生说说自己的感受。《万里长城》的结课,原先的设计是这样的:让学生有感情地朗诵一首赞美长城的小诗;N 次修改后成为:启发学生为长城题词。这个不断修改设计的过程,其实是一个不断地在众多方案中做出选择的决策优化过程。而到了他的经典之作《长相思》的备课时,王老师实现了他的精神蜕变。他称自己备《长相思》的过程经历了从"骆驼"——"狮子"——"婴儿"的精神三变。研究他发表在《小学语文教师》上的《长相思的精神三变——我的备课叙事》(2006),笔者认为,他在整个备课过程中遭遇了很多决策,追求"最优化经典决策"的心理使得他在上课之前还没有形成完整的教学思路。这里从决策的视角对他的备课叙事作一分析。

首先公开课面临的是"教什么"的决策。如果没有明确规定主题,上课老师就需要自己做出决策。王老师受邀的是在"全国首届中华经典诗文教学观摩研讨会"上作课,在"诗"与"词"之间,他是怎么作出取舍的呢?

自从前年指导王自文上了《古诗两首》(王自文执教此课获全国青年教师阅读教学观摩比赛一等奖),我就再也不敢去碰古诗教学了,伤神!那一课凌空出世后,一直像大山似的拦着我、压着我,让人心生"眼前有景道不得,崔颢题诗在上头"之叹。诗是肯定不能碰了,那就碰碰词吧。其时,手头正好有本刚出炉的人教版五年级上册的语文书。我就翻开来看,也是机缘巧合,一眼就看上了纳兰的《长相思》,连商量的余地也不留了。选公开课,第一感觉最是要紧。没感觉的课文,千万碰不得。

我捧起《长相思》,汗流满面地读了起来。本指望能读出点"人所未见、人所未发”之类的独特体验来,不承想越读反而越没了感觉。读到最后,原初的那种好感、那种冲动烟消云散,只剩下一层黏黏的汗垢留在身上。

怎么办?难道我与《长相思》只有一面之缘?换课!一念顿起;不能换!一念又起,我犹豫起来。末了,还是“不换”的念头占了上风。我对自己说,既然已经对《长相思》一见钟情,就不能再三心二意了。这样一想,心就定了。

王老师选“词”不选“诗”的原因是因为他认为自己暂时无法超越古诗的教学了,而选择《长恨歌》是因为感觉。“感觉很重要,没有感觉的课文,千万碰不得。”尽管后面出现过要不要换内容的心理徘徊,最终还是坚持了第一感觉。他这里所说的“感觉”,其实是一种带有“前见”的“心理直觉”。直觉是“一种心照不宣的方式,在任何形式下重新辨认可能性,是超感官的感知。洞察力、心灵感应都是直觉功能的一部分。”①从哲学解释学的视角,教师对课文有“感觉”,其实意味着教师带着已有的“前见”与课程文本相遇存在“视域融合”的可能性。前见以先入之见的方式使得教师在理解文本或认识事物之前受所处的特定历史环境、历史条件、历史地位等因素而构成的人类先存的心灵状态的影响。“前见”是伽达默尔哲学解释学体系中富有特色、充满争议并且影响深远的一个重要概念。他在秉承先师海德格尔对解释学进行本体论转换的基础上,进一步把其理解前结构的三个部分,前有(Vorhabe)、前见(Vorsicht)和前把握(Vorgriff)综合为一个概念即前见(Vorurteile),并系统、完整地对这一概念作了阐述。海德格尔认为(1999:176):“把某某东西作为某某东西加以解释,这在本质上是通过先行具有、先行视见和先行掌握来起作用的。解释从来就不是对某个先行给定的东西所作的无前提的把握。如果像准确的经典释文那样特殊的具体的解释喜欢援引‘有典可稽’的东西,那么最先的‘有典可稽’的东西无非只是解释者的不言自明的无可争议的先入之见。任何解释一开始就必须有这种先入之见,它作为随着解释就已经‘被设定了’的东西是先行给定了的,这就是说,是在先行具有、先行视见、先行掌握中先行给定了的。”

通过一万多字评鉴《长相思》的文字阅读以及对作者纳兰性德生平的了解,王老师完成了“骆驼”状态下的精神一变。他对正式课程《长相思》的课程领悟变成了“我的课程”:

---

① 转引自 Jeff W Trailer, James F Morgan; Making “Good” decision: intuition physics reveals about thefailure of intuition [J], The Journal of American Academy of Business, 2004, 3:42—48.

当我将36字的《长相思》读成了显性的1493字的自我感悟、自我发现、自我鉴赏的时候,当这1493字文本细读的背后融入了我本人对纳兰的精神世界、诗词境界以及对自我的生命感觉、价值偏好的种种追寻、反思和考问的时候,我忽然有了一种底气十足、神采飞扬的感觉,这种感觉。不正是清人唐彪谓之的“其言皆若出于吾之口,其意皆若出于吾之心”的精神状态吗?

遭遇第二次决策“教什么”的抉择是在王老师深入文本细读之后,在如何将“我”领悟的课程转化为45分钟运作课程的教学内容时,王老师找不到符合约束条件的满意的可行方案,面对“繁华如三千东流水的课程资源”,王老师似乎无法取舍:

第一变的大功告成,让我沉浸在底气十足、神采飞扬的精神状态中。然而,好景不长,当我思考的脚步跨进教学之门的时候,我突然感到了一种前所未有的认知眩晕。这眩晕,不是来自别的,恰恰来自让我底气十足、让我神采飞扬的《长相思》的文本细读。正是这细读,在将我带入了一个繁花似锦、姹紫嫣红的诗意丛林的同时,也让我深深体味到了那种什么都想采摘、什么都难以割舍的贪欲和尴尬。细读,魔术般地将短短36字的《长相思》化作了繁华如三千东流水的课程资源。沉浸在文本细读中的我,一遍一遍地对自己说:

山、水、风、雪、灯,这些极为典型的诗词意象得让学生去建构吧,不然,词的意境如何呈现、意蕴又如何开掘?

互文作为一种刚刚呈现在学生面前的古典修辞手法,得让他们去了解吧,不然,词的字面意思如何明朗化、清晰化?

诗人的身心矛盾、身心冲突得让学生去感悟吧,不然,他们对词的学习如何发乎情又如何止乎情呢?

故园的生活场景得让学生去想象吧,不然,天涯行役之苦如何品尝、辗转反侧之意如何揣度、寂寞凄清之心如何触摸?

在文本细读中,在45分钟的教学时间里面对《长相思》词的意境、词的修辞方法、诗人的身心冲突、故园的生活场景的教学内容,他该舍谁取谁呢?蒙田曾说:植物会因太多的水而溺死。灯会因太多的油而窒息,同样,人的思想会因饱学装满纷繁复杂的东西,以致理不出头绪,压得弯腰驼背,枯萎干瘪。确实,随着信息化时代的到来,随着知识呈几何级速度的递增,课程资源将越来越丰富。面

对层出不穷的过量信息，我们容易陷入无所适从，不知如何取舍的困境。如何在纷繁复杂的信息丛林中选择有价值的知识作为课程教学内容，已是所有老师都面对的课题。它需要教师综合考虑多方面的因素，做出专业的判断与决策。

接踵而来的，王老师又面临"怎么教"的决策，王老师希望他的公开课有所创新，这一决策目标导致他对最优方案的信息搜寻：

> 更要命的是，让我目光迷离、精神眩晕的还不止于此。我本是抱着创新、超越、突破的理念接受《长相思》的公开教学的，这自然逼着我角角落落、里里外外地去寻觅古诗词教学的新视域、新范式、新的生长点、新的解读规则，甚至新的价值取向和美学承诺。在这寻觅途中，我发现了朱光潜先生的《诗论》和朱自清先生的《说诗》。这两位，在中国现代文学史上都是泰山北斗式的人物。然而，正是两位大师对古典诗词精辟入微、独树一帜的知见和辨析，让原本已经陷入认知眩晕的我对《长相思》的课程论加工变得更为迷离和恍惚。
>
> ……
>
> 朱光潜先生在《诗论》中反复强调的一个核心理念即为：进入诗之堂奥最要紧的是"见"，而不是"解"，从一定意义上讲，诗是不能解的……
>
> 然而，当我以极其虔诚的心态捧起朱自清先生的《说诗》时，我霎时就蒙了，晕了。我这样对自己说，两位大师的诗论不是在唱对台戏吗？听听——
>
> "就一首首的诗说，我们得多吟诵，细分析；有人想，一分析，诗便没有了，其实不然。单说一首诗'好'，是不够的，人家要问怎么个好法，便非先做分析的工夫不成。"这是我在朱自清先生的《诗多义举例》一文中一再读到的观点……
>
> 读法决定教法。按"诗是可解的"，会形成一种教法；按"诗是不可解的"，会形成另一种教法。两种教法不说它们水火不相容，至少也是各自为政、各行其是的。我该听谁的？我该如何是好？我该往哪儿走？往哪儿走都让我忐忑不安、左右为难啊！

每一种教法的背后都有一种理论在支撑。认同不同的理论就会形成不同的教法。骆驼与狮子的差别在于：骆驼必须听从他人的指导，接受他人的命令，所以听到的是别人说："你应该如何！"而狮子则是自己的决定，对自己负责，说的是："我要如何！"（傅佩荣，2008：128）

该是成为“狮子”的时候了！自己判断、自己抉择、自己做主吧！我这样对自己说。

“可解”与“不可解”这对矛盾，想绕是无论如何也绕不过去的。以前浑然不觉，倒也罢了。不知者不怪罪嘛！如今，既然已经于无意间捅了“诗的读法哲学”这个马蜂窝，那就再无撂下不管这个道理了。我以为，从根本上说，诗是不可解的。在经过一番“才下眉头，却上心头”的思虑之后，我和朱光潜先生站在了一起。

……

总之，接受诗之语言的暗示，用画面去偷换文字，用情绪去揣摩诗意，诗是可解的；倘若仅止步于字面的辨析和推敲，沉溺于诗的外部形式的均衡和整齐，甚至傻里傻气地用读经的方法去读诗，那一定是要将诗置于死地的，自然就越读越不可解了。

就这样，在诗的“可解”与“不可解”之间，我确立了自己的“和解”之道。诗的读法哲学这一根本性的主张一旦确立，教法问题就变得明朗起来、干净起来，那些曾经让我为之眩晕、为之昏胀、为之团团转的牵丝攀藤也就变得柔软起来、轻盈起来。我的备课，再次迎来了“春雨断桥人不渡，小船撑出柳阴来”的精神景象。

在由“骆驼”成为“狮子”的精神二变中，王老师以自己的理解“和解”了诗的“可解”与“不可解”的悖论，基于自己主张的读法哲学定制了一张以“诵读”为本体的《长相思》教法菜单。但是追求“最优化”完美决策的思想使他不断处于搜寻之中，以致在上课前还没形成一个令他满意的教学方案。“最优化策略”是一种经典决策理论，它假设决策应该是完全理性的，决策者采用一种最优化策略，通过寻找最可行的方案以期最大化地达成目的和目标。但从本质上讲，由于大多数问题的复杂性和人脑思维力的局限性，决策者永远不可能获得决策所需的所有相关资料，也不可能设想所有可能的方案并精确地预测所有可能的结果，所以最优经典决策模型只能是一种理想（Wayne, W. K. Hoy & Miskel C. G, 2005: 298）。

也许是自己太想追求完美，也许是自己的时间被琐务充填得太过局促，一直到“身向无锡那畔行”的时候，我也没能为《长相思》的教学设计理出一个完整的思路来。

2005 年 10 月 23 日，在无锡举行的“全国首届中华经典诗文教学观摩

研讨会”上,在尚未形成完整、连贯、一气呵成的思路的尴尬中,我执教《长相思》。没想到,就在课的行进过程中,思路竟然自然地、悄然地在课中流淌出来。《长相思》的备课,奇迹般地在上课的进程中完成了。

这真是一次从未有过的奇妙的教学体验!

这次异乎寻常的备课经历,让我一下子体悟到很多东西。我惊喜地发现,自己的课堂教学正在由必然王国走向自由王国,过去许多刻意的、需要强有力的意志去设计去驾驭的教学行为、教学策略、教学模式、教学构架已经内化为自己深层的、潜意识的、融入到整体生命中的自然行为了。由教学习性走向教学率性,我进入了一种新的教学境界。而这,是否就是尼采谓之的精神的婴儿态呢?一个象征着“完美的开始”的精神状态呢?

想起了老子的话——“天下豁,常德不离,复归于婴儿。”

王老师完成了由“狮子”到“婴儿”态的精神三变,备课也在上课进程中完成了。婴儿意味着“完美的开始”,提供了所有的可能性。当一个人抵达婴儿阶段,代表着心灵重新回归原点,可以重新再出发(傅佩荣:129)。王老师发现自己的课堂教学正在由必然王国走向自由王国,由教学习性走向教学率性,进入了一种新的教学境界。我国有学者(王枬,2007:11)提出了教师发展哲学的走向,即从“自在”的存在走向“自为”的存在,又从“自为”的存在走向“自觉”的存在的过程。所谓自在,指教师群体在职业生涯和教育生活中自然呈现出来的本真状态。教师与教育环境基本协调,教师谋求的是以自己的现实能力与所处教育环境的简单适应。所谓自觉,指教师个体在职业生涯和教育生活中追求有所作为的积极表现状态。教师在成长的不同阶段意识到了自身与教育环境间的矛盾,通过自己的努力,达到自我改变与教育环境的统一。教师谋求的是以自己的作为与所处教育环境的和谐共处。所谓自觉,指教师教育在职业生涯和教育生活中不断改革探索的主动建构状态。教师对自己的教育思想和教学风格有了明晰的把握,并在主动寻求持续且终身的学习中实现自我超越。“自在自为”是黑格尔哲学中的概念。“自在”即潜在之意,“自为”即展开、显露之意。在黑格尔看来绝对理念在自在阶段,自身包含的对立面尚未展开,表现为存在、客观性;到自为阶段,表现为本质,潜在的区别和对立、斗争得以显现,概念达到映现;最后发展到概念阶段,思维征服、统一了存在,绝对理念就成了自在自为的、最真实的东西。存在是“自在的”、“潜在的”本质,本质是“自为的”、“展开了的”存在。由于在黑格尔哲学中同一个东西从“自在”阶段到“自为”阶段的发展是由存在到思维的转化和由低级阶段到高级阶段的发展,因此“自在”与“自为”可引申为自发与自觉的含义(黑格尔,1981:25—27)。王崧舟老师的专业发展已经步入自觉的境界。

王老师对《长相思》的备课之旅引发了笔者对教师备课形式的另类思考。美国学者扎豪瑞克(Zahohorik,1970)①曾经做过计划对教师行为影响的研究,特别是对于确定目标、诊断学生学习、选择教学策略相关的行为的影响。他试图证明,做计划的教师是否不如不做计划的教师对学生敏感。扎豪瑞克调查了威斯康兴州密尔沃基附近4所郊区学校的12位四年级教师。他把12位教师随机分成两组,分别命名为"做计划的教师"和"不做计划的教师"。给做计划的小组一个附有目标的课程计划和一份关于学分卡的详细说明,并要求他们在课堂上使用。对于另一组,仅要求他们利用1小时的课堂教学时间,去完成一些未知的任务——后来告知与学分卡有关。所有的课程都有录像,并对教师的行为进行编码,根据对学生的敏感度对教师进行分类。扎豪瑞克发现两组教师有重大差别。前一组追求自己的目标,对学生的思考不敏感,忽视学生的想法和见解。相反,后一组更多地鼓励和激发学生思考。扎豪瑞克据此得出结论:基于目标的计划可能会限制教师对学生的敏感程度。王老师的公开课因为没有具体思路的束缚,在课堂上更注重了根据学生的反应来推进教学,他的表现正好与扎豪瑞克的发现不谋而合。

扎豪瑞克的研究立刻带来了一个问题,如果基于目标的计划导致教师对学生不敏感,那么,教师应该取消计划吗?扎豪瑞克认为,答案是否定的,取消计划可能"会使课堂过于随意,效率低下,为了使课堂有效,不管以目标和流程形式作出的教学计划有多么的模糊、笼统,那也是必需的"。其实,王老师为《长相思》的教学整整备了三个月的课,但是对备课的重心应该放在教学流程的设计还是放在领悟课程上,这是一个需要我们重新加以审视的课题。

4.1.3 控制与自主:我的"小学"与"大学"备课叙事

"一个场域可以被定义为在各种位置之间存在的客观关系的一个网络(network),或一个构型(configuration)(布迪厄,1998:134)。"在一个特定的场域中,占有相似或邻近位置的行动者,会被分配在相似的状况与限制条件下,他们有可能产生相似的惯习和利益,从而产生相似的实践活动(宫留记,2007:27)。比较自己处于"小学"与"大学"的不同场域,之中备课行为的差异不可同日而语。

在小学初为人师的第一年,备课资料奇缺。因为意外地获得了师范班主任

① 扎豪瑞克(Zahohorik)的研究转引自[美]理查德·I·阿兰兹(Richard I. Arends)著. 学会教学(第六版)[M]. 丛立新等译. 上海:华东师范大学出版社,2007:73.

帮我从图书馆借到的特级教师教案,我奉为圭臬,便一字不漏、工工整整地全部把它抄写到我的备课笔记上。我的备课笔记在检查中意外地被推为优秀教案参加全县的巡展。因为整本备课笔记给人的外在假象是字迹娟秀、一丝不苟;每一个教案都完整地包含了教学目标、教学重难点分析、教学时间、教学流程、作业设计的内容。在整个抄写的过程中,特级教师设计教案的思路在无意中给了我一种朦朦胧胧的混沌启示。第二年因为不教同一年级,又没有了拐杖,我开始自己独立备课。我发现自己的教案在结构上印刻上了特级教师教案的影子,受到了特级教师格式的规范。由此反思自己曾经羞于启齿的抄写教案行为,如果是带着一种学习的态度模仿,其实它也是一条促进"新手上路"的途径。

当时小学教师生存境遇的一个共性就是课时多,一般一个星期要上 20 多节课,教一二年级的话基本上语数两门主科要包班,还要花大量的时间放在班级管理上,加上作业批改和差生辅导,日常事务非常繁杂,有时并不能保证在课前备好课,这时只能把教参和教材内容先通览一遍匆匆进教室上课,上完课再补备课以应付检查。有意思的是,如果是上完课再去补备课,教案就会完成得非常流畅。老师们的教案都有统一的框架,包含了以下几个部分:

教学目标:
教学重难点:
课前准备:
课时安排:
教学过程:(主体部分)
作业布置:

这一框架典型地体现了"泰勒原理"(Tyler,1949:1)。泰勒在《课程与教学的基本原理》一书中开宗明义地指出,开发任何课程的教学计划都必须回答四个问题:

(1)学校应该试图达到什么教育目标?
(2)提供什么教育经验有可能达到这些目标?
(3)怎样有效组织这些教育经验?
(4)我们如何确定这些目标正在得到实现?

这四个基本问题构成了课程设计遵循"确定教育目标→选择教育经验→提

供教育经验→评价教育计划”的线性目标模式。但我发现自己实际备课并没有遵循“泰勒原理”从设计教学目标开始，而是先看教材内容，也就是从领悟课程开始，再根据我所理解的课程内容制定出教学目标，同时思考教学环节的安排。美国学者泰罗(Taylor，1970)曾对教师教学计划模式进行了研究。泰罗确定了被试教师教学计划的四个主要方面：学习材料与资源、学生兴趣、教学目的和目标、教学评估。研究发现，教师首先计划与教学相关的方面如内容，其次是学生兴趣、目的、评价。但计划不是从目标开始，计划中也没有从目标转向实现目标的相关必要的学习经验的描述分析，与“泰勒原理”的目标模式不符。在所有教师课程计划中最具共性的是对学生需要、能力和兴趣的关注。从教师认可的重要性上说，依次是教学内容、目标、教学方法。评估的标准和程序、对单次课程计划与整体课程计划之间关系的思考只在教师计划中占很小的比例。我在现实中的备课行为与泰罗的研究不谋而合。我国有学者对重庆市三所小学的十二名教师就有关教师教学决策的看法、观点与做法进行访谈和参与式观察中也发现(宋德云，2008：116－117)：教师在教学计划的决策中，并不总是目标导向的，即在目标的导向下选择教学内容、确定教学方法等，更多的时候是以教材内容作为整个教学决策的基点。教师往往越过课程标准，直接分析教材，依据教材(内容)来确定课堂教学目标。内容决定目标可能会导致两个结果：一是对现有材料的过度依赖。教师以教材分析作为自己课程决策的核心，关注最多的是内容分析而不是课程标准和教学目标的研究，因此在还没有弄清“为什么教”或者“教之后学生到底得到什么”之前，就把全部精力放在所谓的内容分析和活动设计上，在教学计划和教学中自然很容易走偏。二是目标意识的淡薄。把教学内容当作教学目标，以为任务完成(教学内容教完)了，教学目标就达成了。教材作为课程标准的具体表现形式，对教师的教学有着举足轻重的作用，但它并不能替代课程标准，教师的教学最终是要实现课程标准的要求，而不是教教材。

小学的备课有一种“被控制”的感觉。

产生备课“被控制”的感触首先来源于我不能决策我的备课方式，不能按照自己希望的形式不拘一格地备课。学校建有一套比较严格的备课制度，规定备课必须按照统一的框架设计，教导处每学期都要检查教师的备课笔记，而且往往是谁的教案越详细评价越高，领导的观点是教案写得详细说明教师的态度是认真的。备了四五年的课以后，我渐渐地对千篇一律的教案流程感到厌烦。那时大家都还没听说过电脑，更没有现在“剪切加复制”如此幸福的备课。我希望每一年备课的精力重点放在决策上一年上得不是很成功的内容上，不一定全部的内容都要重新备一遍，但我感到头顶有一双“权力的眼睛”在监视着你，备课逐渐

沦为应付检查的抄写教案,备课为上课服务的功能反而弱化。看来,每个场域都有各自特有的价值观,拥有各自特有的调控原则。

在逐渐适应小学场域的生存过程中,明显感受到备课"被控制"的第二个感触来自我的备课必须围绕当时的"教学大纲"、"教材"和"考试"进行,这也成了周围所有老师的备课"惯习"。布迪厄认为"惯习"不同于习惯,习惯是传统传袭而来的,不需要能动性和创造性。惯习是一套持续的、可转换的性情倾向系统,它把过去的经验综合起来,每时每刻都作为知觉、欣赏、行为的母体发挥作用,依靠对于各种框架的类比性的转换(这种转换能够解决相似地形成的问题),从而使千差万别的任务的完成成为可能。(布迪厄:19)。惯习是特定历史阶段的个人和群体的行为与思维方式的积淀,成为一种行为模式内化于这一时期的每个人的意识中,在各个场域中是以无意识的方式释放。惯习具有一定的稳定性,又可以置换;它来自于社会制度,又寄居在身体之中。由于各个人所处的位置不同,惯习就不同,但处于相同地位的人们有相似的惯习。当时的小语教材根据《全日制小学语文教学大纲》的要求,将一个单元的课文分为"讲读课文""半独立阅读课文""独立阅读课文"三种类型。"讲读课文"是要求教师精讲、学生精读的课文,在教学方法上体现的是教师"扶着学生走"的理念,一般教学时间安排三课时:第一课时,初读课文,整体感知,了解大意;第二课时,讲读课文,理解内容,体会情感;第三课时,总结课文,完成作业。"半独立阅读课文"介于讲读课文与独立阅读课文之间,在教学方法上要求体现"半扶半放,由扶到放"的能力培养,学生运用讲读课文当中学到的方法进行阅读,遇到困难时教师予以点拨。它是个阶梯,再往前走一步,就变成独立阅读课文。"半独立阅读课文"一般分两课时上,第一课时:阅读课文,理清层次;第二课时,体会思想情感,完成作业。对于"独立阅读课文",在教学方法上要求教师完全"放手",学生运用本单元的方法进行独立阅读,以期培养学生的自学能力,这类课文只安排一课时的教学时间。教材通过三类课文从"扶→半扶半放→放"的三种教法,达到"教是为了不教"的目的。当时的小学语文老师都以这样的一套惯习进行备课。但是大家都把工夫用在了讲读课文上,对阅读课文和独立阅读课文不太重视,也不注重对独立阅读课文"略读"方法的指导。关于这种现象,叶圣陶先生(1946:1)曾做过精辟的分析:

> 如果只注意于精读,而忽略了略读,功夫便只做得一半。其弊害是想象得到的,学生遇到需要阅读的书籍文章,也许会因没有教师在旁作精读那样的详细指导,而致无所措手。现在一般学校,忽略了略读的似乎不少,这是必须改正的。

略读不再需要教师的详细指导,并不等于说不需要教师的指导。各种学科的教学都一样,无非教师帮着学生学习的一段过程。略读是国文课程标准里面规定的正项工作,哪有不需要教师指导之理?不过略读指导与精读指导不同。精读指导必须纤屑不遗,发挥净尽;略读指导却需提纲挈领,期其自得。何以需提纲挈领?惟恐学生对于当前的书籍文章摸不到门径,辨不清路向,马马虎虎读下去,结果所得很少。何以不必纤屑不遗?因为这一套功夫在精读方面已经训练过了,照理说,该能应用于任何时候的阅读;现在让学生在略读时候应用,正是练习的好机会。学生从精读而略读,譬如孩子学走路,起初由大人扶着牵着,渐渐地大人把手放了,只在旁边遮拦着,替他规定路向,防他偶或跌倒。大人在旁边遮拦着,正与扶着牵着一样需要当心;其目的惟在孩子步履纯熟,能够自由走路。精读的时候,教师给学生纤屑不遗的指导,略读的时候,更给学生提纲挈领的指导,其目的惟在学生习惯养成,能够自由阅读。

小学语文老师备课与教学只重视讲读课文不重视独立阅读课文的原因是什么呢?因为老师们发现考试的内容考的是讲读课文。考试“控制”了教师对备课重点的决策。“考试是根指挥棒,这根棒指到哪里,我们就跟到哪里。”这种现象一直弥散着,从来没有停息过。考试对教师的控制如福柯对权力的描述一样,这种控制是毛细血管状的,它不是从某个核心源泉中散发出来的,而是遍布于学校的每一微小部分和看似最细小的末端。教育行政部门用考试来控制学校,学校用考试来控制教师,教师用考试来控制学生,学生则用考试自我控制。即便在21世纪的今天,我在M小学和W中学的现场,照样呼吸到了这种空气。有学者将这种现象解释为“考试理性”(邓友超,2009:40—49),“考试理性”的特征表现为:把考试当做教育的目的,一切教育手段都为考试服务;讲求机械化训练的普遍性和追求效率的绝对性;将教育局限于认识论范畴;对师生存在的遗忘。

产生小学备课被“控制”的强烈感触还来自我的工作场域的转变。通过学历这一个体“文化资本”的提升以及其他方面的因素,我成了一名大学老师。我终于拥有了充足的空间和时间进行备课、研究、学习、思考。“学术自由”和“专业自主”是大学给我的最大感受。除了“大学英语”和“思政”系列等公共课,其他大学教师的专业课,从编制大纲、教材选用以及考试评价全部由教师自己决策。我的备课“惯习”无论在内容还是方式上都经历了场域的形塑。场域与惯习是相互关联的,正如布迪厄所认为的(P. 172):“惯习和场域之间的关联有两种作用方式。一方面,这是种制约(conditioning)关系:场域形塑着惯习,惯习成了某个场域

(或一系列彼此交织的场域,它们彼此交隔或歧异的程度,正是惯习的内在分离甚至是土崩瓦解的根源)固有的必然属性体现在身体上的产物。另一方面,这又是种知识的关系,或者说是认知建构的关系。惯习有助于把场域建构成一个充满意义的世界,一个被赋予了感觉和价值,值得你去投入、去尽力的世界。"惯习不是天生不变的,而是场域结构塑造的结果,行动者将外在环境内化而形成惯习。

刚开始我的《学前儿童语言教育》大学备课时,我还习惯于传统的惯习,试图找一本现成的教材,照着教材的思路讲。当初我选用的是南京师范大学赵寄石教授编的《学前儿童语言教育》(人民教育出版社,2004)。但我很快发现,作为一门学科教学法课程,这本教材偏重理论,对实践的关照相对薄弱,如果完全照着教材的思路教学,学生的"语言活动教学设计能力"无从培养。于是我赶紧加入了由周兢主编的《幼儿园语言教育活动设计与组织》(人民教育出版社,1996)的部分内容,同时通过深入幼儿园和网络资源,引进大量的来自现成的"学前语言活动设计"。大学课堂一般基本不存在纪律问题,一则大学生都已经是成年人了,他们基本能很好地控制自己,不会在课堂大声喧哗;二则他们早已被从小学开始一路规训上来的课堂规则所驯化。但大学课堂最大的问题是,如果你的讲课不能用学科的专业魅力吸引学生,学生很容易逃课或上课睡觉。所以我的大学备课的决策重心主要放在对课程内容的准备和教学案例的收集上,因为一则好的案例往往可以在理论和实践的断裂之处找到链接的纽带,调动学生的思维,活跃课堂气氛。每备一门新课,我几乎会把本学科相关的所有教材都加以购买或借阅,然后吸纳各家之长形成自己的讲课思路。在阅读当前的大学教材时,我发现大学教材存在的一个严重问题是内容的趋同性和滞后性,教材相互抄袭的行为比较严重。于是,我便有了希望自己教了几轮之后编一本教材的想法。事实上,随着资料的不断积累,很多大学教师的讲义本身就是一本不错的教材。像现在大学里存在有些课程还没有专业教材的情况,学校就鼓励教师自编讲义,再通过教务处组织的"课程建设项目",最终形成了课程教材。所以,我的大学备课大量的时间是放在资料的收集和内容的选择上,对教学方法和策略的关注逐渐淡出了我的决策视野。当然这可能跟自己已经在教学一线摸爬滚打十几年,拥有了相对丰富的驾驭课堂教学的经验有关。

相对小学,大学教师的备课完全可以"自主",但这种"自主"需要教师专业能力的支撑,需要大学教师用"专业的眼光"对学科"专业知识"做出"专业选择"。大学教师需要拥有更多的"文化资本",在布迪厄看来(2005:9),文化资本存在三种状态:一是身体化的状态,表现为行动者心智和肉体的相对稳定的性情倾向,是在行动者身体内长期地和稳定地内在化,成为一种具体的个性化的秉性和才能,并成为惯习的重要组成部分。二是客观化的状态,指的是物化或对象化的文化财产,表现为文化商品(诸如图书、电脑之类)、有一定价值的油画、各种古董或历史文物等,它们是理论的印迹或实现,可以通过物质媒介来传递。三是制度化的状态,指的是由合法化和正当化的制度所确认的、认可的各种资格,特别是高等教育机构所颁发的各种学衔、学位和教师资格文凭等。在高校场域,大学教师通过获得"制度化"的文化资本——学术身份,实现对客观化文化资本的占有,内化为个体化的文化资本获得场域生存资本,我想这大概也是自己再度跨进大学校园攻读博士的一个动机。大学备课需要大学教师通过"文化资本"的提升以期实现对课程做出更专业的决策。

4.2 教师领悟课程中的决策特质

"大音希声,大象无形",虽然教师领悟课程的部分决策可以从教师的备课笔记中窥得一斑,但整个过程中伴随的临时的决策变化以及之中教师的心理活动与思维过程,是研究者无法观测的,加上每个教师各不相同的知识基础、成长背景、生存境遇,所以在后现代课程与教学论者看来,探寻具有普适性的教师领悟课程的决策规律既不可能,也无必要。因为教师面临的情境是不确定的,它需要教师基于自己的个性和学生的特点做出"情境性决策"。

在笔者看来,教师领悟课程确实存在"一千个读者就有一千个哈姆雷特"的多元性。但这"一千个哈姆雷特"都是同出于一个文本的"原型"[①],所以一定存在一些共同共通的特点,否则人与人之间就不存在思想交流与沟通中所谓的"共鸣"了。在成长过程中,能够走入每个人认知视野并留下印刻的正是与那些能够"共鸣"的思想"相遇"。基于教师生存于相似的教育场域,每个教师在备课中都面临着"教什么"、"怎么教"、"形成教案"的问题,笔者试图从这三方面对教师领悟课程中的决策特点作一分析。

4.2.1 教师决策"教什么":基于对正式课程的理解与重构

关于"教什么"的决策实质是对"教什么知识最有价值"的问题作出判断与选

① 原型是人们对世界进行范畴化的认知参照点,它是物体范畴中最好、最典型的成员,其他成员则是围绕原型建构的、具有家族相似性的边界模糊的辐射状结构。转引自 Taylor, J. Linguistic Categorization: Prototypes in Linguistic Theory[M]. Beijing: ForeignLanguage Teaching & Research Press, 2001: 9.

择,这一由斯宾塞发问并做出“科学知识最有价值”回答牵扯到对知识的认识。知识是课程与教学的核心要素。面对呈几何级不断递增的浩如烟海的知识宝库,课程应该对知识做出怎样的选择?不同的哲学流派基于对知识的不同理解提出了不同的课程观。永恒主义认为存在永久性知识,古典作品具有永恒的价值,包含有永恒的真理,通过阅读古典巨著就能进行有效地理智训练和品格培养,所以课程应注重经典学科的学习。要素主义认为人类文化遗产里有一切人都应学习的“共同要素”,这些知识是学生将来成为积极上进、对社会有贡献的成熟的社会成员所必备的,所以课程应主要关注基本技能(3R)和基础学科。进步主义认为知识是为了生长和发展,课程应以学生的兴趣为基础,运用人类问题和事件在跨学科的活动中获得经验。改造主义认为知识要有助于当今和未来社会的改善,所以课程应强调社会科学和社会研究方法,促教育公平。后现代主义认为知识具有不确定性、文化性、境域性、本土性,知识是个体的产物,所以应为学生提供学习不同民族和不同文化的机会,不应当过分倚重科学,把它当做真理的源泉。这些不同的哲学观念直接影响了对课程知识的选择。在科学知识和人文知识,实用知识和素养知识之间如何抉择,一直是学术界争论不休的“两难”问题。

课程知识的选择还受意识形态的控制,“课程内容的价值特征充分反映了社会统治阶级的意识形态,统治阶级要对知识总体加以筛选,筛选出符合自己意识形态的知识作为课程内容。”(吴永军,1998:146)如同阿普尔(Apple,1990:63—64)所言:学校知识体系接纳或排斥某些内容,通常服务于意识形态的目的,因而正式的学校知识体系能成为一种社会和经济控制的形式,因为它们保存和分配了被知觉为合法的知识——这是我们所有人所必须具有的知识。“决定课程内容的过程是面对冲突的过程,最终达成一定的妥协、调整和各种稳定程度的平衡,这些蕴含着“权力”的概念……毫无疑问,课程决定主要与权力的运用和分配有关”(Eggleston,1997:23)。

在确定“用谁的文化去教育孩子”的问题上,阿普尔认为教科书起了很重要的作用,他将之称为“教科书政治学”。教科书不仅仅是“事实的”传输系统,它还是政治、经济、文化活动、斗争及相互妥协等共同作用的结果。围绕将什么编入教科书中,将什么排除在教科书之外的“正式知识”的争论,事实上蕴含了更深层次的政治、经济、文化联系和历史。教科书经常陷入一系列复杂的政治与经济交互作用之中。在美国,教科书生产是一个置身于千变万化的资本市场的商业性产业,而这个市场“营利性”决定了这个产业将发行什么图书及发行多长时间。然而,教科书的发行,不单单被市场这只“无形的手”所控制,它同样在很大程度上受到政府关于教科书的审批政策——这只强有力的有形的“政治”之手——的控制(阿普尔,2005:6)。

美国授课内容的决策受制于这样的一系列决策流程(图 4.2):

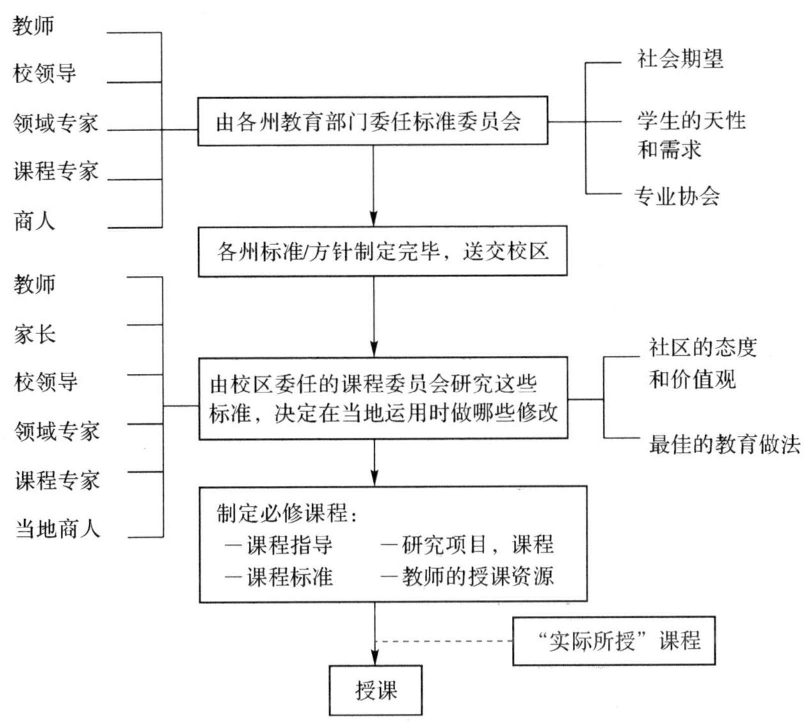

图 4.2 授课内容——课程安排——是如何决策的

资料来源:唐纳德·R. 克里克山克(Danald R. Cruickshank)著. 教师指南(第四版)[M]. 祝平译. 南京:江苏教育出版社,2007:153。

美国各州制定方针或标准来明确学生应当掌握的知识和操作。而且,大多数州要求学生通过以这些标准为基础的水平测验。在学区级,各项标准得到细微调整形成课程安排贯彻下去。在一项研究中,K—12 教师发现要教的内容太多了,时间却不够(Kendall & Marzano,2000):①

K—12 教师对他们需要花多少时间来讲解规定的课程内容做了粗略

① 转引自唐纳德·R. 克里克山克(Danald R. Cruickshank)著. 教师指南(第四版)[M]. 祝平译. 南京:江苏教育出版社,2007:158.

分析。他们最后得出的总数——15465 个小时。按 13 年算,每学年平均教学天数 180 天,每天上课平均时间 5.6 小时,教师总共上班时间 13104 个小时,还不算花在维持课堂秩序和其他非授课活动上的大量时间。这部分时间估计要占总数的 21%~25%。显然,这种学生根本没时间学完的课程是不可行的。

意识到这个问题后,马尔扎诺建议,学校应当:

- 增加授课时间(研究表明,通常情况下,增加授课时间会产生积极影响),或
- 彻底减少教师讲授内容,直接讲最关键的东西;
- 将关键内容有序、有逻辑地组织起来,以便达到最佳学习效果;
- 确保将最关键的内容教给学生——让学生学到这些知识;
- 保护已有的授课时间,不要让琐事打断课堂教学;压缩午餐和课间休息时间。

只要让学生能够学到课程中的关键知识便足够矣。学期测验成绩会证实这一点。

哪些是课程中的关键知识呢? K－12 教师必须在由州规定的正式课程中对实际讲授的课程知识再次做出决策。

我国由教育行政部门规定的正式课程是列入学校课程表中的课程。它以课程计划、课程标准和教材的方式呈现。我国中小学教师在教授一门具体课程之前会对课程标准进行学习,然后制定出一个学期的教学计划。在具体备课时会对整个单元的教学目标作一解读。虽然我国有学者对课程实施提出了“基于课程标准的教学”(崔允漷,2009),但大部分中小学老师在决策“教什么”的问题上基本遵照教材,因为他们认为教材是根据课程标准编写的,而且教材强调的内容也在考试中得到了体现。正如前面阿普尔所言,教材是社会各种政治、经济和文化作用的结果——它们要体现国家的政治意图;要体现学科专家的思想;要为出版社的利益服务;也要为那些帮助学生通过标准化考试的学校和教师利益考虑。教科书是政府部门、教育机构和其他社会力量共同影响学校教育的一个缩影。

关于教材的使用,一方面,信息时代带给学生多元获得信息的路径,使传统教材的权威性受到挑战,对教材批判性的学习,成为学生成长的一部分;另一方面,教材依然是课程和学校教育的重要载体,教材的地位同时也得到教师上课与考试制度的权威强化。关于教材使用问题,一直存在着许多不同的声音:

表 4.2 关于使用教材的不同声音

赞同意见	反对意见
• 提供教学结构　教材提供了清晰的结构和框架,教师和学生明了他们进行的教学内容和进度,也确保不同班级学生得到相似的内容。没有教材,课程就没有核心。 • 节约时间,提高效率　教材提供了可能符合多数学生水平的课文、读物和学习任务,因此节约了教师准备、查找或开发这种材料的时间。 • 地图/路线图　教材具有一种课程路线图作用,因此为学生提供了安全感,使他们知道要学什么,对他们有什么要求。 • 多样化的学习资源　教材常常伴有练习册、磁带、录像、CD－ROM 和完整的教学手册,为教师和学生提供丰富、多样的资源。 • 提供指导和支持　如果教师的教学经验不足,教材和教师手册能充当初步培训教师的工具。 • 为自主学习提供支持或参照　学习者能运用教材进行预习和复习,监控自己的学习进步,有助于学生的自主学习。没有教材的学习者更依赖教师。	• 不适当　每个班级、每个学生都有自己的学习需求,没有一本教材能满足所有学生的兴趣和需求,内容可能不适当。 • 限制性和依赖性　固定的结构和顺序可能抑制教师的创造力,教师很容易毫无批判性地跟着教材亦步亦趋,并导致学生学习枯燥乏味和缺乏动机。教师的角色可能削弱为一个技师,他的主要作用就是呈现别人准备好的教材。 • 不真实　教材常常呈现一种理想的世界观,或者不能代表真实的问题。为了使教材在很多不同的语境中使用,有争论性的问题避开了,代之以理想化的中产阶级的世界观作为一种标准来描写。 • 比例失调　教材可能过多地重视知识的一个或多个方面,对其他方面不够重视,或者它可能没有包含需要包含的内容,活动的比例可能失调(x 活动太多,Y 活动太少)。 • 滞后性　教材一旦付印,内容大多固定,修订不及时,材料难免失去时效。 • 编排顺序固定　完成教材或部分内容的时间表可能不现实。

资料来源:参阅俞红珍.论教材的“二次开发”—以英语学科为例[D].博士学位论文,2006:11－12,本研究进行了二次修改与整理。

在教师决策“教什么”的备课中,完全撇开教材决策课程内容的做法无论从意识形态还是从中小学教师时间精力考虑都不现实。而教师决策完全依赖教材也不可取。因为无论教材编制如何尽善尽美,其普适性的内容和样式蕴涵着整齐划一的教育需求,无力满足教育教学情景的多样化和个性化需求。教材内容和具体情景或学生的学习需要之间很少有完全的匹配。教师需要在课程实施过程中依据课程标准对既定的教材内容进行适度增删、调整和加工,合理选用和开发其他教学材料,从而使之更好地适应具体的教育教学情景和学生的学习需求,完成基于日常教学情境的对教材的“二次开发”(俞红珍,2005)。

在备课中,课程在教师基于教材决定“教什么”的决策过程中经历了两次转化:

第一次转化是正式课程通过教师的意义理解转化为“我的课程”。教师自身的知识水平直接制约着教师对正式课程的意义理解。

作为正式课程载体的教材是个文本。传统解释学认为(涂元玲,2003):文本具有不可破坏的本义,这种本义是客观存在的;解释的目的就是要发现和获得文本的本义;要获得文本的本义,解释者必须放弃自己的主观理解。而海德格尔、伽达默尔哲学诠释学理解即"视域融合",在这种融合的视域中,文本的有限视阈和解释者的有限视阈融合成关于主题(即意义)的共同观点,这种主题或意义正是文本和解释者所共同关注的。这种"视域融合"的过程揭示了理解过程的对话性质。"意义不是'在那里'等待发现,而是在解释者的理解中发生,并通过理解的'发生'而实现的"(伽达默尔,1999:XVIII)。

教师对教材文本的意义解读,首先是教师与文本作者的对话与视域融合,回到文本的原初状态,还原知识本身,弄清知识的本真之义,让原本干瘪的教材丰满起来。对于数学等自然学科,教师更多的是遵循传统解释学的客观主义理解,知道教材文本的知识点在整个数学学科领域中所处的方位以及这个知识的来龙去脉。而对于诸如语文等社会人文学科,教师备课的第一步工作就是文本细读。前面叙事研究中提到的王崧舟老师,在读短短 36 字的《长相思》时,同时读了评鉴《长相思》的文字材料 1 万多字,读了作者纳兰性德的生平,走进了纳兰性德的历史空间,拥有了"繁华如三千东流水的课程资源",获得了一种底气十足、神采飞扬的感觉。36 字的教材文本变成了王崧舟 1493 字的自我感悟的"我的课程"。教师对教材文本的意义理解,不可避免地会带着自己的"前见"和价值偏好,对文本作出不同的解读。前面叙事研究中的老师,在备《为蚂蚁让路》的文本时,四位老师分别对文本作出了四重解读:第一重解读:尊重生命,敬畏生命;第二重解读:我即蚂蚁;第三重解读:人权问题;第四重解读:关注弱小,蚂蚁礼赞。这些解读都是带着教师自我的"我的课程",这种解读还需要与编者和学生的视域融合。

日常备课中教师对外在于"我"的正式课程的意义理解需要教师整个心灵的参与,如果教师把自己置身于他正在教的科目之外,课程仅是外在于教师自己的"异己"之物,给学生的感觉就是:"他们说的话在他们面前飘浮,就像卡通书中气泡框里的话一样。"(帕尔默:11)

第二次转化是基于对学生特点的思考,教师将"我的课程"重构为"学生可接受的课程"。这一转化离不开教师的实践性知识。

杜威(2001:199)曾说:从教师的观点来看,学校中的各种课程代表着许多工作的资源和可以利用的资本。但是,这些课程远离儿童的经验并不是表面现象,而是事实。所以学生的教材和成人的公式化、定型化和系统化即书本中和艺术作品中的教材是不一致的,也不能一致。成人的材料是学生的材料的可能性,而不是学生材料的现状。成人的材料直接成为专家和教师活动的一部分,而不成为初学者和学生活动的一部分。转化为王崧舟自己1493字自我感悟的《长相思》的"我的课程"显然远远超越了学生的知识水平,显然是无法直接与学生的视域融合的。

所以,教师课程意义理解的第二步,是与教材文本的编者对话,实现与编者的视域融合,即钻研教材。钻研文本被编为"教材"的编者意图,基于学生的视界思考教材文本的"教学重点"、"教学难点"、"教学特点"和"教学疑点"。这一转化的过程,也是教师对教材文本选择"教什么",把"什么作为重点来教"的决策过程。叙事研究中的王崧舟老师,确立了诗的"读法哲学",把对《长恨歌》的教学重点放在了诵读上,N老师在试教中从学生的视域最终选择了文本解读的重点放在"关注弱小,蚂蚁礼赞"上面。这一过程杜威称之为"教材心理化"。杜威认为,作为一个教师,他应该考虑的是科学的教材代表经验发展的某一阶段或状态。他的目标是引导学生有一种生动的和个人亲身的体验。因此,作为教师,他考虑的是怎样使教材变成经验的一部分;在儿童的可以利用的现在情况里有什么和教材有关;怎样利用这些因素;他自己的教材知识怎样可以帮助解释儿童的需要和行动,并确定儿童应处的环境,以便使他的成长获得适当的指导(杜威,2005:123)。没有教师对正式课程的转化,课程可能是折磨儿童心灵的无用的古董,是强加给心灵的可怕的重担。

基于对话和视域融合的教师对教材文本的意义理解,既不是教师自己见解尽情地异质发挥,又不是对正式课程文本的扭曲,既不否定正式课程文本的客观性和确定性,又强调教师理解的变动性和语境性。教师在决策"教什么"的备课过程中,并不是完全遵照教材的内容执行,他们会从课程标准的角度,从学生的视界,对课程内容进行一定程度的补充与完善,甚至对教材进行批判。郭初阳、蔡朝阳、吕栋(2010:231—234)三位一线老师出版了《救救孩子:小学语文教材批判》,他们分别考察了人教版、苏教版和北师大版的三套小学语文教材,综观这3套教材的问题,郭初阳认为小学语文教材存在四大缺失:

> 经典的缺失。因为孩童所处成长阶段的特殊性,因为经典本身的重要地位,我们期盼在教材中能有更多的经典作品。但这3套教材中有关母亲和母爱的文章,来自经典的文本并不多,且时有篡改。苏教版共17课,只有4篇可称经典。……《少年王冕》节选自《儒林外史》,但只要翻开原著对照一下,几乎每一句话都被改动,已是面目全非。
>
> ……

> 儿童视角的缺失。仅就这3套教材的课文来看,有赞美母亲的,有提倡发明的,有呼吁保护环境的,有歌颂伟人的……大部分都重在说教,极少有真正符合童心、富有童趣的。如苏教版一年级上册里的《汉语拼音儿歌》,处处都是教育与禁止:“大喇叭里正广播,爱护大佛不要摸”,“弟弟河边捉蝌蚪,哥哥走来劝阻他”。……
>
> 快乐的缺失。在苏教版17篇课文、北师大版24篇课文、人教版22篇课文中,快乐并不多见。最不快乐的孩子,莫过于人教版玩具柜台前的那个孩子。“只要看到谁买小汽车,他就马上跟过去,目不转睛地盯着柜台上跑动的小汽车”,可是他得不到他心爱的玩具,他还必须懂事,必须分担父母的生活之重。有什么能够安慰这位貌似坚强的孩子孤独的心灵呢?不快乐是有原因的,可能是贫困,但母爱不会因为贫困而打折。……
>
> 事实的缺失。这是最不可原谅的。可以讲不好故事,也可以不那么快乐,但捏造事实就显得十分荒唐。北师大版和苏教版都有爱迪生用智慧救母亲的故事。这个故事流传甚广,人们已经忘记去质疑其真伪了。但美国加州大学圣地亚哥分校的中国学生何易,竟然就去研究了,他得出的结论是:最早对阑尾炎手术的论述是1846年。爱迪生出生于1847年,电灯发明于1879年,1886年他已经是一个39岁的已婚男人了。也就是说,爱迪生小时候根本没有阑尾炎手术,不可能有一个医生在他做的有影灯下为他得了急性阑尾炎的妈妈做了这个紧急手术——这个故事是虚构的。……创作可以虚构,但是虚构编造出目击证人,等同于说谎。

教材质量是教材的生命,没有高质量的教材就不会有高质量的课程实施。这三位一线老师对小学语文教材的批判,在一个层面反映了教师的教学正在从教教材走向对教材的“二次开发”;在另一个层面引发了我们对教材质量问题的思考。基于目前作为正式课程载体的“教材”依旧是教师教学和学生学习的主要课程资源的事实,教材的质量亟待进一步提升!

4.2.2 教师决策“怎么教”:基于教学策略的风险规避

课程限定了何谓有用知识的问题;教学解决的是怎样对知识进行有效传递的问题;评价是知识对学习者而言如何被有效习得的问题。正规的教育知识通过这三种信息体系实现(Bernstein,1990:214)。教师决策“怎么教”的问题基于一定的技术理性,对教学策略的选择寻求风险规避。

《现代汉语词典》对策略的解释是:①根据形势发展而制定的行动方针和斗

争方式；②讲究艺术，注意方式方法。策略的英文对应词有“tactic”和“strategy”，前者指权谋、权变、达成目标的方法或战术、兵法，后者指运筹的艺术或管理人和事物的技巧。《学会生存》一书指出策略概念的三个观点：①把各种要素组织成为一个融会贯通的整体；②估计到在事物的开展过程中会出现偶然事件；③具有面对这种偶然事件而加以控制的意志。策略的目的就是要把政策转化为一套视条件而定的决定，根据将来可能发生的不同情况，决定所需要采取的行动（联合国教科文组织国际教育发展委员会，1996：210）。教学策略是教师为实现教学目标或教学意图（指难以明确或无需明确的目标）所采用的一系列问题解决行为（施良方，1999：27）。

有学者认为，教学策略具有动态的教学活动维度和静态的内容过程维度。在动态的教学活动维度上，它指教师为提高教学效率而有意识地选择筹划的教学方式与灵活处理的过程，其明显特征是：①对教学目标的清晰意识和努力意向；②具有对有效作用于教学实践的一般方法的设想；③在目标实现过程中对具体教学方法进行灵活选择和创造。教学策略静态的内容构成维度是动态的教学活动过程维度的反映。在内容构成上具有三个层次：第一层次指影响教学处理的教育理念和价值观倾向；第二层次是对达到特定目标的教学方式的一般性规则的认识；第三层次是具体的教学手段和方法（李晓文等，2000：5－6）

我国学者顾泠沅教授（1997）认为教学策略具有如下基本特征：第一，教学策略具有综合性的特征。选择或制定教学策略必须对教学内容、媒体、组织形式、方法、步骤和技术等要素加以综合考虑。第二，教学策略具有可操作性的特征。教学策略不是抽象的教学原则，也不是在某种教学思想指导下建立起来的教学模式，而是可供教师和学生在教学中参照执行或操作的方案。第三，教学策略还具有灵活性的特征。教学策略根据不同的教学目标和任务，并参照学生的初始状态，选择最适宜的教学内容、教学媒体、教学组织形式、教学方法，并将其组合起来，保证教学过程的有效进行，以便实现特定的教学目标，完成特定的教学任务。杨小微教授（2007：388－391）则将教学策略的特征归纳为五个方面：①目的/目标的指向性；②实施过程的灵活变通性；③内涵和外延的层次性；④综合性；⑤可操作性。同时，他还对教学策略进行了分类，分成内容型策略、形式型策略、方法型策略、任务型策略和综合型策略五种主要类型。

教师对教学策略的决策主要是基于学生的认知，考虑课程内容的呈现顺序，教学方法的选择以及内容板块的时间安排。有经验的老师善于运用类似于决策树的思维方式筛选教学策略：

《角的度量》在教材中,是先学量角再学画角,但我在讲这节课时,创造性地让学生先画角然后再量角。为什么我能把教材先后顺序给倒过来?这么做好不好呢?我画角的创意是怎么想出来的呢?

首先是回忆:当学生第一次拿着量角器,不会量角的时候,他会怎么做?常常是拿着量角器圆弧和直边夹的角去比要量的角(如下图),然后报出"100°"。

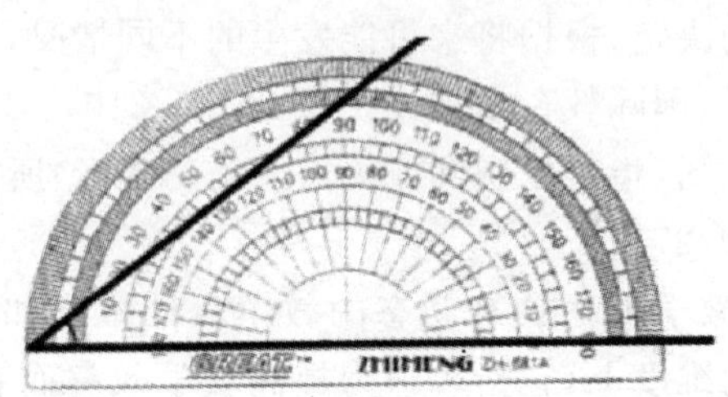

然后是追问:学生为什么这么做?我的分析是:学生朴素地认识到要想量角,就要拿角来比角,而学生从量角器上找不到角。

再思考:量角的本质究竟是什么?为什么以前我们那么费力地教,总结概括出"二合一看"等要诀,效果反而不好呢?经过思考,我明白了,我们讲了量角的技术要领,但没有讲量角的实质是什么,缺乏整体把握。这些要诀看似简捷,其实是我们成人的偏好,要让以形象思维为主的孩子们想象出这四个字背后的内涵是挺难的。又经过几天的思考,我终于发现,量角其实就是把量角器上的角重合在要量的角上。抓住这一点,只要让学生认识了量角器上若干个大小不同的角,怎样量角的问题就迎刃而解了。

接着搜寻:画出量角器上的角的方法。我尝试后发现,水彩笔在量角器上画不出角,只能在起笔的地方留下一个点,那该怎么办呢?我去西单商场询问营业员,知道了油画笔才能画。我当即买了50支油画笔。试讲很成功。老师们非常响亮的掌声提醒我:如果我的发现是有价值的,那也不能让全国的老师都去买油画笔才能教《角的度量》?不用油画笔行不行?带四根牙签来,行不行?用牙签可以在量角器上摆角,牙签的两头是尖的,可以很好地靠在一起,组成一个角。实际一做,不行。牙签摆出的角会滚动。因为在量角器上摆出角,不是目的,目的是通过交流认识量角器上的角。那怎么办呢?琢磨了几天之后,一个周六的下午,我打开办公室的复印机,平铺了四个量角器,一按钮,出来了纸量角器。在这样的纸量角器上随便用什么笔都能画角了。(华应龙,2009)

华老师选择画角工具的策略经历可以用决策树(图 4.3)表示如下:

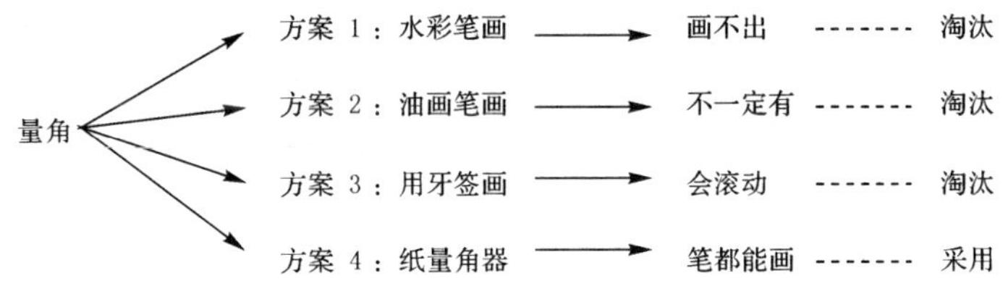

图 4.3 量角工具选择的决策树

资料来源:本研究归纳。

有研究发现(表 4.3),新教师与资深教师在决策教学策略的关注点上存在差异,有经验的教师在设计一节课时,会考虑更多的调整方案,他们也比新教师更关注活动规则和反馈方式。而新教师的计划大部分与教学用语有关:

表 4.3 新老教师的活动决策和教学策略决策对比

活动决策	老教师	新教师	教学策略决策	老教师	新教师
结　构	42.6%	54.6%	管　理	13.4%	4.8%
程　序	24.6%	28.0%	评　价	22.8%	15.9%
形　式	4.9%	1.5%	演　示	7.9%	7.8%
时　间	9.0%	6.8%	过　渡	5.5%	6.4%
调　整	18.9%	9.1%	集中注意力	18.9%	19.1%
			使用设备	7.9%	7.9%
			教学用语	19.7%	34.9%
			时　间	3.9%	3.2%

资料来源:Adapted from Housner, L. D. & Griffey, D. G. Teacher cognition. Differences in paining and interactive decision making between experienced and inexperienced teachers[J]. Research Quagterly for Exercise and Sport, 1985(56):45－53。

教师教学方法的策略选择除了考虑学生特点,还需要与教材内容的知识类型相匹配。杜威(2005:181)在关于"方法的性质"中强调教材和方法的统一:从处理教材的个人观点来看,方法是什么呢?方法不是什么外在的东西。方法不过是材料的有效处理——有效就是花费最少的时间和精力利用材料达到的一个目的。我们能够识别行动的方法,并且单独讨论这个方法,但是,这个方法只是作为处理材料的方法存在。方法和材料并不是对立的,方法乃是教材有效地导向所希望的结果。知识多种多样,基于不同的标准有不同的分类方法。我国学者石中英(2004:164－178)认为,有一类分类法是当代知识界比较广泛认同并体现在大学系科设置、图书馆资料分类等知识制度中,这种分类就是把人类知识分

为“自然知识”、“社会知识”和“人文知识”。三类知识在许多方面都呈现出明显的差别,从而影响到相应的课程实践。“自然知识”的获得主要通过对纯粹物质事实与实践的“观察”与“实验”的方法,自然课程的教学早期一般采用自然科学知识“教授”加“演示”或“证明”的模式,后期则倾向于采用 20 世纪 60 年代所提出的“发现模式”与“合作学习模式”。“社会知识”的获得主要是通过对渗透着价值社会事实与实践的“观察”、“模型化”与“价值分析”的方法,传统的社会课程的教学以教师课堂讲授有关社会知识为主,从社会知识的独特性性质来看,社会课程宜采用“实践教学”的模式。“人文知识”的获得则主要是通过对各种具体价值规范及其历史实践的“总体批判”与“反思”的方法,所以人文课程的教学最忌“灌输”或“绝对化”,因为灌输或绝对化阻碍了自由思考的空间和个体经验参与的道路,使与存在经验密切相关的人文知识变成一个个僵化的“结论”、“命题”或“教条”,最终彻底地毁灭了人文教育。人文教学需要一个“真诚”、“自由”、“开放”的教学氛围,这种氛围是促使个体经验反省所必须的。人文教学的基本环节应该包括“体验”、“移情”、“理解”、“对话”和“反思”。

我国有学者认为,如果将教材中所出现的知识进行分类,大致可以分为四类:事实性知识、概念性知识、方法性知识、价值性知识,任何一个知识点都包含四个层面的知识(季苹,2009:86)。美国学者安德森(Anderson,2001:29)的知识分类如下表(表 4.4)。

表 4.4 知识的主要分类

主要分类与次分类
A. 事实性知识——学生们掌握某一学科、解决该学科的问题时必备基本知识
AA. 术语
AB. 具体的细节与内容
B. 概念性知识——较大范围内基本要素之间的关系
BA. 分类
BB. 结论与原理
BC. 理论、模式与结构
C. 程序性知识——做事方法、研究方法,以及技巧、运算法则、技能与方法的应有标准
CA. 特定学科技能与运算法则
CB. 特定学科技巧与方法
CC. 决定何时使用恰当程序
D. 元认知知识——总体的认知以及对自我认知的了解
DA. 策略性知识
DB. 关于认知任务的知识,包括恰当的条件性知识和情境性知识
DC. 自我认知

资料来源:转引自(美)理查德·I. 阿兰兹著. 学会教学[M]. 丛立新等译. 上海:华东师范大学出版社,2007:87。

目前我国部分中小学教师在决策教学方法的时候，基于教学时间和教学效率的考虑，不管对于哪类知识，大体都采用了"讲授"的方式。教师对诸如"实验法"、"合作探究"方法的排斥主要出于一种风险规避的心理。当不确定选项的期望值大于或等于确定选项的期望值时，人们对确定选项的偏好称为风险规避（庄锦英，2006：76）。这些教师觉得，讲授法时间经济、系统性强，应对考试学生容易拿高分；而自主合作探究虽然有利于学生创新精神培养，但费时，有时需要额外准备设备与材料，课堂秩序不易控制，学生的考试成绩不一定比讲授法好。权衡之下趋向讲授法。但如果教师了解到采用"自主合作探究"，学生考试失败的概率远远低于"讲授法"，教师就会转向风险寻求，采用新的教学方法。当然教师对教学策略的选择还跟自己的经验、个性等方面都有关系。教师对教学策略的选择会综合考虑学生特点、所教知识的特点、自身的特点等多方面的因素。正如帕尔默所认为的（P.11）："我知道所有的好老师都是用相同的教学技巧是不可能的：有的老师的讲解整堂不停，有的老师却惜字如金；有的老师紧循材料，有的老师却天马星空驰骋于想象；有的老师用软功，有的老师用硬功。胡萝卜还是大棒子，各行其是，各显神通。"

4.2.3 教师决策"教案"：基于有限理性

教师在领悟课程中对于"教什么""怎么教"的思考与选择部分以教案的内容呈现。所谓"教案"，顾名思义，是一个单元或一节课的实施方案。其中的核心问题，是教学程序的安排（陈桂生，2009：200）。

新教师的教案往往非常详细，教案对新教师的作用有人把它类比为"地图"，第一次去某地，需要仔细地、不断地看地图，但去过几次以后，就不再需要地图了。资深教师的备课虽然已经内化于心，但他们会对以往备课中存在的问题重新加以决策，以寻求解决问题的满意方案。特别是公开课，只要有足够的时间，教师会不断地搜寻资料解读文本，对各种不同的教学设计反复加以比较，择取各家所长形成自己的教案，然后又经过集体磨课与试教等方式对教案反复修改，直到形成自己最满意的方案为止。著名小学数学特级教师华应龙（2009）曾经这样描述自己：

> 要设计出一节有思想含量的、创新的课，需要经历王国维先生《人间词话》里说的三种境界：第一境界就是当我们开始接触一节课的时候，觉得自己对这节课没有什么不清楚的，什么都明白，就像站在高楼之上什么都看得清清楚楚，望尽了天涯路。除了没有新点子，什么问题都没有。第二境界是

当你去想了，回顾了之后，会发现很多的问题，但还找不到解决问题的方法。为此"衣带渐宽"，为此"人憔悴"。儿童文学作品《小王子》的作者、法国著名小说家圣埃克苏佩里把"创造"定义为"用生命去交换比生命更长久的东西"，因此，衣带渐宽人憔悴也值得。从第一境界到第二境界，也应了宋代理学家朱熹的话，他说："读书，始读，未知有疑；其次，则渐渐有疑，中则节节是疑，过了这一番，疑渐渐释，以至融会贯通，都无所疑，方始是学。"怎么从第二境界突破到第三境界呢？坚持！创新思维就是要求我们必须对每个问题进行长时间的反复思考。当你坚持一段时间以后，就会发现，"蓦然回首，那人却在灯火阑珊处"。到了这样的境界，别人听完你的课，也会发出这样的感慨——"我怎么没想到？"

华老师说的教学设计基于问题寻求解决问题的创新方法，如果用西蒙(Simon,2007:83—100)决策理论来解释，就是一种寻求"满意方案"的有限理性决策。

什么是"理性"？教师备课中的选择行为是理性还是非理性的？《辞海》对"理性"的解释是：①一般指概念、判断、推理等思维方式或思维活动。②划分认识能力或认识能力阶段的用语(1989:1367)。这两项释义说明"理性"是人类多种多样思维方式或类型中的一种，依赖于这种思维方式的认识活动是一种"高级的"认识活动。在哲学视野中，康德提出了"纯粹理性"和"实践理性"的概念。纯粹理性是指不依赖任何经验内容的认识能力，而实践理性是指不依赖任何生活情境的道德意识，亦即一种按照"绝对律令"来行动的意识。我国有学者(石中英:185)认为，人是有理性的，但是，人的理性是需要发展和训练的。"理性"概念具有下列特征或用法：第一，"理性"是人类精神生活的一种形式，是一种人类特有的思想活动，不仅包含了概念、判断和推理，而且包含了质疑、反驳和辩护；第二，作为一种思想活动，"理性"最主要的特征就是在一定的规则下就某一问题应用概念进行推理或认识的能力；第三，作为一种推理或认识的能力，"理性"不仅关涉到知识的获得，而且关涉到行为目的的正当性与合理性辩护；第四，"理性"不仅是人类的一种认识能力，而且也是人类的一种存在特性；第五，作为人类的一种存在特性，"理性"与人类的存在方式(时间、地点、环境、组织等)密不可分，因此，"理性"不是普遍的，而是境域的，不同的文化孕育着不同的理性风格；不是抽象的，而是具体的，其所使用的概念、所遵循的规则等都与一定的社会历史环境不可分；不是绝对的，而是历史的，是随着历史的变迁而不断变化的，因此人类的理性有一个不断发展和重构的过程。

西蒙在他的著作《管理行为》(P. 75)中对"理性"是这样定义的，粗略地讲，理性就是根据评价行为结果的某些价值系统来选择偏好的行动方案。知识是发现某行为的哪种结果确实会发生的手段，因此关于行为结果的知识是抉择的第一大影响因素，其第二大影响因素就在于行为个体对结果的偏好。所以抉择的问题就是对结果进行描述、评价，并将结果与行为备选方案联系起来的过程。

在理想层面，人们总是试图寻求"最优化"的理性决策。但要实现理性决策，必须满足以下几个条件：①列举所有备选策略；②确定执行每个备选策略所产生的所有结果；③对多个结果序列进行比较评价(西蒙：70)。整个决策过程由以下系列步骤构成(Wayne，W. K. Hoy & Miskel C. G：300)：

(1)明确问题。
(2)确立目的和目标。
(3)列举所有可能的备择方案。
(4)思考每一种备择方案的结果。
(5)根据目的和目标对所有备择方案进行评估。
(6)挑选出最优的备择方案——即最大化地达成目的和目标的那一个。
(7)最后，执行决策并进行评估。

在现实的决策活动中，个人显然不可能知道所有备选方案或每个备选方案的所有结果，以"最优化原则"进行决策只能是"经济人"的理想而已。前面叙事中提到的王崧舟老师之所以在公开课之前还没有完整的备课方案，在很大程度上可以解释为他追求的就是"最优化"的理性决策，这样的愿望之所以难以实现，是因为人的理性是有限的。西蒙认为，真实行为至少在三方面不符合客观理性的概念：①按照理性的要求，行为主体必须完全了解并预期每一项决策产生的结果，而实际上，我们对决策结果的了解总是零零碎碎、不完整的。②由于决策产生的结果未来才会发生，所以在给它们赋值时就必须用想象力来弥补缺乏真实体验的不足。但是要完整地预期价值还是不可能的。③按照理性的要求，行为主体要在所有可行的备选行为中作出选择。而在真实情况下，主体只可能想到有限的几个可行方案而已(西蒙：84)。人的有限的知识、有限的计算能力、有限的想象和设计能力意味着"真实人"仅具有有限的理性，面对现实高度不确定和极为复杂的决策环境，"真实人"的决策无法坚持"最优"原则，而只能是贯彻"满意"原则的有限理性决策。

"满意"原则涉及四个基本问题：

(1)有限目标

满意原则承认真实的决策者面对许多复杂问题的决策,并不能保证一开始就有十分清晰的决策目标。同时,环境又经常不容许我们等到总目标都完全弄清楚了再选择决策方案。在这种情况下,需要首先根据能够把握的信息确定短期的、局域的小目标,只要这个小目标是朝着大目标前进的,决策就可以进行。

教师在备课时拿到文本时,并不是先确定目标再解读文本,而是要先对文本进行解读以后再来确定教学目标。一个文本会包含多重目标,比如前面叙事中的《给蚂蚁让路》有四重解读,可以朝四个方向走,这时,教师会基于自己的经验和学生的实际选择适当的目标加以达成。

(2)期望水平

什么样的决策才能够保证被认为是满意的,或者说足够好的呢?这取决于决策者的期望水平。决策满足决策者的期望,才可能被认为是好的。对于公开课,教师的期望都比较高,所以在准备公开课备课时,教师对自己的教案会比较苛求。

(3)搜索方案

满意决策就是以达到期望水平为原则。于是,搜索各种可能的方案,发现满足期望水平的方案就成了有限理性学说特别重视的一种方法。西蒙指出:关于有限理性的学说,包含搜索理论。搜索方案有多种策略(Russo,1998:28):

试探策略(Heutistic strategy)。即当我们没有现成的决策方案的情况下,一种可行的方法就是试探性地提出一些方案,选择若干试点进行试验,看是否达到期望水平,从中总结出成功的经验和失败的教训,再构造下一步的备择方案。前面叙事中 N 老师上公开课之前采用了试教的方式试探初定方案的可行性,当发现没有达到期望水平时,马上对教案进行了再度设计。

随机策略(Random strategy)。就是相机行事。王崧舟老师在备《长相思》时虽然没有书面成型的教案,但其心中已经有多种设想。随着课堂中学生的表现,采用了随机的教学策略。有些老师在备课时会准备多个预案,上课时根据实际情况随机选择适用于实际情境的教案,采用的也是一种随机策略。

折衷策略(Robust)。当我们对当前的情况不清楚,又必须尽快提出决策方案时,一种可行的方法是根据过去的经验,在各种可能的情况之间取折衷;或者对于参与决策的人之间尖锐对立的意见进行折衷。在目前集体备课中,面对各种不同的观点,教师经常采用的策略就是折衷。

无论采取什么搜索策略,一旦发现了符合或预计能够符合期望水平的备选方案,便结束搜索,选定该方案,西蒙把这样一种选择模式叫做寻求满意。

(4)效益原则

我们之所以放弃最优原则而推崇满意原则,一个重要的考虑是效益准则。决策方案的搜索和选择是要花费金钱、时间和精力的。这些花费必须值得。在日常备课中,教师也不会为设计方案穷极全部备课资料,在他看到自己满意的资料时他就会停止搜索。因为日常教学中除了备课,教师还需要腾出时间应对其他的工作。但公开课因为教师的期望水平高,所以教师花费在备课上的时间有时会不计成本,这也是目前公开课受到质疑的一个很大原因。备公开课最终的结果,教师也是达到自己最满意方案的有限理性决策。

西蒙认为,决策是一个过程,这个过程主要包括四个主要阶段,即找出制定决策的理由;找到可能的决策方案;在诸行动方案中进行抉择;对已进行的抉择进行评价。他把第一阶段称为“情报活动”;第二阶段称为“设计活动”;第三阶段称为“抉择活动”,第四阶段称为“审查活动”。

美国学者贾尼斯(Janis)和曼(Mann)认为,决策者在抉择方案的过程中会面临心理冲突。尤其当决策者认为无论选择何种行动方案,他都将遭受一定程度的风险时,此种冲突益发强烈。贾尼斯和曼通过研究发现,当决策导致决策者的认知元素发生矛盾和冲突时,决策者可能采取的应付行为有五种:①

第一种被称为“无冲突地坚持”。在集体备课时,假如教师确信采取自己目前的教案进行决策,虽然会出现一些不够好的后果,但这些后果并不构成太大的影响,这时,教师便可能会坚持自己目前的教案。

但是,假如教师认为如不改变目前的教案,将会招致更大的风险和损失,且这些风险和损失令人感到难以接受,于是,教师会向自己提出这样的问题:将目前的教案作改变后结果将怎样?如果教师确信对方案作改变后决策的风险可能会减弱,那么,教师将采取第二种应付模式,即所谓“无冲突地改变”。通过改变教案来减缓冲突。这时教师就会舍弃自己原有教案采纳其他教师的教案。

第三种被称为“防御性回避”。在第二种应付模式下,如果通过无冲突地改变教案仍然有很大的风险,教师便会处于进退两难的境地:无论是坚持抑或改变教案,都可能遭受风险与损失。如果找不出摆脱两难境地的良策,防御性回避行为便因之发生。其可能出现的形式有三:一是拖延,即延期决策;二为推诿,即把决策的责任转嫁给他人,在集体备课中这种情况很容易出现;三为支持,即夸大决策方案中有利的一面,而将不利的影响说得无足轻重。

第四种为“极度紧张”。在一些公开课赛课中,往往规定教师在很短的时间

① 贾尼斯和曼的研究转引自鲍宗豪.决策文化学[M].上海:上海三联出版社,1997:205-206.

完成教案，假如没有充裕的时间来确保决策者对教案作认真的探索和深思熟虑，决策者便会惊慌失措，导致极度紧张。

第五种被称作“警惕模式”。这种模式出现的条件是，当需要寻找新的行动方案时，假如决策者有充裕的时间对方案进行深思熟虑的探索和分析，决策者的行为便可能是“警惕”式的。亦即决策者对教案做通盘细致的考虑，准确地对决策风险作出评估，并认真搜索相关的信息。

在所有的应付行为中，只有“警惕”模式才是理性的和非情绪化的，因此是一种较为可靠的决策行为。在决策的质量上，它将优于仅凭直觉或情绪而采取决策行动的其他四种行为。教师在备课时相对有比较充裕的时间思考教案，在多种方案的选择中适宜采用“警惕”模式。

信息时代带来了泥沙俱下的海量信息，如何在海量信息中不被湮没，“慧眼独具”地筛选到自己期待的知识，需要这一时代的人具备越来越强的专业决策能力。在学校，随着电子备课资源的日益丰富以及集体备课形式的出现，如何在备课中既体现自己的个性，又能从众多教案中吸纳他者的所长融为己有，这之中越来越需要教师具备基于自我教学情境的决策能力！

4.3 本章小结

教师领悟课程的备课之旅，在对待常态课和公开课的决策态度上表现出很大的差异。在领悟课程中课程经历了两次转化：第一次转化是正式课程通过教师的意义理解转化为“我的课程”，教师自身的知识水平直接制约着教师对正式课程的意义理解；第二次转化是基于对学生特点的思考，教师将“我的课程”重构为“学生可接受的课程”，这一转化离不开教师的实践性知识。整个备课过程的决策交杂着从“教什么”的课程领悟到“怎么教”的策略选择，最终形成或外显于纸面或内化于心灵的教案。

表 4.5 教师领悟课程的决策特点

课程层次	决策关注	决策特点
领悟课程	教什么	理解与重构正式课程
	怎么教	风险规避的决策心理
	教　案	有限理性决策

资料来源：本研究结论。

整个领悟课程中的决策是一个不断地作出判断并加以选择的过程，之中的

思维流程大致可以用下图(图 4.4)描述,教师首先判断的是课程内容的适用性问题,如果课程内容与课程标准以及学生的实际现有水平匹配,教师就会直接使用教材的内容进行备课,反之就会对课程内容加以充实和调整;然后根据课程内容筛选教学策略,考虑教学环节的安排;在这一基础上渐渐形成教学方案,如果教师认为教案能够达成教学目标就会按教案执行教学,反之就会进行再设计直到满意为止。教师领悟课程中实际伴随的决策思维要比图中所表达的复杂得多。图 4.4 表述的只是教师在领悟课程时的初次备课,在经历运作课程与经验课程之后,教师会再度修改甚至推翻原初教案,再度踏上领悟课程的备课之旅!

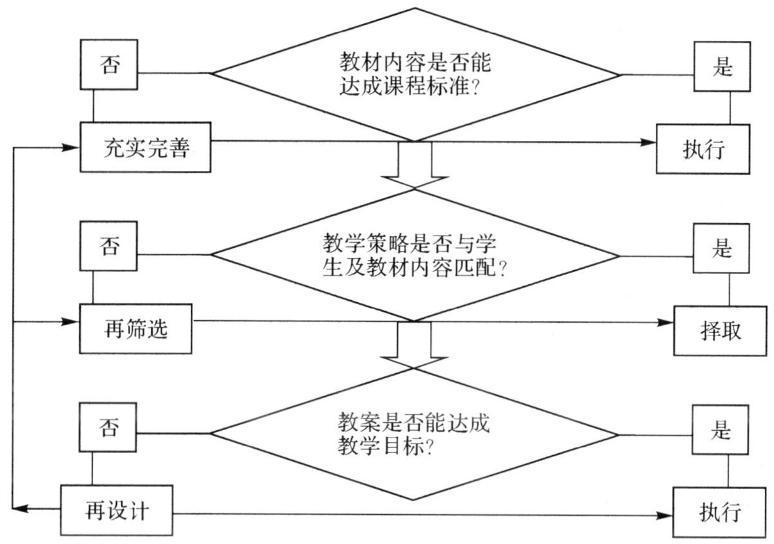

图 4.4　教师领悟课程中的备课决策

资料来源:本研究观点。

05 教师运作课程之旅:渐进决策与执行

人处在三岔路口,他必须一次又一次地决定应当选择什么方向。因此,他生命的旅程是不可预料的;没有人能够事先写出自传来(赫舍尔,1994:26)。教师运作课程指的是教师实际实施的课程,教师运作课程的主要场域在课堂。课堂是什么?用巴赫金的观点来说,课堂是有很多种“声音”相遇的地方;用佐藤学的观点来说,课堂是一个令人难以捉摸的场所,是政治空间(2003:103);用吴康宁的观点来看,课堂是一个微型社会,是社会大系统中具有特殊功能的一个小系统。在这个系统中,教师、学生和环境之间不断发生作用,常常也会产生不可回避的矛盾和冲突。他们之间的相互作用和相互影响促进着课堂的不断变化和学生的不断发展(1999:3)。用叶澜的话语来说,课堂是师生人生中一段重要的历程,是他们生命的有意义的构成部分(1997)。

尽管教师每天都身处课堂,经历了数以百计的运作课程,但因为教学过程飘忽的声音和流动的本质,课堂上学生对课程的反应错综复杂,教师每次面对的课堂都不是简单的重复,教师要对特定的学生特定的情境作出各种不同的决策,每次运作课程都是向“未知之地”的探险。每一天的课堂都有不同的故事在发生。

5.1 教师运作课程:课堂决策观察素描

因为学生的多样性、课堂环境的不确定性、教师与学生互动的复杂性,教师运作课程并不只是把领悟课程付诸课堂实践那么简单,教师需要根据课堂的实际情境不断地对领悟课程做出调整以满足学生的发展需要。教师的领悟课程与运作课程之间会存在一定的差距。

有研究认为,在汉语中“课堂”最初并不是作为一个专门的术语来使用的,课和堂各有其专门的含义。汉字的“课”有多重解释,由最初的“考核”、“检验”、“赋税”等含义加以引申,后被赋予了按规定的内容和分量教授、讲习、学习、作业的含义。“堂”的本义是“殿堂”,用于祭祀神灵,后来泛指房屋的正厅,特别指比较正式或尊贵的房间。把“课”与“堂”连起来用构成“课堂”一词,则是在近代班级授课制传入我国以后出现的。这一方面是由于班级授课形式主要表现为教师在固定的场所、特定的时间内对学生授课,需要一个相对稳定的地方开展教学活动;另一方面,由于长期以来我们对教师上课的权威性不容置疑,就把教师上课的地方尊称为“堂”。“课堂”从字面上讲,其义为“课之堂”,就是用来上课的地方,现实生活中常被等义于“教室”,这就是课堂的最初含义(刘志军,2002:1—2)。在英文中课堂和教室也均用“classroom”一词表示。但也有研究者认为:“课堂不同于教室,也不同于班级。广而言之,教室主要是指教学的条件设施,班级主要是指教学的组织形式,课堂则是指课程与教学活动系统。”(汪霞,2005)

美国学者多勒(Doyle,1986:392—431)提出课堂有六个重要特点:

> 第一,多元性(multidimensionality)。即多种不同的任务和事件在课堂里发生:教师必须记录学生的表现,必须按时间安排上课,必须监督学生做作业、收交作业和批改作业等。课堂里的一件事情可能产生多种结果。教师等几分钟让一位学生回答问题,可能提高学生的学习动机,但同时又会对另一位想回答问题的学生产生消极影响,同时还会让班上其他学生的学习进度落后一步。
>
> 第二,同时性(simultaneity)。课堂里的许多事情是在同时发生着。教师在帮助一个学生做课堂作业的同时,必须监管其他的学生,处理扰乱秩序的学生,控制时间。在课堂讨论期间,教师不仅要倾听学生的观点并作出反应,而且要观察没有反应的学生,看其理解和领悟的情况怎样,并思考下一个要问的问题。
>
> 第三,即时性(immediacy)。上课进度较快,课堂事件即刻发生,当时就对教师和学生产生影响。教师每天要和学生进行上百次交流,他们不停地赞扬、批评、解释、责备、质疑。学生也与教师以及同学进行许多交流,在交流中突然引起了争论等等。因为事件发生得快,教师在采取措施前考虑的时间很少,必须在许多事情发生之时马上作出反应。
>
> 第四,不可预测性(unpredictable)。任何事情都可能发生。课堂里的事情通常不仅发生得快,而且大多数不可预测,出乎意料。要预言在某个具体的日子给某群具体的学生上某堂具体的课或组织他们开展某种具体的活动时会是什么状况,是很困难的。也许,去年还进行得很顺利的工作,今年却突然失败了。甚至,在第一阶段开展得轰轰烈烈、学生都积极参与的课,

到第六阶段时就会遭遇冰山般的沉默。

第五,公开性(public)。课堂是师生共享的活动场所,因而总是公开的。课堂中的所有学生都看着并且评判着教师如何处理课堂中的事件,注意教师如何对待特别的学生,是否公正,是否偏心。教师的一言一行都处于学生的注视之中。而且,发生在一个学生身上的许多事情,也会被其他学生看到。学生从老师在课堂里与一些学生的互动方式就可以知道老师对这些学生有怎样的感觉。

第六,历史性(history)。一个班的学生和老师相处几周或几个月后,就会拥有共同的一段历史,形成共同规范,促进相互了解。在学年起始阶段发生的事情,有时会影响到该学年其余时间里课堂的作用方式,每次课堂上所发生的特殊事情都会成为学生共同的记忆。尽管这些课堂从远处或在形式上看起来很相似,但实际上,每个课堂就像指纹一样独一无二。每个课堂会形成自己独特的内部程序、互动方式和限制条款,就像有一个想象中的边界指导和控制课堂成员的行为。尽管每天都是变化的,但每个课堂都有种永恒的东西,这些东西来自于班级成员的个人历史。

课堂的这些特点决定了教师运作课程的过程充满了复杂性,它需要教师基于复杂性理论的视野即时地对不断发生的课堂教学事件作出决策,这之中既需要教师的实践经验,也离不开教师的实践智慧。

5.1.1 课堂决策追求什么:美国老师教《灰姑娘》课堂实录

一说到课堂,可能会让人想起课上鸦雀无声的沉闷或者面面相觑的紧张,也可能使人想起课堂乱成一团的吵闹,还可令人想起豁然开朗的欣喜。课堂,一个平常、普通而又变化莫测的地方;一个充满了师生喜怒哀乐的场所。课堂里有苦恼与无奈,有希望与绝望,有奋进与退缩,有欢欣与惆怅……

教师运作课程,是完成领悟课程的知识教学呢,还是关注学生的生命体验?是保持课堂的安静倾听,还是追求课堂的热闹表演?是坚持全班同学的齐头并进,还是面向个体的因材施教?教师对课堂教学的价值偏好直接影响着他的教学选择以及他与学生互动时的教学行为。

以下是一位美国老师上《灰姑娘》的课堂实录:

上课铃响了,孩子们跑进教室。这节课要讲的是《灰姑娘》的故事。

教师先请一个孩子上台给同学讲一讲这个故事。孩子很快讲完了,教师对他表示感谢,然后开始向全班提问。

教师:你们喜欢故事里面的哪个人?不喜欢哪个人?为什么?

学生:喜欢辛黛瑞拉(灰姑娘),还有王子,不喜欢她的后妈和后妈带来的姐姐。辛黛瑞拉善良、可爱、漂亮。后妈和姐姐对辛黛瑞拉不好。

教师:如果在午夜12点的时候,辛黛瑞拉没有来得及跳上她的南瓜马车,你们想一想,可能会出现什么情况?

学生:辛黛瑞拉会变成原来脏脏的样子,穿着破旧的衣服。哎呀,那就惨了。

教师:所以,你们一定要做一个守时的人,不然就可能给自己带来麻烦。另外,你们看,你们每个人平时都应该打扮得漂漂亮亮的,千万不要突然邋里邋遢地出现在别人面前,如果那样,你们的朋友就要被吓着了。女孩子们,你们更要注意,将来你们长大了和男孩子约会,要是你一不小心,被你的男朋友看到你很难看的样子,他们可能就被吓昏了。

(教师做昏倒状,全班大笑)

教师:好,下一个问题:如果你是辛黛瑞拉的后妈,你会不会阻止辛黛瑞拉去参加王子的舞会?你们一定要诚实哟!

学生:(过了一会儿,有孩子举手回答)是的,如果我是辛黛瑞拉的后妈,我也会阻止她去参加王子的舞会。

教师:为什么?

学生:因为,因为我爱自己的女儿,我希望自己的女儿当上王后。

教师:是的。所以,我们看到的后妈好像都是不好的人,其实她们只是对别人不够好,可是她们对自己的孩子却很好,你们明白了吗?她们不是坏人,只是她们还不能够像爱自己的孩子一样去爱其他的孩子。

教师:孩子们,下一个问题,辛黛瑞拉的后妈不让她去参加王子的舞会,甚至把门锁起来,她为什么能够去,而且成为舞会上最美丽的姑娘呢?

学生:因为有仙女帮助她,给她漂亮的衣服,还把南瓜变成马车,把狗和老鼠变成仆人。

教师:对,你们说得很好!想一想,如果辛黛瑞拉没有得到仙女的帮助,她是不可能去参加舞会的,是不是?

学生:是的!

教师:如果狗、老鼠都不愿意帮助她,她可能在最后的时刻成功地跑回家吗?

学生:不会,那样她就可以成功地吓到王子了。

(全班再次大笑)

教师:辛黛瑞拉有仙女帮助她,但是,光有仙女的帮助还不够。所以,孩子们,无论走到哪里,我们都是需要朋友的。我们的朋友不一定都是仙女,但是,我们需要他们,我也希望你们有很多很多的朋友。

教师:下面,请你们想一想,如果辛黛瑞拉因为后妈不愿意让她参加舞会,她就放弃了参加舞会的机会,她可能成为王子的新娘吗?

学生:不会!那样的话,她就不会到舞会上,不会被王子看到、认识和爱上她了。

教师:对极了!如果辛黛瑞拉不想参加舞会,就是她的后妈没有阻止,甚至支持她去,也是没有用的,是谁决定她要去参加王子的舞会?

学生:她自己。

教师:所以,孩子们,就算辛黛瑞拉没有生母爱她,她的后妈也不爱她,这也不能够让她不爱自己。就是因为她爱自己,她才可能去寻找自己希望得到的东西。你们当中如果有人觉得自己没有被人爱,或者像辛黛瑞拉一样有一个不爱你的后妈,你们要怎么样?

学生:要爱自己!

教师:对,没有一个人可以阻止你爱自己,如果你觉得别人不够爱你,你要加倍地爱自己;如果别人没有给你机会,你更应该加倍地给自己机会;如果你们真的爱自己,就会为自己找到自己需要的东西——没有人能够阻止辛黛瑞拉参加王子的舞会,没有人可以阻止辛黛瑞拉当上王后,除了她自己。对不对?

学生:是的!

教师:最后一个问题,这个故事有什么不合理的地方?

(过了好一会儿)

学生:午夜12点以后所有的东西都要变回原样,可是,辛黛瑞拉的水晶鞋却没有变回去。

教师:天哪,你们太棒了!你们看,就是伟大的作家也有出错的时候。所以,出错不是什么可怕的事情。我担保,如果你们当中谁将来要当作家,一定会比这个作家更棒!你们相信吗?

孩子们欢呼雀跃。[①] (梅汝莉,2001)

① 《灰姑娘》的课堂实录转引自梅汝莉.现代德育中的悖论——由一位美国教师对《灰姑娘》故事的讲解谈起[J].中小学管理:2001(1):12－14.

这位美国老师在运作《灰姑娘》的课堂教学中,不仅让学生学习了《灰姑娘》这个文本故事,而且通过教师的几个提问,在引导学生思考与对话的过程中,通过文本让学生明白了做人要遵守时间,要注意讲究个人卫生和衣着的行为习惯;感悟了"要爱自己的亲人,也要爱别人"的人文精神;懂得了成功离不开朋友的帮助,更要靠自己的信念和努力的道理;同时鼓励学生向名著质疑,发现名著的瑕疵积极创新。虽然是短短几十分钟的教学,但里面的内涵却如此之丰富,学生从中获得了对他一生的个人成长都很"受用"、很有"意义"的知识。在整个教学过程中,学生的体验都源自文本,教师没有牵强地单纯说教,也没有单纯地为教《灰姑娘》而教《灰姑娘》,教学中学生的两次大笑和最后的欢呼雀跃又让我们感受到课堂气氛的轻松和师生关系的融洽。

在欣赏这位美国老师"慧眼独具"的教学智慧的同时,笔者想起自己小时候听这个故事以及现在很多幼儿园老师给小朋友讲述《灰姑娘》故事的做法,我们对这个故事留下的印象是"自古后妈都不是好人",期望自己有一天能像灰姑娘一样碰到梦中的白马王子,从"灰姑娘"变成"白雪公主"! 至于如何去实现这样的梦想,没有人指点我们,我们也不知道。

这位美国老师对《灰姑娘》的文本讲解也引起了笔者对"课堂决策追求什么"的思考。经常有学界批判教师教学缺乏创新,一个教案重复教了几十遍。但事实上,教师的教学设计、课堂教学语言、教学方法会随着教学价值观的变迁作出调适。笔者曾对改革开放三十年我国小学语文课堂教学流行语的变迁做过考察(黄小莲,2009):

> 虽然现代社会提倡个性,鼓励教师形成自己的教学风格。但从社会心理学的角度阐释,大多数的教师都存在从众心理,体现在教学上就是跟着主流走。所以在不同的一段时期,不同的语文老师会在课堂上说着差不多的话语,流行着一种大同小异的语文课堂教学模式。
>
> • "给课文分段,概括每一段的段落大意。"
>
> ——这一流行语出现在80年代初,受前苏联红领巾教学法的影响,一篇课文的教学往往分成"初读课文,划分段落"、"讲读课文、理解内容"、"总结课文,完成作业"三个课时。分段概括段意是每位语文教师教学每篇课文的必修程序。
>
> • "读了这篇课文,你受到了什么教育?"
>
> ——这一流行语出现在80年代中后期,一方面受整个社会政治环境重视"抵制资产阶级自由化思想"影响;另一方面,1987年颁布了新的小学语

文教学大纲,强调了语文学科的思想性。所以,每学完一篇课文的最后一个问题肯定是以思想教育为主题的政治尾巴。

• "这个词是什么意思?可以用另外的词替代吗?"

——这一流行语盛行于90年代初期,针对小学语文课堂思想教育元素过重的现实,提出语文课"应该注重语言文字的训练"。1993年颁布的小学语文教学大纲重新强调了语文学科的工具性。于是,一篇篇课文被肢解成字、词、句、段的训练。堂堂进行有关句式或段落的训练成了当时语文课堂的一大流行色。

• "还课堂朗朗书声,请同学们大声朗读课文。"

——这一流行语出现于90年代中期。眼看着鲜活的语文教学变成了机械、单调、枯燥的语言文字训练,语文教学改革的第三次浪潮掀起,有学者提出了"语感训练说"。

这一理念转化为课堂教学行为就是"还课堂朗朗书声",希望通过朗读促进学生语感的形成。

• "你喜欢学哪一段,就学哪一段。"

——这一流行语出现于90年代后期。随着素质教育的深入,"把课堂还给学生","以学生为主体"的教育观念深入到课堂,表现在小学语文教师身上就是尊重学生的主体选择,学生愿学哪一段就学哪一段。

• "以四人小组为单位,开展合作、探究学习。"

——这一流行语盛行于21世纪新课程改革之时。配套新课程改革的2000年版小学语文课程标准提出了"知识和技能,过程和方法,情感、态度和价值观"三维目标,提倡"自主、合作、探究"的学习方式。语文课堂合作学习盛行。

• "你体会到了什么?说说你的理解和感受。"

——这是当下小学语文课堂因追求"诗意语文"而流行着的教学语言。2000年小学语文课程标准强调了工具性和人文性的统一。小学语文学科人文性凸显,诗意语文的最高境界是将生命融于语文教育,将语文教育融于生活,让语文教育成为生命的诗意存在。

一位有着20年运作课程之旅的小学语文老师S告诉我,面对同样一篇课文,每隔几年,教师上课的理念和方法就会变,不太可能几十年重复一个教案。他举了个例子,20世纪80年代上寓言《拔苗助长》,那时注重的是思想教育,上课肯定要问:"学了《拔苗助长》这个寓言故事,你明白了一个什么道理?"20世纪

90 年代上《拔苗助长》,开始注重语言文字训练,上课肯定会让学生解释“拔苗助长的意思是什么”。21 世纪再上《拔苗助长》,她采用了“研究性学习”:

> 我抓住“一个农民弯腰在水里拔苗”的插图,问学生:如果是水稻的秧,第一天在水里将它们往上拔一节,第二天会枯死吗?怎么证明?经过引导和讨论,学生决定通过三条渠道来证明:a 组拔植物试验;b 组资料查询,提供水稻研究的网址:http://www.chinariceinfo.com;c 组社会采访组,分甲、乙、丙三组采访有关方面的专家或者有实践经验的农民:水稻拔一拔第二天会死吗?然后进行结果汇报:a 试验组汇报了种的情况:在旱地拔过的普通青草只要根不离土,第二天叶片只是打焉;普通青草拔了以后浇过几次水的,基本没打焉,不存在课文上说的“第二天跑到田里一看,禾苗都枯死了”的现象。b 组查出文章出处是《孟子·公孙丑上》,原文没有说明庄稼是什么庄稼,是稻田还是水田。c 组采访杭州郊区的一农民,结论为水稻本来就是移植栽培,拔一拔根本不会死,采访农学院老师,结论与甲组一致,电话采访山东亲友,得知当地以旱地作物为主,水稻很少见。
>
> 通过讨论,得出结论:插图疏漏。建议给教材出版社写一份报告。

S 老师说原本以前上一课时的《拔苗助长》,因为“研究性学习”的需要,改成了两课时,从发现问题到得出结论,学生进行了一次科学探究,之中习得了一些科学方法,她说自己走出了狭隘的学科本位思想,在语文学习中培养了学生的科学素养和质疑精神。但 S 老师反复强调,这种研究性学习只能偶尔为之,语文课应该上出“语文味”,否则会“种了人家的地,荒了自家的田”!

教师的课堂教学决策并不是一成不变的,他们对课堂策略的选择会随着社会主流价值观的变迁不断发生变化。但之中延绵不断的是对知识的教学,如 S 老师所言的语文课应该上出“语文味”。笔者认为,知识本身具有育智、育德、育美、育体的本体价值,知识是心灵的食粮;知识还具有本体之外的相对价值,如培根(1958:27)所言:史鉴使人明智,诗歌使人巧慧,数学使人精细,伦理之学使人庄重,逻辑与修辞使人善辩。这些价值的实现,最理想的状态应该如这位美国教师上《灰姑娘》一样,在基于文本的课堂教学中,关注知识教学对学生成长的个人意义,通过与学生的交流与对话浑然天成!

5.1.2 容忍还是制止:常态课绕不过的课堂管理决策叙事

教师在课堂上运作课程,如果是关起门来和学生居家过日子的常态课,教师

的教学往往以完成课程内容为目标,讲究的是课堂教学的实际效果,在教学方法上比较简单,在课堂组织上也比较随意。如果是班主任老师的语文课,教师往往先布置一些学校的通知或讲一下班里的事情,然后再开始学习课文;如果碰到上课内容讲不完,教师又会利用诸如思想品德等副科的时间补一补。

但是,无论是欠缺经验还是经验丰富的教师,越是居家过日子的常态课,越容易遭遇课堂管理的困境。教师在课堂上运作课程并不是单纯地执行教案那样简单,教师经常要在为完成教学任务容忍课堂捣乱,还是为整顿课堂秩序暂停教学之中做出决策。笔者曾在 M 小学对 T 老师上三年级(下)的科学课程做过观察:

这是周二上午的第三节课,学生在前面已经上了一堂语文和数学,感觉在状态上有些疲劳。在第三节上课之前,有些学生拿出了之前养的已经结成"茧"的蚕茧。

10:20:悠扬的音乐铃声响起来了,学生们陆陆续续跑回教室,教室里声音很大。

T 老师走进教室,开始维持课堂纪律:静下来了,别讲话了,上课了!

声音似乎小了一些,但依旧还能听到个别学生的讲话声。

"谁还在讲话!"T 老师黑下了脸。

"这节课我们学习的是《蚕的生长变化》,同学们把自己养的蚕茧带来了吗?"T 老师准备和学生一起进入课程内容的学习。

"老师,AA 同学带来了 6 个!"好几个同学跑出座位去看 AA 同学的蚕茧;"老师,BB 的蚕还在吃桑叶!""老师,CC 抢我的茧!"教室里一下沸腾了,有些学生围着带来蚕茧的同学的茧摸来摸去,有些同学在相互说着自己养蚕的过程,有两个同学在争夺蚕茧,课堂秩序显得有些乱。

T 老师显然生气了:谁叫你们离开座位的? 谁叫你们说话的? DD 同学把蚕茧还给 AA……然而,T 老师的声音是那么的单薄,在一片叽叽喳喳的议论中,T 老师的话语被湮没了。

T 老师忍不住敲打了两下教鞭,然后开始数"5,4,3,2,1",教室的声音逐渐小了,离开座位的同学也回到了自己的位子上,此时时针已经指向了 10:27。

"请同学们先把茧放一边,我们一起来看老师带来的视频《蚕的生长变化》,看完以后,请你们来回答蚕的一生要经历几个阶段?"不知什么原因,T 老师操作了好几次,视频都没有顺利播放,教室的"嗡嗡"声又出现了,老师一边说着“请保持安静”,一边继续调试,画面终于出现了。学生一边看着视频,一边小声议论着。T老师不断提醒:“请不要随便讲话!”

“老师,EE没在看视频,他在玩AA的茧!”T老师恼火了,走到EE座位边,没收了他手中的蚕茧。

……

事后T老师跟笔者诉苦,因为不是主科老师,学生上课纪律很差,每次都要花大量的时间放在维持课堂秩序上。班主任老师也很为课堂管理烦恼,他形容说自己就是夹心饼干,左右不是人。课堂纪律“一统就死”,“一放就乱”。管理严一点,上课死气沉沉,任课老师说课堂气氛不活跃;管理松一点,课堂纪律很差,任课老师说没法上课。有研究发现,教师在课堂中只有一半行为用于教学,其余部分则用于组织安排学生23%,处理问题行为14%,处理个别问题12%(Gump,1967)。① 一项全美调查显示:44%的教师在教学中受到学生问题行为的持续性干扰(MansffieJd. AJexander. & Farris,1991)。

课堂管理问题是教师运作课程无法绕过的难题。如果我们把课堂教学时间划分成两份,一份用于教学,另一份用于课堂管理,那么很明显,教师用于课堂管理的时间越多,相应地用于教学的时间则越少,而教学效率也就越低。关于课堂管理行为对课堂教学的意义,著名课堂管理研究专家埃墨(Emmer, E. T.)做过这样的描述:“管理标准与学习成绩间的关系表明,更有效的课堂管理总是与更显著的学习成绩联系在一起的。当我们评价教学成就时,对学生学业成就的评价以及对管理的有效程度的评价有强烈的一致性。至于情感标准,如学生的态度、自我意识等表明,与学生消极的情感有关的教师的某些行为(如惩罚与批评)也总是与更少的学生集中注意力和更多的课堂捣乱行为联系在一起,这正是不良管理所带来的结果。”②正如赫尔巴特所说:“如果不坚强而温和地抓住管理的缰绳,任何功课的教学都是不可能的。”③

日本学者佐藤学在他的《课堂的困境》(pp. 139－140)中也曾举过这样的一个例子:

---

① 转引自V. Jones & L. Jones Comprehensive classroom management:Creating commnuities of support and solving problems[M]Mass: Allyn & Bacon,1998:4－7.

② 转引自胡森主编.国际教育百科全书(第六卷)[M].李进等译.贵阳:贵州教育出版社,1990:22－23.

③ 转引自张焕庭.现代西方资产阶级教育论著选[M].北京:人民教育出版社,1979:267.

教师组织小组学习"分数除法运算"。当一个小组发生了小小的争执,一名男孩遭伙伴冷淡之时,是应当优先解决争执呢,还是该优先展开分组学习?在算术中可以说是最繁难的分数运算,况且是经过再三钻研而编出的教材。也许小小的争执只消作些小小的忠告就能平息。然而,倘若这种小小的事件已经是持续了半年之久的冷酷的欺辱事件,又该怎么办呢?也许即令暂停分数的教学也得加以处置了。但是,伙伴们所弃之不顾的男孩视算术为苦差事,这将是使他理解分数运算含义的一个绝好机会,那又该怎么办?况且倘若争执的发端是这个男孩对算术的自卑感以及同学对于他这种自卑的一种轻蔑,又该怎么办?是应当优先展开分数教学呢,还是优先解决不合情理的同学之间的轻蔑的行为方式呢?进一步说,倘若他所在的小组的学习落后于别的小组,他的处境将陷入更难堪的境地,又该怎么办呢?

在儿童方面也是困境重重。这位男孩是该优先解决分数运算的理解呢,还是优先解决受欺辱的问题?小组成员的大多数要求学习、要求教师支持他们的意见解决争执时该怎么办?出现与此相反的情形又该怎么办?另外,教师和小组的成员要求解决欺辱问题,而自己想展开算术学习时,他该作出何种选择为妥?或者出现相反的情形该怎么办?一旦作出了某种选择,对未作出选择的问题打算如何去处置呢?倘若没有这种打算,他该优先作出何种选择呢?

佐藤学认为,在现实的课堂中发生的事件更加复杂,掺入了更多的要素。教与学的过程并不停留于思考与认识特定事物的心理过程,也不限于实现特定目标的技术过程。在教与学的过程中,关于教学内容的认知性问题(分数运算的理解)是同人际关系中的社会性问题(争执与欺辱的解决)与自身的伦理性问题(教师的信念与男孩自尊心的维护)难分难解地纠缠在一道而形成的。

在追求认知取向的课堂教学中,有些教师在决策教学与管理的冲突时,往往视教学为首位,只要不干扰课程运作,对纪律问题能忍则忍;有些教师采用高控制的惩罚手段,要求保持课堂的绝对安静;有些教师能顺应课堂的"意外",巧妙决策:

这是发生在一堂地理课上的事。当时初一新生刚刚入学不久,初一(9)班有个叫李强的学生,模样倒挺可爱的,胖乎乎的脸上,一双黑亮的大眼睛,一笑就露出两个酒窝,一副天真、调皮的样子。课堂上李强最能捣乱,经常阴阳怪气地接下茬,逗得全班哄堂大笑,气得教师哭笑不得,课根本无法进行。无论课上还是课下,教师多次批评教育他,道理嘛,他也懂,就是收效甚微。最后教师还是想出了一个不是办法的办法,给了他点特殊待遇,只要上地理课,他就得把座位搬到讲台桌前,以便教师就近管教。如果课前忘记了搬桌椅,就在班上的百分赛中给他扣2分。开始实行的几节课,效果还真不错,李强能专心听讲,违反纪律的次数也明显减少,偶尔还能举手回答简单的问题,可惜好景不长,没多久他又恢复了老样子。在一节地理课上,甚至发生了这样的事。那节课讲的是中国地形的特征。教师把用分层设色法绘制的中国地形图挂在墙上,给同学们讲解:我国的地势西高东低,大致呈三个明显的阶梯状,第一阶梯青藏高原,海拔很高,平均在4000米以上……同学们都在全神贯注听课,这时李强趁教师指图的时候拿走了放在讲台上的教案,当教师继续讲课的时候,他突然说:"嗨,有了教案,谁不会讲课呀!"

一个教师该如何决策课堂上的这种"意外"呢?

很显然,李强不仅违反了课堂纪律,而且做出了不尊重教师的事情,并有可能对课堂中的其他学生产生不良影响。

面对这种情况,教师可以有几种选择。她可以利用教师的权利批评他,甚至让他离开教室;她可以置之不理,拿回教案继续讲课,因为这是个教师对他几乎"毫无办法"的学生。我们看看案例中王教师是怎样决策的:

"真的吗?有了教案你也能讲吗?"教师问李强。"当然。""那好,下节课你给同学们上。""上就上"。就这样,三言两语当着全班同学的面,教师和李强达成了协议:下一节地形的分布,由李强给大家讲。教案他不会写,教师把写好的教案给他复印了一份,并提前把《教师用书》《教学参考》及地图给了他,还叮嘱他,有什么不懂,及时找教师问。在下一节地理课的课堂上,教师像学生一样坐在李强的座位上,认真听他讲课。同学们都很讲"哥们义气",不仅很守纪律,还积极举手回答"李老师"提出的问题。尽管是这样,李强还是窘态百出。站在讲台上不敢抬头往下看,念教案的速度特别快,听课的同学跟不上他的节奏,一会忘记板书,一会忘记指图,更可笑的是把祁连山脉指到了国外,连下面的同学都忍不住小声说:"错了、错了。"一堂课45分钟,他只用了20分钟就讲完了,同学们在做作业时遇到了不少问题,都埋怨"李老师"没讲清楚。这时教师出面帮助处理了,并对这节课做了小结,表扬了李强,说他很有勇气,敢于走上讲台,体验了一次当老师的感受,而且在自己现有的基础上确实认真备课了。讲话中,教师注意到李强始终低着头。

课后李强主动来找教师,这个平时很善言辞的学生只讲了一句话,却使教师感动不已:"王老师,以前我只听说,老师要想给学生一杯水,自己要先有一桶水,现在我才真正体会到它的含义。"教师没有多说,只是拍了拍他的肩膀:"好好学习各门功课,都会对你有用的。"以后的地理课上李强认真听讲,而且慢慢对地理产生了兴趣,后来还经常和教师探讨一些他自己感兴趣的地理问题。在期末参加区里的统考中,李强取得93分的好成绩。[①]

案例中的王老师面对课堂教学中出现差不多伤害了自己尊严的"意外",没有视若罔闻,也没有惧怕,更没有"大发雷霆",而是顺应学生的说法,抓住了"意外"这个教育时机,成功地转变了一个长期令教师头痛的"后进"学生。这之中体现了王老师的教学智慧,缺乏教学机智的教师则容易错过这样的教学时机。范梅南(2001:165—166)把机智说成是瞬间知道该怎么做,一种与他人相处的临场智慧和才艺。机智由一系列的品质和能力构成。首先,一个富有机智的人具有敏感的能力,能从间接的线索如手势、神态、表情和体态语来理解他人内心的思想、感情和愿望。机智也能迅速地看穿动机或因果关系。第二,机智还在于具有理解这种内心生活的心理和社会意义。第三,一个富有机智的人表现得具有良好的分寸和尺度感,因而能够本能地知道应该进入情境多深和在具体的情境中保持多大的距离。最后,机智还有道德直觉(moral intuitiveness)的特点。一个富有机智的人似乎能感受到什么才是最恰当的行动。我国学者(2008:48)刘徽博士认为,教学机智关注课堂中的情境和时机,强调"在适当的时候,在适当的地方,对适当的人作出适当的行为"。

有研究认为,教师运作课程中出现课堂问题应是意料中的事。即便是我们成年人,如果成天到晚坐在椅子上熬过一个40分钟又一个40分钟,一堂课又一堂课之后,面对与朋友闲话几句、对死敌挖苦几声的诱惑,面对寻找机会轻松一下心绪的诱惑,尤其是给那位负责将我们禁锢在桌椅旁边的人捣捣乱,却不放纵一下,恐怕殊为不易。一大群人喜欢吵吵闹闹是人之天性,而且当周围事物对自己的吸引力和趣味越薄弱,他们就喧哗越甚。故此将全班30多个孩子聚集一堂时,若是他们发出嗡嗡的说话声并显出一副焦躁不安的样子,恐怕未必是不正常(或是敌意)的表现。即便噪声的音高早已不止于嗡嗡声,也属正常。某种意义上说,要一群孩子静坐在极其静谧的氛围之中,屋里掉一根针也听得到,才不正

① 案例转引自林培英.课堂决策——中学教师课堂教学行为及案例透视[M].北京:高等教育出版社,2004:22.

常呢。故此或许“肃静坐好”之类的要求的确有悖常理(F·戴维,2000:7)。

虽然如戴维所言,教学中的课堂问题是不可避免的。但库宁(Kunin)发现,运用技巧技能引导学生通力合作并参与活动,就会避免问题的发生。特别有效率的教师,会首先通过尽可能多地把学生的时间投入到有益的学术活动中去,并把学生的开小差之类的小问题解决在未发展成大麻烦之前,以此来减少学生在课堂混乱不堪的频率(Thomas J. Good & Jere E. Brophy,2002:168)。如果课堂里教师安排的活动和所提供材料更加多样,学生的捣乱行为就会少一些(Evertson,1997)。笔者认为,教师运作的课程如果在最近发展区而且让学生觉得富有意义,教师就容易与学生形成“学习共同体”。如果课程内容过重,教师拼命赶进度,试图把这些难解的问题统统尽快讲完,学生只是一头雾水,学生容易转移注意力出现纪律行为;如果课程内容过少,学生在课堂里无所事事或者学生对课程内容没有兴趣,也容易导致纪律问题。所以,课堂教学中出现问题行为,除了来自学生的因素,还跟教师所教的内容和采取的教学策略有关。

5.1.3 预设还是生成:创新行为传播源的公开课决策叙事

公开课又称“观摩课”。我们国家的每个教师,在自己的课程实施之旅中,可以说多多少少都上过或达标型的、或交流型的、或研究型的、或示范型的、或竞赛型的层次不同、规模不等的公开课。一些名师上公开课的足迹更是踏遍大江南北。著名特级教师王崧舟曾应邀赴全国 29 个省份 160 多个城市开设观摩课近千节。公开课可以说是一种带有中国特色的教研活动。

每位老师上公开课,都对自己的公开课抱有较高的期待,希望自己的公开课能上出亮点,上出新意。所以,公开课是教师创新发生的地方,是改革的发源地。这种创新有时体现在对教材的处理上,有时表现在教学方法的独树一帜上,有时展现于上课过程中与学生互动的理念上。公开课的教案一般都是几经决策,几经试教,几经打磨,几易其稿,体现了集体教研的智慧。尽管目前的公开课因为“作秀”和“表演”的虚假成分受到非议,但从准备公开课的“磨课”到现场的“上课”及至听课者的“评课”过程中,确实能够促进上课老师的专业成长。那些货真价实的公开课体现的改革创新,也很容易被听课老师效仿并很快在课堂上得到践行。所以,公开课是自下而上改革的发生地,也是传播改革创新思想最便捷的信息高速公路。

公开课教学,教师最担心的是课堂气氛不够活跃,一般不用操心纪律问题,因为教师和学生都处在一种非常状态。以下是一位学生上公开课的感受:

这是一堂由全区200多位老师听课的公开课。

我自己在思索着：该举手呢，还是不举手呢？

老师殷切的目光落在每一个人的身上，我们身后200多位老师的目光也都齐刷刷地盯着我们班的48个人，使我们紧张至极。

我犹豫极了，这个问题我本是回答得出的。如果是平常的课上，我一定会举手的。可现在不同，这么多位老师来听课，我怎么会举手呢？

老师脸上与其说是尴尬，不如说是绝望了。我希望我班的班长——他也是那副犹豫的样子。我要超过他的发言次数！我这样鼓励着自己。我终于慢慢地举起了手，可不知为什么，又放了下去。老师竟把我这一细小的动作也发现了，好像在茫茫大海中找到了一根救命稻草，欣喜之情油然而生："周佳宁！"我像触电般地站了起来。现在，200位老师的目光从看48个人变到了只看我一个。我好像一个人挑上了45个人的重担似的，紧张得喘不过气来。原来想好的答案早已忘了，我自己在回答什么问题都不知道，只听得后面一阵哄笑。我的脸"刷"地一下红了，恨不得钻进地下去。老师无奈，只得自己把答案说了，我更加羞愧了。

老师又提了一个"高难度"问题。全班一下子安静了，仿佛在等待一个重要人物出来一般。教室里静极了，仿佛连一根针掉下来都听得见似的。所有的同学都好像做着同一个动作——低头。我心想：既然是上课，来学习，如果同学们都知道，那还上什么课呢？这时，我班班长被叫起来回答问题，仍是没有进展。老师不知怎么回事，又向我这边走来。我紧张极了，心"怦、怦、怦"地乱跳，心里默默祈祷："老师别叫我！别叫我！"可老师还是把我叫了起来，我措手不及，还没想好答案呢！怎么办？怎么办？刚才想好的答案我都忘记了，更何况……刚想说："老师，我不会"，又觉得难以启齿。我现在仿佛是一位带领47位勇士的将军，有一种"风萧萧兮，易水寒，壮士一去兮，不复返"的悲壮之感。对！我要站起来，让别人看看我的能耐！我整理了一下我的思绪，迎着在场47位同学的目光，迎着在场200多位老师的目光，勇敢地说出了自己的想法。老师向我投以赞许的目光，我也如释重负了。

阳光透过窗户洒落在我的身上。这场挑战：我终于赢了！我勇敢地面对，终于打败了我懦弱的一面！正如怀特黑德所说的：畏惧错误就是毁灭进步。我觉得我整个人都充满活力！①

① 引用于杭州市2008教改之星论文（内部资料）。

孩子在非常态公开课中背负的压力以及对老师上公开课的配合颇让笔者感慨。在公开课上，教师最大的期望就是按照课前精心“预设”的教案推进，但是公开课照样会有意外生成，教师如果能够面对“生成”果断取舍，往往可以成就公开课的“精彩”。

笔者在W中学进行田野研究时，W中学的U老师参加了一堂市初中数学优质课的比赛，课题是§6.1数据的收集与整理（七年级下册）。由于课题是提前告知的，接到通知后U老师认真钻研了教材、教参，根据学生已有的认知水平，进行备课。按照教学预设，U老师将这节课的教学目标定性描述为：①通过收集数据，体会数据的作用；②了解收集数据的基本要求；③会按要求进行数据的简单分类、排序、分组、编码。整个教学设计主要安排了三个活动，其中活动2是这样设计的：

活动2：利用电子表格将数据分类排序，得出整理数据的第一种方法：分类排序。

[教法预设]U老师不利用书本中的原有数据，而是采用学生的自身身高数据，组织学生把自己的身高数据写在黑板上，然后提问：如何进行男女生身高比较？学生讨论得到先男、女生分类，再按高低进行排列，为使数据整理起来更直观更快速，教师设计用课件进行现场输入并进行排序，最后根据分类排序后的表格数据提问：现在你怎样比较男、女生的身高？身高在155cm以上的男、女生各占男、女生的百分之几？身高在160cm以上的呢？组织同学回答。

[效果预设]此活动背景真实，数据源于学生本身，贴近生活，数学味极浓，学生参与程度高。利用课件将黑板上杂乱无章的数据整理成让人一眼就能比较出身高的表格，效果明显。利用整理后的数据回答问题：身高在155cm以上的男、女生占男、女生的百分之几？身高在160cm以上的呢？此类问题起点低，学生容易得出准确答案，预计课堂气氛会比较活跃，教师在轻松、愉快的气氛中能准确地将教学目标落实，学生也因此能品尝到利用数据说话带来的乐趣，同时此活动为活动3的开展做好铺垫。

但在上这节课的过程中，课堂并没有按照教师的设计方向发展。这个班级男生和女生的身高情况跟教材的结论不一致，教材的数据是男生高于女生，而这个班搜集到的实际数据却是女生比男生高：

教学片段:

活动2:比较本班20位男女生身高情况,教师把课前从参与上课的学生手中搜集到的20个身高数据利用电子表格现场输入,然后进行分类排序后(如下表):

男生(cm)	163.5	162.5	160.5	158.5	157.5	156.5	156.0	152.5	151.0	149.0
女生(cm)	166.5	165.5	162.5	162.0	156.5	155.5	155.0	154.0	152.0	150.0

教师问:如表,①现在根据表格你怎样比较男、女生的身高?②身高在155厘米以上的男、女生各占男、女生的百分之几?身高在160厘米以上呢?

学生都拿出纸与笔在下面计算,并有许多学生举手跃跃欲试,想告诉老师答案,教师按照预设分别让学生一一作了回答,问题解决得很顺利,将一堆杂乱的数据进行分类排序的好处在这里体现得淋漓尽致。教学的过程正朝预设的方向发展,眼看可以顺利地过渡到活动3,但此时……

学生1(突发奇想):老师,我从这个表格中比较男、女生的身高,发现女生普遍比男生高,照道理应是男生比女生高,书上也是这样讲的,是不是数据搞错了?学生包括评委先是一愣,接着现场气氛顿时活跃起来。

这时U老师为自己课前的粗浅设计和优质课比赛中出现这样的意外情况有些许震惊,更为学生的敢质疑精神而折服!

课堂教学的过程并没有按教师的课前预设"顺利"进行,怎么会有这样的突发奇想呢?教学是按原计划讲完这节课,还是按学生的突发奇想讨论下去?如果这样下去,这节课内容很明显完不成,还会给评委留下"不成功"的评价,如果加以阻止,岂不扼杀学生的独自见解和创新意识?此时教师面临两难选择。

这个问题的实质就是课堂教学中以传授知识为中心,还是以培养能力为中心?以教师为中心,还是以学生为中心?是提高学生的整体素质,还是片面追求学科知识?换言之,执教者是采取按照事先预设好的思路,把学生一步步地引向窄小通道的传统注入式教学模式进行教学,还是采取"发现——交流——解答"的开放式问题解决模式进行教学?U老师并没有用"这个问题留到课后大家讨论"等冠冕堂皇的策略性语言搪塞过去,果断选择了后者。

于是,U老师首先肯定和表扬了学生1的独到见解,然后改变了原来的教学设计,跟着学生的思路展开,问:针对这个问题同学们怎么看?

学生2(灵机一动):是我们班的女生比男生高,我们班本来就阴盛阳衰(一阵笑声)。

学生3:是我们班女生早熟,发育较早,其他班可能不存在这样的问题(又是一阵笑声)。

学生4:是我们班男生挑食,不爱运动造成的。

同学们各抒己见,男女生很快分成两派,课堂气氛极其活跃,稳而不乱。

这时,学生5(兴奋地补充):我认为女生身高普遍比男生高是正常的,因为这个时期,女生发育比男生较早所以身高略占优势,等到初二下半学期开始,我们男生就会赶上并超过女生身高(真是太好了,现场报以热烈的掌声)。

U教师:掌声肯定了这位同学的观点,至于书本中的结论,我个人认为这是一个正常的案例,我们不能否定,生活中肯定也存在这样的男女生身高,重要的是我们要尊重身边的事实,学习有用的数学。

学生积极性很高,这节课在热烈的气氛中进行着……

虽然最后的活动4中有一道巩固练习未完成,但正是因为这种开放、和谐、愉快的教学环境使学生能畅所欲言,充分暴露思维过程,真正培养了学生合作交流的学习能力,品尝了用数据说话带来的乐趣。这堂公开课最终受到了肯定。①

课堂之所以是充满生命活力的,是因为我们面对的是一个个鲜活的富有个性的生命体。课堂教学的价值存在于每一节课都是不可预设、不可复制的生命历程中,追求生命的意义是教师运作课程的起点也是归宿。U老师面对公开课的压力,直面学生的生成,充分调动学生的思维有效地解决了课堂数据出现的"意外",真正地培养了学生分析数据和解决实际问题的能力。课堂的"意外"成就了课堂的"精彩"!开放合作、积极互动的课堂学习环境培养了学生自主探究、理性思考的分析能力!正如我国学者石中英(P.205)所说:从某种意义上说,教学,不仅是外在的知识传递与掌握,更是师生双方借助于理性进行的一次次"探险",亦即师生双方不断地借助于理性将思想的触角伸向远方,超越自我,探索种种"未知世界"的过程,并在这个过程中获得亚里士多德所说的那种"理智的愉悦"!

---

① 本案例是笔者根据W中学T老师提供的课题资料整理。

5.2 教师运作课程的决策性格

在专业实践的各种地形图中,有一块坚实的高地俯视着一片沼泽地。在这块高地上,易控制的问题通过应用于研究的理论与技能而得到解决。在沼泽低地,棘手而混乱的问题无法通过技术手段解决(舍恩,2008:3)。教师运作课程的课堂是个充满不确定性的沼泽地带,课堂情境的复杂性、模糊性、不稳定性、独特性以及价值冲突需要教师调动自己已有的经验、认识框架和各种资源在行动中作出决策。有研究表明:教师在课堂中进行着高密度的"在线"决策,平均每2—6分钟一次(Clark,1988;Clark and Peterson,1986;Shavelson, 1983)。安德鲁·伯克(Andrew Burke,1997)说:"全世界每个教师在每个教室中每一个教学日的每一个小时都在作决策,并根据这些决策采取行动。作出的决定包括在特定的一天中该教什么,如何教,对不同的学生用什么方法教,使用什么形式的评估方法以及采取什么样的奖惩措施等。要决策课堂的管理、控制措施,每天都要对个别学生作出很多决策。这些决策对直接受其影响的学生及其家长都至关重要。"教师运作课程的成功与否在很大程度上取决于这些决策的质量。

决策过程在本质上是一个基于判断后的选择过程。教师课堂上的每一次决策,都是一次教育教学价值的判断过程。当教师选择学生甲回答提问而不是学生乙,他的可能判断是让甲回答能节省课堂时间;当教师根据学生提问放弃"预设"选择"生成"时,他当时的判断一定认为"生成"对学生的学习更有价值;当教师放弃对学生错误地"严厉指责"而采用"因势利导"的方法时,他也一定认为后者比前者对改变学生更为有效。决策过程存在于课堂教学的方方面面,教师遭遇的往往是如前面佐藤学描述的相互关联和冲突的两难困境,这种两难是教师在与学生的互动中必须处理的。课堂的不确定性、复杂性和两难性挑战了对技术确定性的追求,对这些情境的决策,没有完美的和显而易见的解决方案。教师对运作课程的决策重点一般放在"教案的调适"、"课堂秩序的管理",以及"课堂时空的调控"等方面。这几个方面并非单一地可以逐一决策的线性流程,而是同时相互掺杂地糅和在一起交互影响的过程。

5.2.1 教师运作课程中的"教案调适":锚定效应

教师在运作课程之前付出了领悟课程的"备课"准备,为了避免"成本沉没",教师运作课程的最大期待是照着教案的既定思路顺利完成课堂教学。但是教师在课堂与学生动态的对话互动中,会不断遭遇"教案预设"与"课堂生成"的冲突,面对“预设”与“生成”的取舍，教师的决策会有意无意地遵循“锚定与调整启发式(anchoring and adjustment heuristics)”。所谓“锚定与调整启发式”指的是，在判断过程中，人们会以最初的信息为参照点来调整对事件的估计。锚定与调整原则表明，人们在进行判断时常常根据一些典型特征或过去的经验对这些事件的发生得出某个锚定值，然后根据情况作一些调整，但是调整的范围仍然在该锚定值的临近领域(庄锦英，2006：113)。人们对最初得到的信息会产生“锚定效应”。

在课堂教学中，教师每一次上课，虽然会根据学生的反应或多或少地对教案作出程度不同的微调，但其调整的范围还是以“教案”为参照点。比如前面公开课中U老师遭遇了学生测量中发现他们班的身高是“女高男矮”，这一数据跟“教材”与“现实”都不一致，U老师沉着地应对了课堂中出现的“生成”，在开放的课堂中学生的思维获得了激发，学生用自己的智慧对自己班的特殊现象作出了合理化解释，但课堂最终还是回归到最初教案。这是目前教师应对课堂中“预设“与“生成”的普遍策略。

笔者觉得，老师在运作课程的过程中，面临的往往又是知识教学、又是能力培养的多目标决策环境。对于多目标决策来说，必然会涉及各目标相对重要性关系的处理问题。比如，我国当前的第八次新课程改革提出了课堂教学的目标要实现“知识与技能、过程与方法以及情感、态度与价值观”三方面的整合，构建充满生命力的课堂教学运行体系(钟启泉，2001：273)。第八次课程改革倡导的三维目标，如何在一节课的运作中加以实现，教师会对各个目标做出取舍，在很多情况下，教师会采取“突出重点，兼顾其他”的折衷决策。我国教师在处理三维目标时，尽管在一定程度上接受了“生命课堂”的理念，但在日常的教学中，基本上还是基于学科本位，锚定“知识教学”，兼顾学生的情感态度价值观的发展。在W中学的课堂观察中，笔者很明显地感受到了这一点。

“知识课堂”似乎占据了我国传统课堂教师运作课程的所有空间。正如叶澜所描述的(1997)：完成认识性任务，成为课堂教学的中心或唯一目的。教学目标设定中最具体的是认识性目标，浅者要求达到讲清知识，深者要求达到发展能力。其他的任务，或抽象、或附带，并无真正的地位。教师的教和学生的学在课堂上最理想的进程是完成教案。把丰富复杂、变动不居的课堂教学过程简括为特殊的认识活动，把它从整体的生命活动中抽象、隔离出来，是传统课堂教学观的最根本缺陷。它既忽视了作为独立个体，处于不同状态的教师与学生，在课堂教学过程中的多种需要与潜在能力，又忽视了作为共同活动体的师生群体，在课堂教学活动中多边多重、多种形式的交互作用和创造能力。这是忽视课堂教学过程中人的因素之突出表现。它使课堂教学变得机械、沉闷和程式化,缺乏生气与乐趣,缺乏对智慧的挑战和对好奇心的刺激,使师生的生命力在课堂中得不到充分发挥,进而使教学本身也成为导致学生厌学、教师厌教的因素,连传统课堂教学视为最主要的认识性任务也不可能得到完全和有效的实现。

笔者认为,学校教育与家庭教育和社会教育的最大不同,在于学校是通过知识培养人的。培养人是目的,知识教学是手段。但在知识社会的环境下,知识一不小心就会从手段变成目的。教师的课堂教学追求的就是知识的掌握,标准化考试的高分。所以,美国教育哲学家诺丁斯(2003:2—5)提出了教育的另一种模式——学会关心。她认为我们目前的教育目标并不是培养会关心的人,而是近乎残忍的学术训练。教育最好围绕关心来组织:关心自己,关心身边最亲近的人,关心与自己有各种关系的人,关心与自己没有关系的人,关心动物、植物和自然环境,关心人类制造出来的物品,以及关心知识和学问。教育的目的应该是鼓励有能力、关心他人、懂得爱人、也值得别人爱的人的健康成长!

哈格里夫斯(2007:65)认为:纯粹面向知识社会的教学只可能为学生和社会提供经济繁荣的保障,但却会把人与人之间的关系局限在工具层面和经济层面,把人与人之间的互相交往活动局限在短期协作的“十字转门世界”中,还会把人们的激情和愿望引向购物、娱乐等活动的消费发泄中,进而导致人们疏离相互之间的交往。纯粹超越知识社会的教学只可能培养人的关爱之心,发展人的品性,以及构建人的世界认同观。在这种情况下,教学很难为受教育者走向知识经济做好充分准备,他们将来很可能会被这个知识社会所排斥——因为他们将缺乏解决生存问题并走向成功的基本素质。历史发展证明,虽然人们很想为未来的工作和美好的生活打下坚实的基础,但却很难协调教育的经济目标与社会目标之间的关系,它只能导致政策上的永不停息的钟摆现象的产生。现在,教师和其他相关人士必须竭尽所能、甘于奉献,将两大教育使命——面向知识社会的教学与超越知识社会的教学结合在一起,并使之成为教师职业的最高目标。

杜威认为,在讲课中,教师与学生达到了最紧密的接触。指导儿童的活动、激发儿童求知的热情、影响儿童的语言习惯、指导儿童的观察等种种可能性,都集中在讲课上。关于讲课的错误观念是教师把儿童的心智看作是一个水塘,用一套导管把知识机械地注入进去,而复述是水泵,通过另外一套管子又把知识抽出来。教师的技巧便以他们操纵这输入和输出的两套水管的能力来评定。这种方法助长了思维的被动性,这是不言而喻的。被动性是和思维对立的,被动性不仅表示缺少判断和理解,也表示好奇心的减弱,导致思想混乱,使学习成为一桩苦差事而索然无味。心智不是一张自动地吸收和保存墨水的吸墨纸。更确切地说，儿童的心智是一个生动的有机体，它寻求自己的食品，依照当前的条件和需要，有的加以选取，有的加以排斥，它所保留下来的，只是它吸收并转化为自己生命能量的那一部分。讲课要达到哪些目的呢？一般说来有三项：①讲课要刺激学生理智的热情，唤醒他们对于理智生活和知识以及爱好学习的强烈愿望——这些主要是指情绪态度上的特征；②如果学生具有这种兴趣和感情，并且相应地受到鼓舞，那么，讲课就会引导学生他们进入完成理智工作的轨道，就像把一条潜力很大的河流，导入一条专门的路线，以便用来磨碎谷物，或使水力转变为电能；③讲课要有助于阻止理智已经取得的成就，验证它的质和量，特别是要验证现有的态度和习惯，从而保证它们将来的更大的效果。但杜威又指出，在一些学校中，存在着削弱教师领导地位的趋向，其表现形式是，认为教师提出儿童所应从事的作业，或安排可以提出问题和课题的情境，这就是任意的强制。这一趋向认为，为了尊重受教育者的思想的自由，所有的意见均由儿童自己提出。认为自由的原则使学生具有特权，而教师被画在圈外，必须放弃他所有的领导权力，这不过是一种愚蠢的念头。教师的实际问题在于保持平衡，既不能展示和解说得太少，以至不能刺激反省的思维；也不能展示和解说得太多，而抑制学生的思维(2005：213—214)。在课堂教学中，如何根据学生的实际对教案做出调适，我们可以从杜威的阐述中获得启发。

教师在课堂教学中，具备什么条件才能真正成为儿童的理智的领导者呢？这是一个重要的实际问题。杜威认为，第一个条件是需要追溯到他对教材具有理智的准备。他应当有超量的丰富的知识。他的知识必须比教科书上的原理，或任何固定的教学计划更为广博。教师必须触类旁通，才能应付意想不到的问题或偶发事件。他还必须对所教的学科具有真正的热诚，并把这种热诚富有感染力地传导给学生。为什么教师要有大量知识，其道理非常明显，不需说明。但其更重要的理由往往不能获得承认。教师在讲课时，必须有余力来观察儿童心智的反应和活动。学生的问题在教材中，而教师的问题却在于学生对待教材的心理活动内容。如果教师预先不掌握教材，那么，他就不能自由地用全部的时间和注意力去观察和解释学生的智力的反应。教师不仅要感受到儿童用文字表达出来的意义，而且要注意到身体所表现出来的各种理智状况，像迷惑、厌倦、精通、观念的醒悟等等。教师不仅要了解这些表现的意义，而且要了解学生思想状态所表现出来的意义，了解学生理解的程度(杜威：224)。只有真正理解了学生各种方式所表达的意义，教师才能真正与学生展开视域融合的对话，基于学生的实际调适教案。

5.2.2 教师运作课程中的"课堂管理":经验直觉

课堂里的任何事件都处于社会情境中,它总是那么复杂,没有任何一种理论或一套原则能够与之相对应。许多新老师谈到第一年课程实施之旅中最困难的问题时,他们总是提到课堂管理和纪律。要让一群活泼好动的学生聚在一起保持一节又一节40分钟课的安静倾听,似乎有悖常理,所以,正如戴维所说,教学中的课堂问题应是不可避免的意料中的事。复杂多样、变化莫测是课堂的特质。佐藤学曾说:我看过数不清的教室,没有哪一个教室和其他教室飘溢着完全相同的气息,有着完全相同的问题。由于地区的风土和文化、学校的历史和传统、教师的经验和个性、学生的生活和性格等等有着很大的差异,因此每个教室都形成了彼此各异、富有特色的面貌,并按各自的状态构筑着各自独特的世界。每个教室都有一个个固有的风景(2003:12)。课堂的独特性以及之中事件发生的不可预测性需要教师随时对课堂中出现的纪律问题作出决策,以保证课堂节律的持续推进。

面对运作课程过程中层出不穷的课堂问题,教师是怎样作出管理决策的呢?一种机智行动的现象学也许能够揭示直觉性实践的风格:这是从一种忘我的行动到一种内部连续对话的行动,其中内在自我(ego)的眼睛和自我(self)保持一致。自我的这种分裂意识表明了它本身是一种天生的精神分裂,即自我的一部分与另一部分对话。教师经常这样表达:"一部分的我想把课讲完,另一部分的我知道,我应该停下来处理出现的问题。"(范梅南,2008)有些教师表示只要这些行为没有干扰正常的教学,他一般情况下采取的策略是不予理睬,但这种做法有时会出现"小不治则大乱"的被动局面。导致课堂纪律问题既跟学生有关:学生的年龄差异、能力水平的差异、性别差异、社会经济和文化差异都会导致课堂问题;也跟教师的个性、形象、讲课的水平、管理课堂的技术有关;还跟学校风气、课表的安排(比如上午的最后一节课学生容易走神;上完体育课再上语文课学生很难一下子安静下来等等)以及课程内容是否吸引学生有关系。

有研究曾对2525名中学教师一周处理过的学生课堂捣乱行为做过统计,学生的课堂问题及发生频率如下(表5.1):

表 5.1 课堂捣乱

学生表现类型	课上频率	
	至少每天出现(%)	至少每周出现(%)
随意开腔	97	53
懒散或无所事事	87	25
骚扰其他同学	86	26
迟　到	82	17
课上发出声音	77	25
破坏校纪	68	17
擅离座位	62	14
说粗话侮辱其他同学	62	10
粗暴喧哗	61	10
鲁莽无礼	58	10
武力侵犯其他同学	42	6
说粗话侮辱教师	15	1
破坏公物	14	1
袭击教师	1.7	0

资料来源:F.戴维著.课堂管理技巧[M].李彦译.上海:华东师范大学出版社,2003:6。

论及课堂问题,没有谁会格外青睐"控制"这样的措辞,因为它隐隐透出由教师垄断课堂、气氛严肃的意味。但是教师如果没有适度控制课堂的能力,他就无法运作课程。邓金和比德尔(Dunkin and Biddle,1994)二十多年前已经指出下面这个重要的事实,即"课堂管理为认知学习提供了先决条件,如果教师不能解决这方面的问题,别的就不用说了"。没有适当的管理,什么事也办不成。日本自 20 世纪 90 年代出现的"班级崩溃"现象,暴露了教师课堂管理存在的很多问题(张德伟,2001)。

要减少课堂纪律,实现课堂的有效问题,需要通过一定的课堂规则形成课程秩序,实现预防性管理。目前,我国中小学通常都设有一定的课堂规则(陈时见,2002:181):

通常设置的课堂规则

- 按时上课，不迟到、不早退，不随意缺课；
- 因特殊原因迟到者要向教师报告，因事因病无法上课者应请假；
- 听到上课铃响，立即进教室，准备好书籍用具，静待上课；
- 按排定的座次入座，不可私自调换座位；
- 上课和下课时随班长或值日生的口令而起立、问候，向教师表示敬意；
- 提问和回答问题要先举手，经允许后才能起立发言，语言要清楚、简洁；
- 课前要预习，课后要复习；
- 上课专心听讲，勤于思考，仔细观察，不看无关的书籍，不做无关的事情；
- 按时完成作业，做到独立思考、书写整洁、字迹清楚、格式规范；
- 离开座位，走动要轻声，不妨碍他人；
- 保持正确的看书写字姿势，注意用眼卫生；
- 保持课堂内外整洁，不乱丢纸屑杂物，不随地吐痰；
- 课前课后，值日生做好教室清洁卫生，要擦净黑板，整理好讲台；
- 尊敬教师，注意礼貌，关心同学，相互帮助；
- 进出课堂要依照次序，保持安静，并不影响他人学习，等等。

面对已经出现的课堂纪律问题可以按程度的不同采取相应的对策。对细小而且转瞬即逝的不良行为可以忽略。对持续发生的轻度的不良行为，教师可以通过眼光接触，走近学生轻拍肩膀，要求答问的策略加以阻止。对时间长或干扰大的不良行为可以采取恰当的方式直接纠正，比如明确说："同学们，你们的声音太大了，请保持安静。"对于一而再、再而三的捣乱，教师会使用惩罚。由于惩罚只是一个权宜之计，而且会引发许多意想不到的副作用，所以使用惩罚是不得已而为之的下策。

库宁的研究指出(1970：169)，教师的"明察秋毫"、"一心多用"、上课的流畅性，课堂作业的多样性和挑战性可以提高学生的参与度，创建秩序良好的课堂。佐藤学认为课堂应该走向对话，成为"学习共同体"，学习"共同体"不同于"班级集体"：第一，"学习共同体"是通过针对"同一性"的格斗而实现的尊重"差异"的共同体；第二，"学习共同体"不同于"生活共同体"，它是跟随学习的课题在一间课堂里多元地、多层地产生的共同体(共同体情结)；第三，"学习共同体"是超越了课堂同新的生活方式与社会原理相通的共同体（2004：384－385）。风雨飘摇中的学校通过形成“学习共同体”获得脱胎换骨的改造，走向学习的快乐。道森认为（Dawson，2002）：合理的课程内容安排能在一定程度上避免纪律问题的产生。

> 教龄五年的凯利·道森曾经为学生的纪律问题焦头烂额：我想尽了各种办法来管理我的学生的纪律问题：给点小恩小惠、使用威胁或惩罚措施；时而要求严格、时而友善相待；喊叫、说理、表扬，甚至恳请他们可怜可怜我。”凯利已经到了穷途末路。
>
> 幸运的是，经过反思之后，她意识到，并不是一定要管好学生纪律之后才能开始教学。相反，应该换个角度思考。“应该从教授有意思、吸引人的内容开始。”她自问到底是自己的什么行为让学生如此厌烦、课堂秩序混乱。结果她发现罪魁祸首是内容乏味的课本和其他与现实生活毫不相干的学习资料。因此，凯利开始收集比课本更有意思的资料，并且尽可能地将要学的内容和学生的经验、兴趣相联系。
>
> 几年后，凯利仍然很费力地为学生设计能够激发积极性的课程。但是她的努力看来没有白费。她不断告别了让她头疼的纪律问题，还提到，合理的课程“让学生深入思考，关注世界，并且帮助他们积极地改变世界”。

教师对课堂纪律问题的处理，有些可以用程序化决策化解。程序化决策是指当课堂秩序以相同或基本相同的形式重复出现时，可以按照一套固定程序实现问题求解，比如教师经常会碰到学生上课打盹，可以运用以前的经验重复决策：看到学生打盹，提个问题让这个学生回答以示提醒。有些是非程序性的，这种决策没有现成的经验可以利用，教师面临的是全新的问题，解决的方案也是独创性的，这就需要教师面对特定的情境运用自己的实践智慧作出即时决策。

有学者认为（刘李胜，1990：17），程序化和非程序化决策在具体的决策认识过程中，“它们并非真是截然不同的两类决策，而是像一个光谱一样的连续统一体：其一端为高度程序化的决策，而另一端为高度非程序化的决策。我们沿着这个光谱式的统一体可以找到不同灰色梯度的各种决策”。这就是说，程序化决策和非程序化决策的界限在现实中并不总是绝对分明的，往往是二者兼而有之，亦此亦彼，只是各自所占的比重可以有所不同罢了。对于程序化决策，在总体上按照常规性思维来进行处理，在具体环节上则需要运用创造性思维处理，可以把它看成是通过一系列非程序化决策而最后完成程序化决策的一种活动。对于非程

序化决策,在总体上按照创造性思维来进行处理,在具体环节上则少不了常规性思维的作用,可以把它视作通过一系列程序化决策而最后完成非程序化决策的一种活动。当课堂出现纪律问题时,它容忍教师思考的时间非常短暂,教师往往没有办法经过深思熟虑作出理性的慎重决策,而是依赖直觉进行决策(图 5.1)。

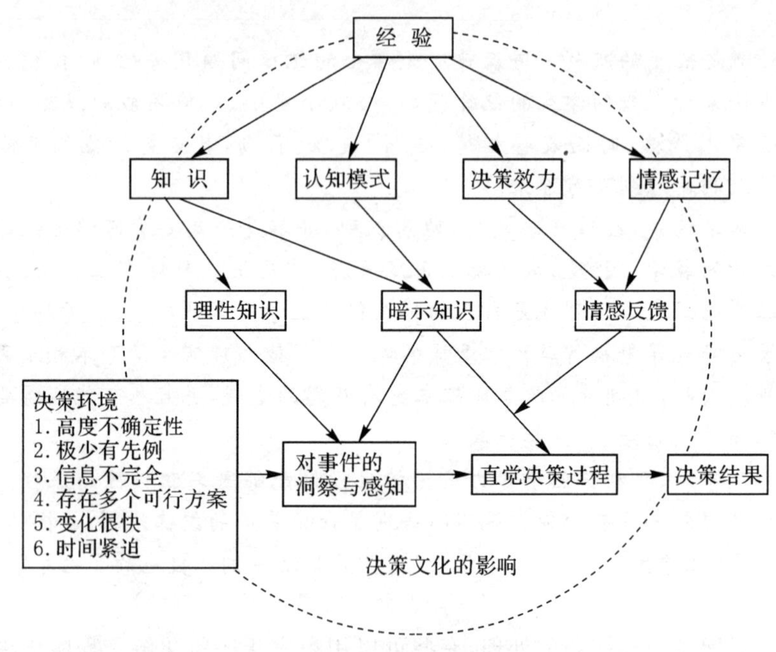

图 5.1 直觉决策模型图

资料来源:杨光.直觉决策及其影响因素研究[D].东北大学硕士学位论文,2006:41。

该模型的提出者认为,直觉决策模型适用于以下决策环境:①存在高度的不确定性;②极少有先例;③变化难以科学地预测;④信息不完全;⑤同时存在多个可行方案;⑥时间紧迫;⑦所掌握的信息不能指明前进的方向;⑧分析性数据用途不大。

直觉决策中的直觉不是主观臆断,更不是单纯的经验主义,而是同决策者的经验、知识、认知模式、决策效力和情感记忆有着紧密的联系。经验在直觉决策者的决策过程中起到很重要的作用,西方早期的研究资料中甚至称直觉决策为经验决策(experienced decision)。在直觉决策的过程中,经验是同情景估计紧密相关的。决策者的经验就像一个巨大的资料库,当决策者在现实决策中遇到与资料库中相似的情况,就会根据经验对眼前的情景做出估计,从而得到决策结果。拥有某一领域丰富经验的决策者运用这些经验确认决策环境中熟悉的情景信息,这些信息能使决策者迅速而准确地确定决策目标、决策条件、预测决策的结果、采取行动方案等等。通过对这些信息的确定,决策者就抓住了决策环境和决策过程中的关键因素和主要环节,并将决策问题同知识和经验进行高速匹配形成快速决策。这一观点可以很好地解释为什么经验丰富的资深教师的课堂问题往往会比欠缺经验的新教师少,因为新教师缺失可以与情境匹配的经验决策。比如上课铃响了,教室依旧喧闹不止,新教师扯着嗓门喊:“静下来了!”无奈她一个人的分贝早就被30多个孩子的声音埋没了。她尝试着换成重重地击了三下掌,学生的注意力被吸引了,一下子声音小了下来。这位新教师有了这次经验,她就知道如何决策类似的课堂问题了。

在直觉决策中,理性仍然是成功做出决策必须具备的条件之一。理性的决策过程能使教师思路清晰、符合逻辑地处理信息。因此,理性知识也能帮助教师准确地对事件做出描述,特别是面对如此复杂的决策环境,这样的知识可以使教师有效洞察课堂秩序问题背后的事实。同时,教师对课堂秩序如何运转的认知模式,对管理课堂各种方法效力的评价,对学生的情感态度以及整个学校的课堂管理文化,都会直接或间接地影响教师对课堂管理问题作出的直觉决策。

5.2.3 教师运作课程中的“时空调控”:渐进决策

课堂时间的紧迫性给教师运作课程中的决策带来了很大压力。从表面看,学生在学校学习的名义时间非常多:以每周5天,一学期20周计算,学生一年在校的学习时间有200天。但每个老师都觉得,当自己所教的课程被镶嵌在学校课程表上时,时间被碎片化了,属于教学的时间主科每天一到两节,副科每星期一到两节。有效的教学时间在开学伊始看似充足,但很快就会成为稀有资源。所以教师的最大期待是每节课都能按时完成教案中设计的课程内容,否则就会发生期末前匆匆忙忙赶进度,以完成规定的一册教材教学内容的狼狈局面。

时间是流动的,一不小心时间就在课堂上流失了。教育学家往往把时间视为教育王国的金钱,把教育视为发生在时间长河中某个瞬间的过程;经济学家把时间视为课堂的一种资源;心理学家则认为时间是学习过程中的一个决定性因素。教师在课堂上运作课程,都会有意无意地对时间作出调控。美国学者卡罗尔·温斯坦和安德鲁·米格纳诺(Carol Weinstein and Andrew Mignano,2002)将教学时间分为7类(图5.2):

(1)总时间。指学生们在学校的所有时间,大多数州要求学生在校时间

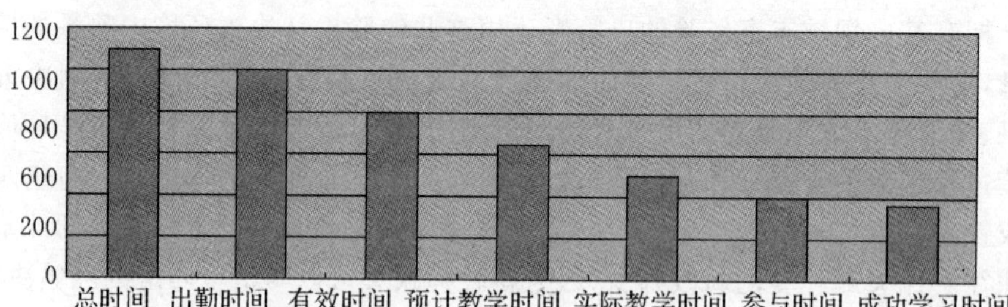

图 5.2　成功学习时间

资料来源:转引自[美]理查德·I.阿兰兹(Richard I. Arends)著.学会教学[M].丛立新等译.上海:华东师范大学出版社,2007:99—100。

达到每学年 180 天,或每天 6 至 7 小时。

(2)出勤时间。指学生们实际在校的时间。疾病、恶劣天气导致法定总时间减少。

(3)有效时间。有些时间用于午餐、休息、赛前动员会和其他课外活动,因而无法用于学习。

(4)预计学习时间。当教师填完计划本,他们就为不同的学科和活动安排了一定量的时间,此即预计教学时间。

(5)实际教学时间。教师实际用于学生学习任务或活动的时间,可称为分配时间,也可称为学习机会,评定标准是教师让学生用于既定的学习任务的时间。

(6)参与时间。学生实际用于学习活动或任务的时间,通过执行任务行为和非执行任务行为来评定。如果教师安排时间让学生做书写课堂作业,学生做这些题的行为就是执行任务行为。相反,如果学生乱涂乱画与其他同学谈论足球,其行为就是非执行任务行为。

(7)成功学习时间。学生用来成功完成学习任务的时间,就是成功学习时间,它与学生的学习关系最密切。

温斯坦和米格纳诺的研究表明:从国家规定的 1100 个小时教学时间到略多于 300 个小时的成功学习时间,对学生学习真正有效的时间比最初要少之又少。

学生的学业成绩得益于他成功学习的时间。教师运作课程的目的是期待学生获得学业的成功、心智的发展。教师在课堂上的很多决策,往往受制于 45 分钟课堂教学时间的考虑。如果时间允许,教师会对课堂生成做出反应,会对可处理可不处理的课堂问题做出处理;如果教师觉得教学时间紧,同样的问题选择的决策结果却不同，教师会把生成问题放到课后再讨论；会让有纪律问题的学生下课后来老师办公室一趟。

教师在运作课程时似乎对课堂空间的调控并不是十分关注。“尽管我们可能忽视空间，空间却影响着我们，并控制着我们的精神活动。”（布鲁诺·塞维，1985：125）。传统的课堂总是被描述成孤单、荒凉、呆板、充满竞争、缺少互动的地方。在课堂空间的物理布置上，我国基本上是传统的秧田式（图 5.3），这样的空间有利于教师进行系统讲授与控制全班学生的课堂行为，但不利于学生之间的课堂交往，它所流动的信息也是单向度的（图 5.4）。

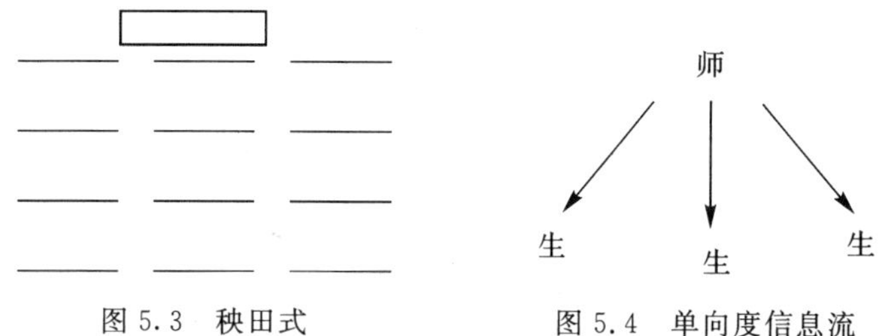

图 5.3 秧田式　　图 5.4 单向度信息流

随着自主、合作、探究学习的倡导以及小班化教育的兴起，课堂座位空间的编排出现了小组式（图 5.5）、圆桌形（图 5.6）和马蹄形（图 5.7）等多样化构成。课堂互动以及信息的流动也呈现出网络状的多维空间（图 5.8）：

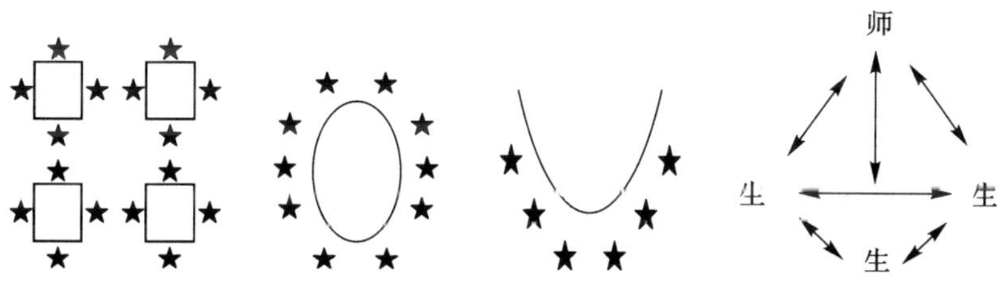

图 5.5 小组式　图 5.6 圆桌形　图 5.7 马蹄形　图 5.8 网络状信息流

资料来源：参照施良方，崔允漷. 教学理论：课堂教学的原理、策略与研究[M]. 上海：华东师范大学出版社，2000：159－163，本研究有所修改。

笔者参与的 M 小学为满足学生多元智能的发展，学校设有多元智能活动中心。美国的多元智能学校，在教室的布局上也体现了根据学生的多元智能，满足不同学生学习需求的多元化格局（图 5.9）：

除了物理空间的存在，帕尔默（P. 76）认为教学空间应该具有一定的悖论张力：第一，这个空间应该既是有界限又是开放的；第二，这个空间应该既令人愉快又有紧张的气氛；第三，这个空间应该既鼓励个人表达意见，也欢迎团体的意见；

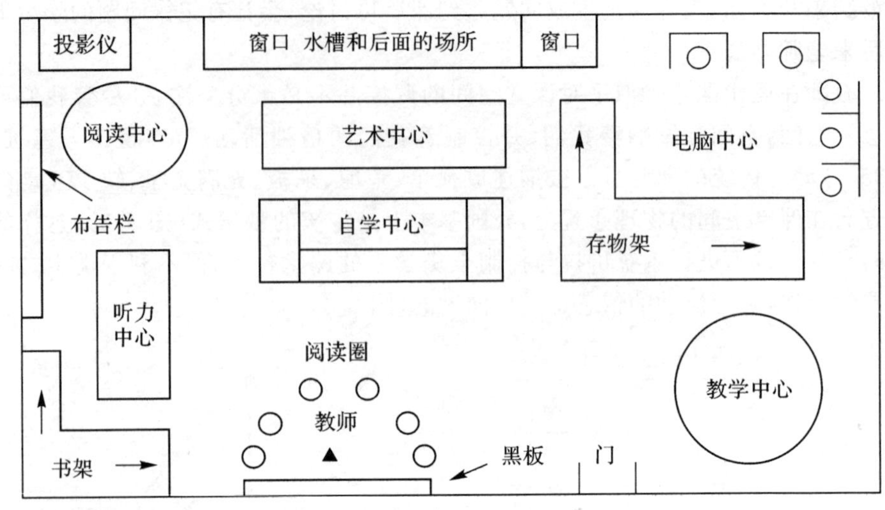

图 5.9 分成学习中心的教室布局

资料来源:Thomas J. Good, Jere E. Brophy. 透视课堂[M]. 陶志琼等译. 北京:轻工业出版社,2002:452。

第四,这个空间应该既尊重学生们琐碎的"小故事",也重视关乎传统与原则的"大故事";第五,这个空间应该支持独处并用集体的智慧充分支撑;第六,这个空间应该是沉默和争论并存的。

这些课堂空间的变化促进了教师与学生、学生与学生之间的交流与互动,改善了权力关系,必将引发教学时间的重新分配。教师在运作课程时如何决策"课堂时空"呢?教师对课堂时空的调控并不能做到十分清晰,往往采用一种渐进的适应性决策。

查尔斯·林德布洛姆(Charles Lindblom,1959:79—99)最早将渐进决策模型描述为"混沌处理的科学"。渐进决策过程是一个不断探索、逐步前进的过程。传统理性决策理论认为,决策者在决策过程中必须首先确定明确的目标,然后制定出切实可行的方案,只有在选择了最优方案之后才能进入实际行动阶段。林德布洛姆认为,理性决策方案理论所描述的这种决策程序与人们实际所进行的决策过程是不相符的。事实上,人们的决策活动是在边行动、边探索的过程中进行的。在绝大多数情况下,人们并不是在有了明确的目标和方案之后才去行动的,相反,人们在有了一个大致的方向时便开始行动,通过"走一步、看一步"逐渐明确行动的目标和形成完整行动的方案。当问题很复杂、不确定并且矛盾重重的时候,在有限范围内进行持续比较可能是惟一可行的系统化决策的途径。这种决策所考虑的只是那些与环境相近的备择方案,只分析现实状态与预期结果之间的差异,通过不断地比较每次变化来推进策略,直到决策者对行动满意为止。

林德布洛姆认为,渐进决策遵循以下几个原则:

(1)按部就班

在林德布洛姆看来,决策过程只是决策者基于过去的经验,对现行决策稍加修改的过程而已。"按部就班,修修补补的渐进主义者或安于现状者或许不像个英雄人物,但他却是个正在同他清醒地认识到对他来说是硕大无朋的宇宙进行勇敢的角逐的足智多谋的问题解决者。"(林德布洛姆,1988:43)渐进决策注意决策过程的连续性,表面上似乎没有大的作为,实际上是暗流涌动。在课堂时间的决策上,教师似乎是顺着教案设计的思路在走,但面对学生的反应、课堂的意外,教师在教案的基础上会不断地进行一定的修整。

(2)积小变为大变

林德布洛姆认为,决策是一个渐进的过程,看上去似乎行动缓慢,但积小变为大变,其实际速度要大于一次大的变革。也就是说,渐进决策并不是要求不变革现实,而是要求这种变革要从现状出发,通过一点一点地变,逐渐地实现根本变革的目的。比如说,在课堂空间布局的问题上,我国的教师虽然在主流上还是以秧田式为主,但有时会根据内容的需要改变座位的形式,M 小学老师在开展"项目学习"的过程中,很自然地采用了小组合作学习的座位编排。

(3)稳中求变

为什么决策过程需要按部就班和积小变为大变呢?其原因就在于决策过程的稳定性,防止决策过程的大起大落。林德布洛姆认为,政策上大起大落的变化是不可取的,往往是"欲速则不达"。在课堂教学的变革上也是如此,从教师层面对课堂的改进往往围着问题解决的,是一种扎根现实的富有顽强生命力的"静悄悄的革命"。

教师对课堂时空的调控是以"完成教案内容",提高"45 分钟的教学效率"为指向的。他在课堂上"眼观六路"、"耳听八方",既要考虑内容的推进,又要观察学生的反应,关于教学的节奏是加快还是放缓,要不要阻止学生走神?是否需要减少学生小组讨论的时间?这些决策往往是根据课堂的实际情况做着"走一步,看一步"的小步子调整。教师会对时空不断做出调控,如果他加快教学节奏发现学生对他的讲授一脸茫然的样子,教师马上会放慢速度,通过重复解释的方式加以弥补。心理学研究表明,一节课学生思维的最佳时间是上课后的第 5 到 20 分钟,这一时间段可以说是课堂教学的最佳时域,教师如果不能很好地把握这一时域,就很难提高课堂教学的效率。懂得这一规律的教师在时间决策上往往在这一时段进行新课教学或讲授课程内容的重点。尽管在运作课程之前的备课中,教师对课程内容的教学时间以及教学空间安排已经作出了一定的决策,但因为课堂中师生互动的高度不确定性,在课堂的推进过程中,教师需要在具体的课堂情境中,根据现场与学生的互动情况,综合各种信息,采取渐进的适应性决策,并马上对自己所作出的决策加以执行。

无论是对运作课程中"教案的调整"、"课堂的管理"还是"时空的调适",教师课堂决策的目的是追求有效教学。但有效教学未必是优质教学,优质教学一定是有效教学。我国有学者指出,优质教学从学生学的层面考察,可从学生在课堂的"情绪状态、参与状态、交往状态、思维状态、生成状态"五个维度作出判断;从教师教的层面考察,表现为教师在课堂"有思想、有智慧、有激情、有个性、有文化"(余文森,2010:25—27)。笔者认为,优质教学在很大程度上取决于教师能否在课堂做出优质的决策。

5.3 本章小结

教师在运作课程时的决策重点主要关注"教案调适"、"课堂管理"、"时空调控"等方面,面对课堂情境的紧迫性和多变性,教师对于"教案调适"具有一种决策的"锚定效应";对"课堂管理"表现的是一种基于经验的"直觉决策";对"时空调控"体现的是一种边走边看的"渐进决策"的性格:

表 5.2 教师运作课程的决策特点

课程层次	决策关注	决策特点
	教案调适	锚定效应
运作课程	课堂管理	直觉决策
	时空调控	渐进决策

资料来源:本研究结论。

教师在课堂中面对的"教案调适"、"课堂管理"、"时空调控",这些课程事件往往是瞬间发生而且相互影响,互为张力。它需要教师基于自己的经验和智慧在渐进过程中作出决策并加以执行,整个决策的思维过程受限于课堂的特殊情境,考虑是否需要根据情境调适教案、干预课堂纪律以及调整课堂节奏:透视教师运作课程的主要场域——课堂。不同的教师作着不同的决策,经营着不同的课堂。课堂可能是质朴的,是粉饰的;是呆板的,是创新的;是安静的,是激昂

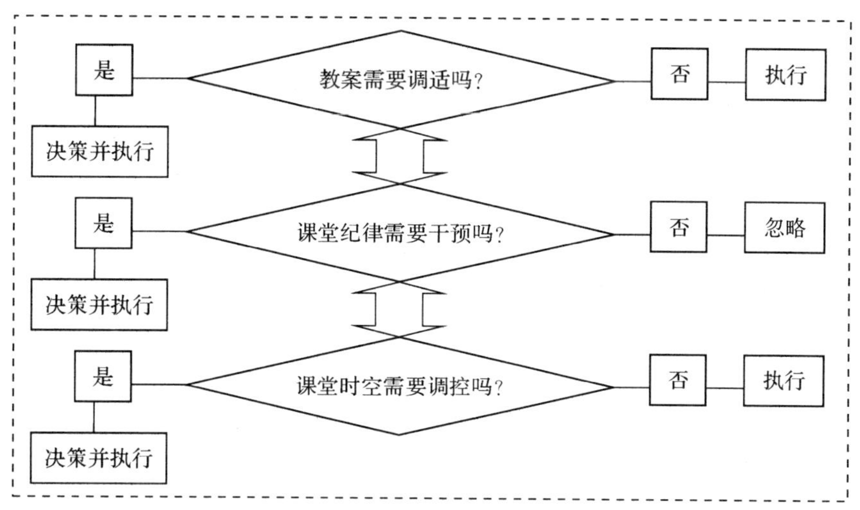

图 5.10 教师运作课程中的决策与执行

资料来源:本研究观点。

的……“我梦中的课堂,学生小脸通红、眼睛炯炯有神;学生小手直举、小嘴常开;学生兴趣盎然、兴致勃勃;学生思接千载、浮想联翩;学生如沐春风、如痴如醉。学生沉浸在美的画面、诗的境界、爱的怀抱之中”(孙双金,2004)。佐藤学说:课堂是“润泽”的。“润泽”这个词表示的是湿润程度,也可以说它表示了那种安心的、无拘无束的、轻柔滋润肌肤的感觉。“润泽的课堂”给人的感觉是课堂里每个人的呼吸和其节律都是那么地柔和。在润泽的课堂里,教师和学生都不受“主体性”神话的束缚,大家轻松自如地构筑着人与人之间的关系,构筑着一种基本的信赖关系,在这种关系中,即使耸耸肩膀,拿不出自己的意见来,每个人的存在也能够得到大家自觉地尊重,得到承认(2003:26)。笔者认为,我们所期待的理想课堂的实现一定离不开教师智慧的决策。

06 经验课程反思之旅:混合扫描决策

一盎司经验所以胜过一吨理论,只是因为只有在经验中,任何理论才具有活力和可以证实的意义。一种经验,一种非常微薄的经验,能够产生和包含任何分量的理论(或理智的内容)。但是,离开经验的理论,甚至不能肯定被理解为理论(杜威,2001:158)。经验包含着一个主动的因素和一个被动的因素,在主动的方面,经验就是尝试;在被动的方面,经验就是承受结果。我们对事物有所作为,然后它回过来对我们有所影响,这就是一种特殊的结合。经验的这两个方面的联结,可以测定经验的效果和价值。单纯活动,并不构成经验。一个孩子仅仅把手指伸进火焰,这还不是经验;当这个行动和他遭受的疼痛联系起来的时候,才是经验。从此以后,他知道手指伸进火焰意味着灼伤。"从经验中学习",就是我们对事物有所作为和我们所享受的快乐或所受的痛苦这一结果之间,建立前前后后的联结。在这种情况下,行动就变成尝试;变成一次寻找世界真相的实验;而承受的结果就变成教训——发现事物之间的联结。

经验课程(experiential curriculum)是指教师运作课程后学生实际体验到的东西。教师为着某个课程内容经历了领悟课程与运作课程之后,差不多完成了一次课程实施的短途之旅。在回家的路上,教师关注经验课程,在经验课程中反思,他所期待的是通过反思经验课程获得自我关于课程实施的有意义的经验。

6.1 经验课程中教师决策反思叙事

随着反思性教师教育范式的兴起,现在的中小学都有要求教师写教学反思日记的制度,但教师并不会对每次课程实施都有深刻的反思。触动教师主动进行反思的,往往是一堂课上得特别成功,或者感觉特别失败,或者有困惑与"惊异"之时。面对经验课程,教师会反思什么呢?艾伦·布洛克(Alan A. Block,2008:292)曾用格林兄弟的童话做过这

样的隐喻:

在那个可怕而充满凶险的夜晚,当亨泽尔(Hansel)和格莱特(Gretel)第一次来到树林时,亨泽尔记住父亲曾经说过的话:为小心起见,一路上丢下发光的白色卵石,作为回家时的路标。正如他们所料,亨泽尔和格莱特被他们敬爱的父亲抛弃了。让父亲大感欣慰的是,他们居然能够循着卵石标记,在第二天早上回到家里。

布洛克认为,课程是标记路线的卵石,即使父亲很久都没有到那条路上来,教师和学生也总能找到回家的路。父亲安坐在家中,把教育孩子的事情搁置一边,让教师和学生自己去完成教学任务,但他却成功地实施着控制并为此而兴奋不已。笔者觉得,教师实施国家课程,在无形中,有一双权利的眼睛在监视着他;教师反思课程实施,在无声处,也有一种强制的力量在规训着他。"我的课程实施"能使学生找到回家的路吗?在日常的实践中,教师往往通过评课的方式进行决策反思并获得经验。但教师的反思并不局限于经验课程,教师的反思弥散于课程实施的整个过程,有时反思从经验课程出发,有时反思于运作课程,有时侧重于对领悟课程的反思,更多时候的反思是同时涉及课程实施的方方面面。为了研究的方便,笔者不得已将教师的反思进行了分类。教师反思课程实施的目的是为了提高课程实施的质量。对教师课程实施质量的评价是父亲手中的风筝线。

6.1.1 对经验课程的反思:常态课后的个人决策

对于居家过日子的常态课,老师们比较注重的是课程实施的实际效果,往往怎么有实效就怎么上。老师们又是怎样评价自己上课的教学效果的呢?他们除了关注课堂中学生的表情,往往从学生的作业情况对自己的教学做出评价。对于一般的常态课,老师们很少进行深入反思。但如果碰到学生的作业很不尽如人意,老师们会基于经验课程做出反思。以下是笔者一位从教 3 年的学生 V 老师对她第一次上《数学中的烙饼问题》做出的反思:

今天是我第一次上数学广角的烙饼问题,它是本学期新课的最后一块内容,带有综合运用数学知识解决生活问题的思维训练性质。从学生作业的情况来看,我的心情糟透了,5 道题全部做对的只有 3 人,班上有 2/3 的学生出现了错误,我对学生的错误频率和类型进行了分类:

烙饼错题统计与分析

	第1题	第2题	第3题	第4题	第5题
理解错误	5	7	9	8	10
方法错误	4	8	12	15	12
计算错误	0	2	4	3	2
其他错误	0	3	2	2	1

学生这次作业错得最多的是审题不当和解题方法不对头。我不知道为什么会有这么多的同学出现错误？是这个内容本身太难了，还是我自己上课没有讲清楚？我觉得今天刚开始上课时真不该问"同学们喜不喜欢吃烙饼"这个问题。这个话题虽然学生很喜欢回答，但今天有些同学把话题岔出去太远了，怎么拉也不回来，只好等他们说完再开始数学知识的教学，这里面耽搁了不少时间。等到后面教学"寻求5张烙饼的最短时间"感觉快下课了，匆匆忙忙讲了一下就让学生做题了，感觉没有讲透，学生还没有总结出如何节省时间的规律，否则怎么会有那么多同学出现解题方法的错误呢？本想下午找个时间集体订正，但今天的困难班时间学校有活动，订正错误只好放到明天再说了。唉……

V老师把学生作业的准确率作为自己教学《数学中的烙饼问题》课程实施效果的评价标准，在对学生的作业错误做出分析的同时，反思了自己的课堂决策行为，试图在学生的经验课程与自己的运作课程之间找到联结。杜威认为，这是一种反省经验。"在发现我们的活动和所发生的结果之间的详细关联时，试验性的经验所包含的思维就显露出来。随着经验在数量上增加，经验的价值也成比例地提高，和以前很不相同。所以，经验的质量起了变化；这种变化非常重要，我们可以称这种经验为反省的经验，这是一种典型的反省经验。审慎地培养这一方面的思维，就使思维构成一种特异的经验。换言之，思维就是有意识地努力去发现我们所做的事和所做成的结果之间的特定联结，使两者连接起来"。关于反省的经验，杜威认为具有以下特征：①困惑、迷乱、怀疑，因为我们处在一个不完全的情境中，这种情境的全部性质尚未决定；②推测预料——对已知的要素进行试验性的解释，认为这些要素会产生某种结果；③审慎调查（考察、审查、探究、分析）一切可以考虑到的事情，解释和阐明手头的问题；④详细阐发试验性的假设，使假设更加精确，更加一致，因而与范围较广的事实相符；⑤把所规划的假设作为行动的计划,应用到当前的事态中去,进行一些外部的行动,造成预期的结果,从而检验假设。以上第三、四两步所达到的广度和准确度,使特异的反省经验和尝试错误阶段的经验区别开来。这些步骤使思维本身转变为经验。但是,我们从来没有完全超出尝试错误的情境。我们最精密、理性上最一致的思维必须在世界上经过一番试验,经受检验。既然我们的思维绝不能考虑到一切联系,所以它就绝不能准确地包括一切结果。但是,如果我们对情境进行审慎、周密的调查,对结果进行有控制的推测,我们就可以把反省的经验和比较粗糙的尝试错误的行动方式区别开来(P. 159－165)。V 老师从学生的经验课程反省自己的课程实施,这一过程将使她获得提高课程实施决策质量的有益经验。

在这一过程中,V 老师对她自己的课程实施效果的评价基本上还是知识教学为目标的认知取向。以学生学习质量作为评价课程实施质量的做法颇具代表性。瑞典教育家胡森(1987)认为,教学质量主要是学生的质量。“质量是指教育的产品,而不是指生产出这些产品的资源和过程。”他还说:“如果我们把学生成绩作为教育质量的惟一指标的话,那我们就过于简单化了。人们期望学校给学生带来的变化,不仅仅局限在认知领域。人们期望学校有助于学生形成某些行为和态度,使学生能恰当地欣赏民族文化,其行为受道德的和审美的价值观指导,从而成为负责的、合作的、参与的和独立的公民。”在这里,教育的产品质量主要是就学生而言的,而且不仅指学生学业成绩水平,也包括学生情感和个性的发展。关于质量的研究,有这样九种观点:①

(1)不可知论。质量是一个令人困惑的名词,谁也难以把它表述清楚。

(2)产品质量说。即产品的特性。

(3)达成度说。即是否达到既定目标的程度。

(4)替代说。用卓越的、第一流的、优秀等词替代质量的本义。

(5)哲学观。把哲学中的质量的解释推广到其他领域。

(6)实用观。重实效,适应社会需要。

(7)绩效观。从投入产出的角度考察质量。

(8)学术观。质量按照事物固有的规则运行,注重长期的发展,不注重短期结果。

(9)准备观。前期的学习为后期学习准备的充分程度。

① 转引自刘志军.课堂评价论[M].桂林:广西师范大学出版社,2002:8。

国际标准化组织 ISO 对质量作出如下定义:质量是事物满足明确或隐含需要的能力特性的总和(邓广第,1996)。“教学质量包括工作质量和学生质量两方面。而学生质量处于教学质量的核心地位,工作质量是保证提高学生质量的关键。”(贾国英,1996)。“教学全面质量是教学输入、教学过程和教学结果特性满足顾客需求并使顾客满意的程度。”(程凤春,2004:77)V 老师基于学生的经验课程反思自己教学的出发点没有错,但是对于学生的评价除了关注学业,还应关注他们的情感和个性,关注学生在课程实施之旅中获得的经验。有学者指出,在学校课程的进行中,学生与人类的文化经验交流,与教师进行交流,与他的同学进行交流,他不断从中获得了对人类的普遍经验的理解,使其融合于自己的经验,发展自己的经验,而且他也获得了与他人交流的经验,他不但理解着人类的共同经验,理解着他人,而且也进行着自我理解,获得自我意识。在学校的课程中,不但存在着人类的共同经验,而且也存在着教师个人的经验、学生个人的经验,这些经验在课程中相互交织者,相互作用着(金生鈜,2001:162)。因此,课程就是学生个人经验的生成和更新的根源,是个体内在经验与周围世界诸如教师、同学、教材、课堂等等相互作用的经验改造与建构的历程,是学生对价值与意义的主动追求。通过理解对经验进行更新的主动参与的过程,它并不仅仅是客观的目标和学习内容。

教有短期、中期和长期的效应,学生学业成绩是短期的显性效应,学生生命过程成长中不可或缺的诸如热爱学习、关爱他人、喜欢探究等综合素养的形成是一个长期的过程。所以,以学生质量评价课程实施除了关注学习的结果,更需关注他们学习的过程,让学生在学习的过程中体验学习探究的乐趣、体验关爱他人的幸福,以及在整个课程学习中获得的经验。所以,V 老师对于自己课程实施中的决策反思,可能需要更广的视野。

目前,很多教师对经验课程的个人反思跟 V 老师相似,对于课程实施效果的关注往往定位于诸如看学生作业情况、看学生在课堂上的反应等表层,他们对经验课程中反映出的问题的解决策略也是基于个人短暂思索后的不断试误。教师的个人反思与决策存在个体间的较大差异。以下是两位实习老师对同一数学内容课程实施后做出的反思:①

两位实习教师都把学生分为三人一组,每组学生要把各种形状和颜色

① 此案例转引自唐纳德·R.克里克山克著.教师指南[M].祝平译.南京:江苏教育出版社,2007:464-465.

的塑料积木根据某一标准堆成不同的集合，描述每一堆积木的特点，思考这些积木可以排列出多少种不同集合。整节课，学生都非常积极，也很兴奋。时间不知不觉地就过去了，两名实习老师各自宣布下课，让学生去吃午饭。

两位有着相同身份的实习老师采用了相同的小组合作学习和动手操作的方法进行了同样课程内容的教学，两人上课都很成功，都激发了学生的积极性，没有遇到太多问题。但两位老师对实施过程的自我反思却不尽相同。先看实习教师甲的反思：

这堂数学课后，实习教师甲感到很自豪："课上得太棒了！学生们都非常喜欢。我使用了操作法和分组法，正是教育课上老师教给我们的办法。"

教室里却是一片狼藉！课桌上，塑料积木堆得到处都是，地上也散落了一些。"现在我得动手收拾了，到处是积木！"

捡起地上的积木时，她想起了学生。"我希望他们已经知道什么是集合了。他们得为下周二的考试做准备了，上次考试考得可不太好。"她担心学生们是否为接下来学习更难的数学概念做好了准备。

15分钟后，她向教师餐厅走去，一边走一边叹气："又上完一课了，这个学期过得可真快！评分阶段都快接近尾声了，我的实习期也快结束了，我总算幸存下来了！"

教师甲为此感到欢欣鼓舞。她认为自己已经尽到了好老师的职责，她搬用了教育课上学的方法获得了成功，但没有反思这种方法为什么是有效的。因此，今后上课时她很可能还会盲目采用同样的教学方法。尽管她对学生对所教知识掌握程度无法确认，也有些隐隐不安，但她没有进一步反思如何获得课程实施效果的反馈信息，如何去解决困惑的问题让自己更好地生存下来。教师乙对课堂上的反思似乎更加深入：

上完同样的课后，实习教师乙则有完全不同的反应。同样，她也为课程进展顺利、学生热情参与而高兴。但她却想到了其他问题："为什么课程进行得如此顺利？什么因素在起作用？我猜，可能是使用了操作的缘故。这让学生学习起来乐在其中。而小组学习呢——他们好像一直很喜欢这种方法，或者说大多数学生喜欢分成小组学习。今天我注意到有的学生比较安静，有点儿迷惑，似乎孤立于小组的其他成员。他们也没有参加排列积木的

活动,我怀疑他们是不是只通过观看来学习,或者他们的心思根本没在学习上。”

这让她开始考虑自己是否使用了正确的教学方法,“让学生用操作法进行独立学习,会不会比小组学习更有效?这样的话我可以在教室里巡视,方便有的学生开小差。我本该让他们对自己的学习负责任的。我当初为什么决定要把他们分组呢?是因为我在大学课堂里学到要这样做,还是分组学习的确更适合这个班的学生?不对,我觉得正是因为他们和其他小组成员合作了,才能想到更多的集合和组合,我觉得我的选择是正确的。”

教师乙对课堂上的教学做了深入的思考。她想:“我做的事情正确吗?方法正确吗?我为什么要这样做?”通过提出许多挑战自我的问题,她分析了和这堂课相关的决策,评价了自己对课堂的满意程度。

对于同样存在的问题与困惑,她根据自己对这些问题的思考相应地对自己的教学行为作出调整。反思的结果是,她在发现问题的过程中找到了解决问题的策略,她今后上课的效果肯定比这次还要好。

她的教室同样一塌糊涂。“看看这一团糟糕的样子!”收拾积木时,她想:我怎样才能节省时间让学生来收拾教室呢?下次,我要从每一个小组抽一名同学打扫教室,还要在离下课五分钟时提醒大家。

实习教师乙也想到了学生的学习情况。“我不知道他们学了这堂课是不是真的明白了集合的概念。泰勒似乎听懂了,因为他的眼睛突然亮了一下!安德烈似乎还有疑问。他还需要多做练习;明天我可以辅导他,据我观察,大多数学生都明白了集合的概念以及集合之间的关系。”

15 分钟后,教师乙走向教师餐厅,叹了口气,“不过,这堂课让我感觉好极了。”她还在想,“学生的热情让我上起课来更轻松了!下一次我得留出点时间让他们打扫卫生。我还要更密切地监督每个组里的学生,确保每个学生都参与课堂。以后还要学更难的数学概念呢,现在可不是偷懒的时候!”

虽然两位实习老师都是好老师,但教师乙更善于反思与思考,也使她在深入思考中获得了更多的经验和智慧,这将使她在日益复杂的课堂环境中更从容地决策,教师乙可能会比教师甲成长得更快。

6.1.2 对运作课程的反思：公开课后的集体决策

对运作课程的反思，教师可以比较清晰地认识自己在备课与上课中所作的决策在课程运作中的适切性。如果说对常态课的反思往往是基于学生经验课程的个人决策，那么，对公开课的反思，则主要关注运作课程，通过集体评课的方式总结经验。集体评课指的是听课的教师一起对所听的课从不同的视角不同的维度进行“品头评足”剖析评价的一种集体反思活动。在运作课程时，教师处于一个快节奏、受限制且同时要处理许多事件的课堂情境中，尽管在不断地作着决策，偶尔也会有瞬间的反思，但几乎没有时间进行系统思考。他们通常只有在事后才会对这些事件和情境进行反思，从中看到他们自己。而课后有同行参与的评课，不仅有助于上课老师借助“他者的眼睛和智慧”提升反思的质量，也能促进听课老师改善教学行为。对听课老师来说，在听课过程中会产生一种“镜子”效应。假设这样的情景：

> 你正在路上行走，因没有公务在身，放松的心情使你可以注意路上行人的情况。这时迎面过来一个人，你发现他的走姿非常标准：抬头挺胸，步伐不大不小，速度不快不慢，你会怎样呢？你是否会不自觉地也挺起了胸膛？假如你看到的是另外一个人，走路弯腰驼背，让你觉得很不舒服，你是否也会不自觉地挺起了胸膛？

两种截然不同的情境，即积极的情境和消极的情境，都有可能会达到同样的效果，以别人为“镜子”，改善自身行为。“镜子”效应主要通过吸收他人成功做法或者避免他人的“过失”之举，在向他人学习的过程中改善自己的行为。

关于公开课的评课，我国的中小学已经建立了一套完善的“说课、听课、评课”教研制度。有学者把教师课堂实施的五种常见行为“备课、上课、说课、听课、评课”称为五课功。评课之前评课教师参与听课。听课也叫“观课”，或者叫“课堂观察”，是教师常见的一种参与教学的行为，具有全息透视的特征。全息透视，就是全方位观察，多视角分析，将课堂教学中教师的教学行为以及学生的学习行为都纳入到观察的视野当中来，将教师的课堂教学设计以及设计意图的实现程度等都作为观察的对象。既关注教师的教学理念，更关注这些理念转化为具体行为的方式；既运用定性观察的方法，也运用定量观察的方法；既观察学生整体学习情况，也观察学生不同个体的学习状态，借助各种各样的方式、手段记录课堂行为，还原课堂真相（林存华，2007：6）。

然后由上课教师说课。说课是教师主要用口头语言对自身教学设计、教学实施等进行分析和说明的教学行为。它作为教师职业活动中的基本构成，是课堂教学行为的延伸和扩展，是教师总结教学经验、发现教学问题、提升教学智慧的重要手段和桥梁。说课的内容包括三大方面：①说教学设计，包括说教学理念、理论依据、教学目标、学生情况、内容确定、方法选择、教学预设、备课过程；②说教学实施，包括说教师引导、学生参与、学生生成、问题解决、突发事件、个案学生；③说教学收获，包括说教学效果、教学启示、存在问题（郑金洲，2007：21—64）。

上课老师说完课后，听课老师就开始评课，在评课中通过评课老师与上课老师的对话与反思，进一步提高教师教学水平。我国中小学在开展公开课评课的过程中，存在着一些“为听评课而听评课”现象：听课为完成任务；评课时要么保持沉默，要么散漫式地随便讲一下，有时的感觉是评了和没评一个样。教师之间并没有形成真正的合作共同体。针对听评课存在的问题，我国学者崔允漷教授进行了“构建新的听评课范式的实践探索”，提出了基于“学生学习”、“教师教学”、“学科性质”、“课堂文化”四个维度的课堂观察框架（表 6.1）：

表 6.1　课堂教学分析框架

维　度	视　角	观察点举例
学生学习	参与；倾听；互动；达成	有多少学生参与？专注学习的状态如何？
教师教学	环节；策略；机智；特色	策略与内容匹配吗？有自己的风格吗？
学科性质	目标；内容；方法；练习	内容与方法能体现学科性质吗？
课堂文化	愉悦；民主；合作；探究	课堂气氛感受如何？鼓励学生创新吗？

资料来源：以杭州市安吉路实验学校①和余杭高级中学课堂观察框架②为参照做了修改。

这四个维度对应着四个问题：①学生在课堂中是怎样学习的？是否有效？②教师是如何教的？哪些主要行为是适当的？③这堂课是什么课？学科性表现在哪里？④我在该课堂待了 40 分钟，我的整体感受如何？科学地听评课是一项完整的专业活动，即可分为课前会议、课堂观察和课后会议三个连贯性的活动（崔允漷，2007：120）。笔者在 W 中学进行田野研究时，联合教科室三位科研骨干进行了以“同课异构”的决策差异为课堂观察重点的集体听评课活动：

---

① 详见骆玲芳，崔允漷. 学校课程规划与实施[M]. 上海：华东师范大学出版社，2006：57—62.

② 详见池春燕. 切磋教师如何做教研[M]. 北京：中国人民大学出版社，2007：120.

课程内容:《中华民族的觉醒》(历史与社会八下)

上课教师:W中学历史与社会教研室Y老师和Z老师

观察者:历史与社会教研室空课老师;教科室a老师、b老师和c老师;我

环节1:课前明确任务

在确定由历史和社会教研室的Y老师和Z老师上《中华民族的觉醒》的同课异构课后,邀请历史与社会教研组空课老师一同参与听课,这次听课的主题是观察教师在课堂中的决策行为。教师听课可以采用课题组设计的记录表:

表6.2 W中学《初中课堂教学决策研究与实践》课堂观察记录表

研究者		时 间		班 级	
观察内容				科 目	
主教行为的决策					
互动行为的决策					
管理行为的决策					
课后访谈					
备 注					

资料来源:课题组设计。

我和教科室的a老师、b老师和c老师进行了分工。a老师主要观察同课异构中主教行为的决策差异;b老师主要观察同课异构中互动行为的决策差异;c老师观察同课异构中管理行为的决策差异;我的任务是整体把握两位老师课堂中需要圈点的决策。

环节2:进行课堂观察

我们分别对两堂课进行了观察,我们四人根据自己确定的观察点进行观察记录。在这次同课异构课的观察中,记录主教行为的a老师主要关注了两位教师教的行为;b老师则关注了两位老师是如何与学生互动的,又是如何根据与学生的互动调整教学策略的;c老师高度关注的是学生的投入程度以及教师对走神学生的管理行为。我呢,主要记录了课堂上值得肯定和推广的优质决策和我本人认为可以进一步讨论完善的不完美决策;历史与社会教研室的其他老师主要从学科的角度对知识点的落实情况进行了填写。

环节 3:课后集体议课

课堂观察后,教科室组织上课和听课老师进行了及时的课后议课。在课后议课上,上课老师先就这节课的实施情况进行充分说明与反思,参与观察的教师就这节课展开对话。

在平等、真诚的对话氛围中,观察的教师充分地发表了自己的意见。我呢,作为一个研究者,对如何提高课堂即时决策的问题发表了自己的观点,虽然两位老师使用了相同的课件,但因为两位老师的个性不同,所以在教学策略的选择上各有不同。比如Y老师歌声优美,所以结束教学时以优美的歌声独唱了一曲《五月的花海》;而Z老师则借助伴奏带,采用师生共歌的方式结束教学。课后达成的共识是,两位教师的教学目标定位差不多,受学业考试的影响,均偏重历史知识的教学。因此,“怎么考、考什么”直接影响教师的教学决策行为。每一个参与观察的教师都从自己观察的角度,根据自己的课堂原始记录和课后的对话填写了课堂决策观察报告。[①]

基于“课堂观察”的集体评课,课前分工主要关注内容主题、教学目标、活动设计、观察重点以及课后讨论的时间和地点等问题;进入课堂观察,观课者根据课堂观察工具,选择观察位置、观察角度进入实地观察,做好课堂实录,记下自己的思考;在课后议课阶段主要关注决策的适宜性、预设与生成以及上课教师的自我反思等,围绕课前确立的观察点,基于教学改进提出建议和对策。这样的听评课使上课老师和听评课老师真正处在一种合作、对话、探究的专业研究活动之中,作为被观察者的教师认为这种听课是对自己改善教学的一种支持;作为观察者的听评课老师不仅提高了听课评课的专业水准,而且也汲取改进自己课程实施决策的方法与策略。

对全国性公开课的反思,往往可以引发教师对某些问题的深入思考。在2008年全国第七届小学语文青年教师阅读教学观摩比赛活动中,浙江省金师附小王春燕老师上的《猴王出世》落选特等奖,由此引发了小学语文界广大老师们的热烈争鸣。《福建教育》、《人民教育》分别策划了“关注”和“热点与争鸣”讨论专栏。这场争论的生发点是关于教材中原本是略读的课文可不可以上成精读课?略读课文,究竟该怎么教?如何处理精读和略读的关系?(王春燕,2009a,2009b;林润生,2009;励汾水,2009)然后延续到讨论教师如何使用教材问题,教师是不是必须拘泥于教材不能越雷池一步,或者是戴着镣铐跳一两个精彩的舞

① 本案例根据笔者进入W中学田野研究时的笔记整理。

姿做出变通,还是大胆地突破教材,挣脱教材的束缚?(郭金明,2009;冯发柱等,2009)继而引发的深度思考是语文教学模式是回归大一统还是要进一步多样化这一方向性问题。因为在语文界仍无共识,有人大声呼吁,语文之前必须加上种种形容词,比如“主题”、“情感”、“诗意”、“文化”……没有这些形容词,语文就是灰色的;有人痛心疾首,认为正是因为有这个语文那个语文,所以把语文搞乱了,使语文老师找不着北,他们衷心拥护语文课教学内容统一、教学模式统一,“一个模子又有什么不好呢”?语文,到底应该有几张脸?(张祖庆,2009b;赖配根,2009;许卫兵,2009)。这样的争鸣和集体反思对促进语文教师深入思考语文教学的本质,取舍语文教材,决策教学方法具有非常积极的推动意义。

6.1.3 对领悟课程的反思:回溯起点的决策

事实上教师无论是反思经验课程还是运作课程,都会不由自主地指向领悟课程,自己或成功或失败的课程实施效果是否归因于初始的教学设计?上海著名语文特级教师于漪老师“三次备课”的成长经历,颇具代表性:

> “一篇课文,三次备课”的原型经验①
>
> 第一次备课——不看任何参考书与文献,全按个人见解准备教案。
>
> 第二次备课——广泛涉猎,仔细对照,“看哪些东西我想到了,人家也想到了。哪些东西我没有想到,但人家想到了,学习理解后补进自己的教案。哪些东西我想到了,但人家没想到,我要到课堂上去用一用,是否我想的真有道理,这些可能会成为我以后的特色”。
>
> 第三次备课——边教边改,在设想与上课的不同细节中,区别顺利与困难之处,课后再次“备课”,修改教案。

于漪老师在三次备课中,每一次思维的关注重点都不一样:第一次关注自我经验,第二次关注文献资料中的他人经验与自我的对比;第三次关注课堂现实的学生反应获得实践经验。三次备课经历了两次反思:在第一次和第二次备课之间经历了“经验与理念”的反思,也就是反思“我的经验”与“文献中的理念”的差异;在第二次与第三次备课之间又经历了“设计与现实”的反思,也就是领悟课程和运作课程与经验课程之间的差异。“三次备课,两次反思”的过程,不仅使于漪

① 转引自顾冷沅.教师事关重大——上海市基础教育教师队伍建设的再思考[J].上海教育,2007(1B):32—34.

老师备课中的决策设计获得了优化,也使她的教学行为得到了改善,由此促进了教师教和学生学的质量。

我国学者顾泠沅教授(2003)对于漪老师"一次课文,三次备课"的原型经验进行了理论建模(图 6.1),提出了教师专业成长的"行动教育"模式。

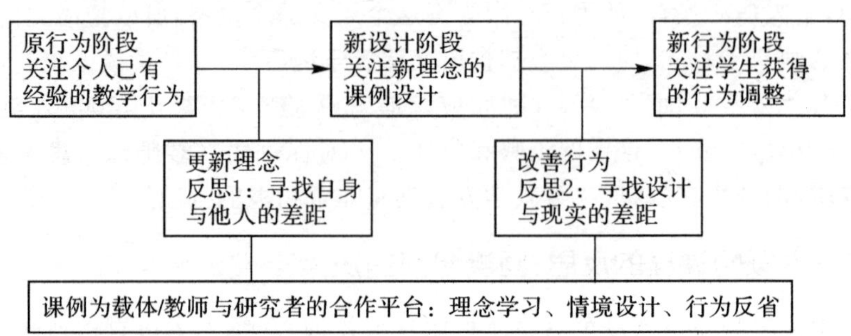

图 6.1 "行动教育"的基本模式

资料来源:顾泠沅,王洁.教师在教育行动中成长——以课例为载体的教师教育模式研究[J].课程·教材·教法,2003(1):9-15。

"行动教育"模式包含三个阶段:关注个人已有经验的原行为阶段;关注新理念之下课例的新设计阶段;关注学生获得的新行为阶段。连接这三个阶段活动的是两轮有引领的合作反思:①反思已有行为与新理念、新经验的差距,完成更新理念的飞跃;②反思理性的教学设计与学生实际获得的差距,完成理念向行为的转移。笔者认为,这一过程也体现了两个转变:第一是理念转变带动决策转变,第二是决策转变带来行为转变。

教师对领悟课程的反思,有时缘起于经验课程,也就是学生作业或考试中的错误提醒了教师备课中某些环节设计的不合理或者有所疏漏。比如有位小学语文老师在批改学生的生字抄写时,发现有学生把"自己"的"己"写成了"已经"的"已"时,开始她觉得很恼火,认为这个学生抄写生字没有仔细观察,但连着五六个学生出现了同样的错误,她开始反思学生为什么会出现类似错误?由此想到自己备课时,觉得"己"字很简单,根本没有预料到学生会写错,所以没有把它作为重点跟"已"作比较。通过这次批改学生作业的经验,在第二次教"己"时,她在备课时就安排了一个环节:让学生比较"己"和"已"的异同。同时给学生做了形象的比喻:小朋友自己的东西往往保管得很好,所以"乚"藏在里面不出头。通过备课环节的改善,在第二轮的上课后,学生写错"己"的现象明显减少。再看下面一则由一位教研员(林湘,2007)在学生课堂作业时观察到的案例:

一个小男生在作业本上书写如下：

```
517－243＝     2 7 4
  5 1 7      ＋2 4 3
－2 4 3        5 1 7
  2 7 4
```

请注意观察学生的书写习惯，二年级的小学生用铅笔写的字比较大。当他写完验算的竖式结果517，准备填写横式的结果274时，发现等号后面的位置不够写下正确答案274。这时，他稍稍犹豫了一下，看了看同桌的女生，想勉强写下这三个数字，但实在写不下，只好拿起了橡皮，擦掉了右边的加法验算算式，想重新写一次。在他还没重新写完时，老师叫了暂停，他没能完成这一题作业，心不在焉地听老师讲下面的课。其间，我发现他几次想偷偷抢时间把这题写完，但事倍功半，不仅不能完成这题，而且老师下面讲的也没听进去。

这是学生作业中的细节，很多教师并不在意这种现象的发生，他们认为这是一个偶然事件。教师在教学中只关注学生是否掌握新知，对学生的学习策略关注不足。笔者的女儿在平时的作业中也经常出现这样的情况，因为事先在书写时没有预测等号后面需要多少位置，不能准确把握书写验算式子的地方，在擦擦改改中做作业的速度受到了影响。

其实教师只要在教学示范时强调一下验算时从作业本的什么位置开始写，或者让学生来判断一下这个小男生的书写格式存在什么问题，就能有效解决这个大部分学生都会犯书写问题，减少走弯路的可能。学生的学习策略需要在平时的教学中去点滴渗透，教师一旦发现（或预测）会出现这样的学习程序，就可以及早给予指导。这并不是综合性知识，而是程序性知识，学生是可以通过操作获得的。相信这位教研员会帮这位教师指出学生作业书写时出现的这个细节问题。有了这样的经验，这位教师在以后备课和教学中一定会加入“书写指导”这样的环节，这是学生的经验课程优化了教师备课中的决策。

教师对领悟课程的反思，有时发端于运作课程中与学生的对话。课堂中的对话关系除了教师与文本之外，还有学生与文本的对话、教师与学生的对话、学生与学生的对话。王崧舟老师（2010：176－179）曾描述他在课堂上与学生对话时遭遇的一次尴尬：

有一次上《我的战友邱少云》，中间有一个片断，有这样一段话：“为了整个班，为了整个潜伏部队，为了这次战斗的胜利，邱少云像千斤巨石一般，趴

在火堆里一动也不动,烈火在他身上烧了半个多钟头才渐渐熄灭。这位伟大的战士,直到最后一息,也没挪动一寸地方,没发出一声呻吟。"学这段话时,我先让孩子找一找邱少云和千斤巨石之间的相同点。有的说他们都不会动,有的说他们都不会出声,有的说他们都不怕烈火焚烧,等等。这时,我就插了一段激越的讲述:"是的,邱少云像千斤巨石一般,趴在火堆里一动也不动。但是,孩子们,你们不要忘记,千斤巨石是什么?那是一块石头。而邱少云呢?他是石头吗?不是,他是一个活生生的人,一个有血有肉有感情的人啊!"我说到这里,现场一片沉寂,谁也不再出声,然后,我又接着说:"你们谁被火烫过?第一反应是什么?"有的说,我马上缩回来;有的说,我尖叫一声;有的说,我马上用水冲。我又说:"这是你们的反应,其实也是每一个被火烫伤的人的本能反应,但是,邱少云呢?他的表现是什么呢?"我就放了一段视频,这是一个特写镜头,刻画的就是烈火烧身的邱少云纹丝不动的伟大壮举。我一边放视频,一边充满激情地解说:"看!这就是邱少云,这就是烈火烧身的邱少云,这就是纹丝不动的邱少云,这就是趴在火堆里一动也不动的邱少云,这就是直到生命的最后一息,也没挪动一寸地方、没发出一声呻吟的邱少云!"我讲完了,视频也放完了。

于是,我又说,面对这样的英雄,你有什么话对他说。第一个学生说,邱少云,你真是好样的;第二个学生说,你不愧是一个伟大的战士;第三个学生说,邱少云,你真是个傻瓜。这个胖乎乎的男孩儿回答得一点儿都不带含糊!我当时就傻了,听课的人都傻了,包括他的班主任老师。那位班主任老师做梦都想不到,自己班里会冒出这样一个傻小子来!绝对想不到!我怎么办呢?我迅速做出本能反应:"傻瓜?胡说!坐下!"然后呢?傻小子就灰溜溜地坐下了,然后呢,我就灰溜溜地将剩下的课来个草草收兵。为什么?没法儿上,没感觉了,那个课呀,上得那叫狼狈呀!

课后,王老师对这个场景进行了反思,以后碰到这样的回答,该如何应对呢?也就是说,当教师所理解的文本与学生对文本的理解不一致时,教师该如何引领学生实现与文本的视界融合呢?王老师后来是怎样对领悟课程作出新的决策的呢?在又一次的公开课上,上的又是邱少云,又上到了这个环节,又碰到了类似的学生,我们再来看王老师是怎样处理的:

第一个学生说,邱少云,你太了不起了;第二个学生说,邱少云,你就是烈火金刚;第三个学生说:邱少云,换了我,早就挪地方了。这个时候,会场

上几乎所有的人，都把目光齐刷刷地聚集到我的身上。我呢，一开始作思考状，然后，抬起头，清清嗓门后，郑重其事地说："孩子，你是不愿意看到邱少云死，是吗？"那孩子不住地点头，我继续说道："将心比心，谁不想活下去，我理解你，而且我相信，邱少云当时肯定也有这样的念头。"我接着说："但是，同学们，你们再仔细听，作为一名军人，一名以服从命令为天职的军人，他一定会听到另一种声音，另一种更强烈、更坚定的声音，谁听到了？"一只、两只、三只、五只……我一看，是时候了！第一个学生说："邱少云，你可不能动啊！你一动，身后的整个班、整个潜伏部队都将被敌人发现，战友们将会遭受重大伤亡，如果你一个人的牺牲能够换来战友们的平安，死也是值得的。"第二个学生说："邱少云，战友们在望着你，朝鲜人民在望着你，祖国人民在望着你，你是好样的，你一定能够坚持住的。"第三个说："邱少云啊邱少云，你不是希望自己成为一个真正的钢铁战士吗？烈火可以烧毁你的身体，但烈火永远烧不毁你坚强的意志和伟大的精神，你将在烈火中得到永生！""哗！"台下一片掌声。我相信，那掌声一半是送给孩子们的，一半也是送给我的。

王老师在反思自己第二次为什么成功时谈到，教师对领悟课程的理解只有站到了学生的位置上，对话才能有效地展开，实现与学生的视界融合。他还认为，教师在课堂中的教学智慧并不是很玄很空的东西，智慧是事件不断累积的升华，是经验不断提炼的顿悟，智慧是需要大量技术策略支撑的，倘若没有事件，没有经验，没有这种技术和策略的支撑，那就没有智慧可言。

王崧舟老师的观点也引发了笔者对技术理性、实践理性和解放理性的审思。目前学术界一边倒的批判技术理性似乎有失客观，一个教师如果不掌握一节45分钟的课时间上该如何分配比较合理的技术，他将难以维系45分钟的有效教学。教师教学需要一定的技术，但走向纯粹的技术理性又不足取。教师不是由外在的技术与原理武装的"技术熟练者"，而是在实践中并通过实践不断建构和提升自身技术经验的"反思性实践者"。

教师对课程实施之旅的反思，往往是整个儿地混杂在一起。当他以写作的方式表达时，教师会对备课→上课→评课的整个过程作出反思，然后着重于对自己比较有感触的某个点展开分析。以下是笔者的一位学生，有着6年教龄的d老师以日记的方式记录并反思了她参加赛课的过程(因篇幅的限制，笔者进行了大幅删减与适度的润色)：

用心串联每次尝试=幸福地成长

——记《大瀑布的葬礼》的磨课经历

5月22日—23日 **从学生的兴趣入手确定课文**

得知要举行天长杯后,我就决定抓住机会锻炼自己。根据自己的特点和思考,我圈定了五下选学课文《维也纳的圆舞曲》和六上略读课文《大瀑布的葬礼》,决定一篇用来上天长杯初赛,一篇准备在6月6日特级教师工作室研究。

那到底哪篇更让学生喜欢,适合初赛上呢?备课过程中的第一个难题出现了。从理论上说,每篇被选编进教材体系的课文都是应该能上好的,但是从实际而言,一篇学生更感兴趣、文本更有特色、更接近自身条件的课文,教学起来心里会有把握一些。于是,22日我请了五位学习能力不同的学生独立阅读这两篇文章,然后进行一对一的了解。结果出奇地相似,所有的学生都告诉我喜欢《大瀑布的葬礼》。当我问道:"这是六年级的课文,不觉得难吗?"回答我的竟然是不难,学生说这篇课文讲的是环保,最主要是一看到这个题目就被吸引了,很想阅读,读完课文后,又引发深思。

孩子的想法与我不谋而合,更坚定了我初赛上《大瀑布的葬礼》。杨老师来听课时准备选一篇自己很少上的美文,寻求突破。

5月26日—28日 **初赛的日子——只是站在别人的肩膀上研究**

因为怎么说都是一场比赛,为了保证公正性,这两次试教,我没有请其他老师听课,甚至师傅也没请,我想凭自己的思考比赛。

我查了所有《大瀑布的葬礼》的资料,又结合前段时间在我校上课的一位老师的设计,准备好了第一个教学设计。与那位老师不同的只是在一些环节中,我做了处理。也许是自己的激情和本班学生配合帮了我,比赛那天的效果不错,我竟然意外地进了决赛。说实话,我没有想过这个结果,一时间还真得有些不知所措。

6月2日—6日 **磨课的日子——累过,哭过,还得朝前走**

真正地磨课开始了。在接下来的6月2日到6日,短短五天我进行了四次试教。随着课的逐渐成熟,自身的问题也日渐突出,思考的问题也越来越多。

思考一:课前谈话

由于客观原因,我们要借班上课,往往就碰到课前谈话的问题。这次,我也安排了课前谈话,开始的设计从旅游导入,虽然师生很快悦纳对方,但费时,而且总觉得不够自然。于是,我对课前谈话作了精简,见过瀑布吗?

说说你站在瀑布下的感受——看看老师带来的瀑布的照片——出示叶圣陶的诗歌,请你自己读读,推荐一位学生读读。这样一改,谈话向心性就更强了,而且使课前谈话不仅仅是为谈而谈,而是将谈话与课文学习无痕连接。

思考二:学习时空

接触了新课标后,我多次听到"给学生足够的学习时空",自认为我很尊重学生。6 月 2 日第四遍试教时,老师们提出课堂中我的话过多,给学生独立学习、思考的时间、空间都太少,更何况还是略读课文。在同事的帮助下,我发现了自己的问题所在,对一些环节改成让学生讨论中进行概括。现在想来,这些设计的改变给了学生更为广阔的思考空间以及自主选择学习内容的权利。

思考三:年段特点

我们经常说确定目标的时候要研读课标、研读教材。的确,同样的"读",低段不同于高段,体现年段特点是实现课堂有效性的前提。

《大瀑布的葬礼》是六上的教材。可我在先前的教案中三次请学生从文中划相应的句子,当在第四次试教时,有老师提出能否将"是什么让瀑布遭受这样悲惨的命运?赶快到文中找找→指名读→谁能用自己的话说说吗?"这个环节直接变成"是什么原因使瀑布遭受这样悲惨的命运?原因有很多,赶快到文中找找,看看你能找到几个,等下请你用最简洁的语言说说。"这样的改变其实是让学生思考怎样用最简洁的语言说原因,这一改动正好体现了培养高段学生概括能力的重点。

思考四:师生对话

苏霍姆林斯基曾说过:"学校的学习不是毫无热情地把知识从一个头脑里装进另一个头脑里去,而是师生之间每时每刻都在进行的心灵的接触。"在第六次试教结束后,刘老师直指我的问题所在:"老师总想把自己的思考全部给学生这种想法是错的,老师是引导的角色。"师傅也是语重心长地说:"今天的课堂中,语言已经很清晰了,教师在课堂中要认真倾听学生的发言,评价的时候要追问、要推进,而不是说教案中的语言。这点没有处理好的关键就是研读文本不够,可能是你一开始就急于查资料,没有自己的思考造成的。"看来,我还要对如何跟学生展开真正的对话再下工夫。

6 月 7 日 **展示的日子——最幸福的时刻**

今天是天长集团青年教师展示的日子,虽然我知道今天已不是比赛的性质,但我依然把它当做比赛看待,抓住这次机会锻炼自己。

说出来,大家不要笑,上课前我最紧张的就是话筒该怎样用呢?虽说见

过许多老师上课时对话筒操作自如,但我总觉得要使自己和学生的每一句话都“暴露”在众人之下,实在有些难度,而且有时还真不方便,更难的是我得穿梭在学生之间,会浪费时间吗?我行吗?

正想着这个简单的不能再简单的问题,第一位老师的课开始了,可能也是不太习惯于用话筒,上了十分钟她将话筒放下。因为硕大的会场,安静的环境,一点都不影响听课。我暗暗告诉自己:算了,我也不要用话筒吧!何必给自己制造麻烦呢!

但又一想,要成长就要不断地给自己制造“麻烦”,再说今天也不是比赛了,何不锻炼呢?想到在江苏交流时,自己用话筒,因为麻烦给学生递话筒,造成老师听不清的尴尬。最后,我选择了戴着话筒上课。那种与学生零距离交流的感觉,还真不错,试了才知道,其实也不过如此呀!终于,我又跨过了一个坎——不惧怕用话筒了。

正如在评课时缪华良老师讲到的,今天我是最幸福的。一点不假,要感谢的人太多了。我觉得今天我不是一个人在上课,而是带着大家的梦想飞翔,无疑我是那个最幸福的人。我再一次体会到了宝剑锋从磨砺出的享受。看到自己在课堂上一天天成熟,看到自己在磨课中不断找到自己的问题的担忧与兴奋,我幸福了。

6 月 8 日 **今后的日子——在反思中成长**

有《大瀑布的葬礼》陪伴的两个星期结束了,虽然展示的课堂依然存在一些问题:如略读课文与精读课文的教学到底区别在哪里?本文是从“葬礼”切入好,还是“大瀑布”切入好?怎样在品读能力薄弱的班级,通过教师的引导,让学生有所提升?等等。但两周的磨课,众人的智慧,将自己的课堂放在聚光灯的日子,让我收获颇多,更为我今后的课堂提出了更高的要求。

最后,引用崔峦老师的话结束反思:“教学的最高境界是真实、扎实、朴实。而要真真切切地做到这三实,需要教师捧着一颗对教育虔诚、对学生真诚的心;一颗淡泊名利、无私忘我的心。我们欣赏并提倡简简单单教语文、本本分分为学生、扎扎实实求发展的回归常态的语文教学。”

d 老师三易教案,整个从备课、磨课到赛课与反思的过程,是一个不断地对教学设计、上课思路、环节安排、教学方法作出选择与调整的过程,在师傅与同事的帮助下,在自我对每个设计不断地比较与反思中,每个环节的决策不断走向优化,赛课获得了成功,d 老师在专业获得成长的过程中也收获了幸福。

d老师采用了日记的方式写作她的反思。“日记里包含了个人的观察、感受、态度、理解、反思、假设、长篇大论,以及批判性的意见。这些内容都是记日记的人跟自己的交流,而且是种高度个人化的交流,所记录的事情都是作者认为有意义的”(James MckerSaS,2004:68)。确实,d老师写到上课对话筒的处理,只有经历过的人才切身感受到它也会给上课老师带来障碍吧?而写作是将思维成果跃然于纸上。写作是将内在的东西外在化,它使我们离开自己直接面对的世界。如果我们审视纸张,审视我们所写的东西,我们客观化了的思维也在审视着我们,于是,写作就建立起了某种思考的认识状态,这种状态通常是社会科学理论所具有的特征。写作使我们对世界的体验抽象化,又使我们对世界的理解更具体(范梅南,2003:146—169)。

6.2 经验课程中教师反思的决策表征

有些教师就像陈年美酒,任教时间越久就越优秀;然而,另一些教师虽然经过数年的实践,但教学技能并没有得到提升,好像依旧停留在他们第一次进入课堂时所处的能力水平上。为什么有些教师善于钻研课程实施艺术而且善于反思?为何这类教师有创新精神,乐意让自己和学生接受挑战,并且能在工作中作出重要决策?为什么又有另一些教师所展现的却是截然相反的特点?

理查德·I.阿兰兹(2007:27—28)认为,任何人要想在芸芸众生中取得卓越成就需要很长的时间。许多职业运动员在很小的时候就展示了天赋,但只有经过多年专心地学习和实践,到了二十来岁的时候,才能达到巅峰状态;许多伟大的小说家也是在写了很多低水平的、不成熟的作品之后,在其晚期写成了最精彩的著作;天才的音乐家和画家的自传也常常说明,他们苦心孤诣多年,才在艺术上臻于成熟。要想成为一名真正有造诣的教师也是一样的,需要在期望完美的动力之下有目的地行动,需要这样一种态度:学会教学是一个持续一生的过程,在这期间,教师通过反思和质疑逐渐找到最适合自己的风格。

6.2.1 反思对教师课程实施之旅的意义:决策经验优化

“没有最好”,但教师总希望自己的课程实施可以做得更好!教师课程实施的质量在很大程度上取决于教师课程实施过程中的决策水平,而教师决策水平的改善依赖于教师是否能够对自己课程实施中的决策做出反思。

一般说来,教师天天浸润于他或她的课程实施世界,养成了“习以为常”的态度,所以会想当然地看待日常实际教学决策的实在性和合理性。这种态度的边

缘和界限构成了自我反思和意识领域。反思,用现象学术语来说,"悬置"这种理所当然性,是非常必要的。

在课程实施中,教师经常面临复杂的两难选择的决策困境。杜威(2005:11—21)认为反思开始于可称之为模棱两可的交叉路口的状态,它于进退两难中任选其中之一。如果我们的行动顺畅无阻地从一事物进行到另一事物,如果我们任意想象,在幻想中求得欢乐,那便不需要反省思维。可是,当我们树立一种信念而遇到困难或障碍时,便需要暂时停顿一下,在暂停和不确定的状态中,试图寻找某个立足点去审视补充的事实,以便寻找某些证据,从而判定这些事实彼此之间的关系。反思乃是对某个问题进行反复的、严肃的、持续不断的深思,是对于任何信念或假设性的知识,按其所依据的基础和进一步结论而进行的主动的、持续的和周密的思考。反省思维包括:①引起思维的怀疑、踌躇、困惑或心智的困难等状态;②寻找、搜索和探究的活动,求得解决疑难、处理困惑的实际办法。杜威把反省思维分为五个阶段:暗示(suggestions)、理智化(intellectuatization)、假设(hypothesis)、推理(reasoning)、用行动检验假设。杜威指出,这是在精心设计和严格控制变量的情境下,用实际行动或模拟的实验对思维所预测的内容加以验证,并对不确定的因素进行探索的历程。

杜威认为反省思维的价值在于它能够使我们的行动中具有深思熟虑和自觉的方式,以便达到未来的目的,或者说,指挥我们去行动,以便达到现在看来还是遥远的目标。这种考虑周到的行动的对立面,就是墨守成规和任性的行为。墨守成规的行为把习惯的事物作为预料未来可能发生的结果的全部标准,而不顾他所做的特殊事物的种种关联。任性的行为把倾刻的行为作为价值的标准,不顾我们个人的行动和环境势力的联系。任性的行为实际上就是说:"我在这顷刻之间,碰巧喜欢东西怎样,它们就得怎样。"墨守成规的行为实际上就是说:"任何事物过去怎样,就让它们怎样。"这两种行为,对目前行动所产生的本来的结果都不负责任。反思就是承担这种责任(2001:160)。反思使我们从单纯冲动和单纯的一成不变的决策行动中解脱出来转变为智慧的决策行动。

杜威进一步探讨了反思性思维所必须具备的三种态度:虚心、专心和责任心(2005:33—36)。虚心的态度使教师免除偏见的封闭观念,免除不愿考虑新问题、不愿采纳新观念的其他习惯。如果教师把一种课程实施观念看做是一件"宠物",并且捍卫它,教师就会对任何不同的事物都视而不见、听而不闻。不自觉的惧怕心理也驱使教师完全采取防卫的态度,就像身穿盔甲外衣似的,不仅排斥新的概念,甚至阻碍教师作出新的观察。这些势力累积起来的影响是闭塞头脑,取消学习所必需的新的理智的接触。制服这些势力的最好办法是培养灵敏的好奇精神和自动的追求意识，这便是虚心的基本要点。专心是教师沉溺于某些事物和事件时全身心投入的探究状态，在理智的发展中，这种倾向同样是重要的。只有教师专心于对课程实施中某些决策困惑的反复探究，才能在不断尝试中找到解决决策问题的抓手。而理智的责任心，是考虑到按预想的步骤行事所招致的后果；它意味着愿意承担这些合乎情理、随之而来的后果。常有这样的情形：人们不断接受一些合乎逻辑后果的信念，却拒绝承认其后果；他们承认某种信念，却不愿意让自己对随信念而来的后果承担责任。当教师在课程实施中遭遇无法用现有经验解决的问题时，反思性教师会虚心地专心于寻求解决问题的多种策略，同时对解决问题的多种策略做出选择，在对策略做出选择的决策中，他必须对所选择的决策带来的后果承担责任。

20 世纪 80 年代，舍恩(2007：33—55)提出了以“行动中反思”(reflection-in-action)、“行动中认识”(knowing-in-action)为特征的“反思性实践”认识论。舍恩注意到，专业实践不是一种单纯的应用科学，“技术理性”的逻辑无法适用于专业实践的复杂特性。专业实践所面临的问题是复杂的、不确定的、多变的、独特的、还呈现出价值的冲突，仅仅凭借技术应用，问题往往得不到有效的解决，因为技术理性过于关注技术的有效性，忽视了实践的情境性，从而造成了技术依赖心理，最终造成了技术与实践之间的裂缝。“反思性实践”放弃了这种技术依赖，转而对专业实践采取一种反思的态度。正是依靠“行动中认识”和“行动中反思”，实践者在与情境的对话过程中识别问题并解决问题。舍恩指出，“行动中的反思”存在着两种反思方式：“对行动反思”和“在行动中反思”。前者发生在他们对自己已经做的或经历的事件进行反思的时候，常常是为以后的行动做准备。而后者发生在行动的过程中，尤其是当遇到不曾预料到的、疑难的、独一无二的情形时，找到一种看待问题和现象的新方法，并产生一种新理解，因此引发立即的行动。这种新理解的过程被称为“重新框定”。舍恩同时指出，实践工作者具备一个各种实例、形象、理解和行动的资料“锦囊库”，行动中反思的思维方式为“相似地看着”和“相似地解决着”。舍恩所提到的“锦囊库”，其实就是教师所拥有的个人实践性知识。教师课程实施的过程不断地做着教什么和如何教的问题的决策，其成分包括：第一，承认课程实施决策困境的存在；第二，在确认该情景的独特性以及与其他情景的相似性的基础上，对这种困境作出回答；第三，对这种课程实施的决策困境进行建构与重建；第四，采用不同的方法进行尝试，以发现其结果与实质；第五，检验所采用方法的预期和非预期的结果，对该方法做出评价。如果发现所采用的方法无法达到期待的经验课程，那就需要在反思中探寻所采用方法低效的症结，进行二次决策。在评鉴、行动、重新评鉴的螺旋式反思过程中,教师课程实施的决策获得了优化。

佐藤学教授(2003:239—252)对"技术熟练者(technical expert)"和"反思性实践者(reflective practitioner)"两种专业形象做了进一步概念化比较。"技术熟练者"即把教师职业看成同现代所确立的其他专门职业(医生、律师等)一样,是受该专业领域的基础科学和应用科学(科学技术)的成熟度所支撑的,教育实践是教学论、心理学的原理与技术的合理应用,教师是熟悉这些原理与技术的"技术熟练者",其专业发展就是掌握教职相关的知识与技术。"反思性实践者"即把教师职业看成是在复杂情境中从事复杂问题解决的文化的、社会的、实践领域,教师是以经验的反思为基础,面向儿童创造有价值的经验的"反思性实践者",其专业发展就是在复杂情境的问题解决过程中所形成的"实践性知识"的发展。佐藤学教授针对教师专业实践中理论与实践的分离,提出教师形象从"技术熟练者"向"反思性实践者"转型的课题。"反思性实践者"的实践性认识由五个部分构成:行为过程的认识、行为过程的反思、同情境的对话、关于行为过程的认识与省思的反思、同反思性情境的对话。称得上反思性实践家的资深教师所形成并发挥着作用的实践性思维方式有五个特点:①应对时刻变化的即兴思维;②对于不确定状况的敏感,主体的参与与对于问题表象的熟虑态度;③实践性问题的表象与解决中多元视点的统整;④问题表象与解决中的背景化的思考;⑤实践过程中问题的不断建构与再建构。反思性实践者的实践不是现成的原理与技术的运用领域,而是通过这种经验与反思形成实践性知识与智慧并且发挥作用的领域。佐藤学认为教师的实践性知识具有以下特点:

> • 教师的"实践性知识"由于是依存于有限语脉的一种经验性知识,同我们研究者拥有的理论知识相比,尽管缺乏严密性与普遍性,但极其具体生动,是功能性的、弹性的。这种"实践性知识"可以拥有借助重新发现或重新解释既知事件所获得的"熟虑的知识"的特征。
>
> • 教师的"实践性知识"是作为"特定的儿童的认知"、"特定的教材内容"、"特定的课堂语脉"所规定的"案例知识"加以积蓄和传承的。因此,教学的案例研究(临床研究)的方法有助于这种知识的形成。
>
> • 教师的"实践性知识"是不能还原为特定学术领域的综合性知识;是旨在问题解决而综合多种学术领域的知识所获得的知识。进一步可以说,它是超越了已知学术知识的框架,深入探究不确定的状况,求得未知问题解决的知识,是洞察该情境所蕴涵的多样可能性,探求更好方向的知识。
>
> • 教师的"实践性知识"不仅作为显性知识,而且作为隐性知识发挥作

用。事实上,在教师作出决策的情境之中,多数场合与其说是意识化了的知识与思考,不如说是无意识的思考和暗含知识、信念发挥着巨大的作用。在教师的“实践性知识”的研究中,要求从多样的视点出发致力于阐明教学的深层、复杂性、丰富性的研究。

• 教师的“实践性知识”具有个性,是以每个教师的个人经验为基础的。因此,为了提高教师的“实践性知识”,仅仅进行知识的相互交流是不够的,必须保障相互共享实践经验的机会。(P.228—229)

教师的“实践性知识”不断积淀可以促进教师课程实施中决策的不断优化,范梅南(Van Manen,1977:205—208)提出作为反思实践者要经历三个认知水平。第一是技术合理性水平:对教学技术和技巧运用效果的反思,是反思的最低水平;第二是实践行为水平:教师进一步反思教学环境、教学管理和教学条件对教学目标的实现和学生学习效果的影响,是中层次的反思;第三是批判反思水平:教师将自己的教学置于教育的价值和社会伦理道德之中,反思学校的功能、教育的意义、教师的作用和学生的全面发展,是反思的最高水平。申继亮根据我国教师所写的教学反思日记以及通过与教师的访谈,认为我国教师教学反思的内容划分为以下五个方面:①课堂教学。思考的内容主要是分析、评价教学活动本身的利与弊,以及影响教学活动的因素。②学生发展。分析、考虑与学生发展、能力培养相关的一些因素,包括学习成绩、学习兴趣与学习方法、学生的心理、人格发展等。③教师发展。分析、考虑与教师自身发展、素质提高相关的一些因素,包括教师的专业知识和专业能力、教师的人格魅力与自我形象,以及教师的待遇等。④教育改革。关注考试制度改革、课程改革、宏观教育体制改革及教育改革的实效性等。⑤人际关系。包括如何与学生、家长、同事形成和谐的人际关系(2006:76—77)。

美国学者斯蒂芬·布鲁克菲尔德(Stephen D Brookfield,2002:37)以教师的教学实践为基础,提出了教师反思的四种途径:①教师自传,如教师札记、课堂教学录像、角色模型简介、生存忠告备忘录等;②学生的眼睛,包括学生学习日志、学习文件夹、课堂事件调查表;③同事的合作,如实践审议与同事对话等;④理论文献的阅读,包括提出方法论问题、提出体验问题、提出交流问题等。我国学者靳玉乐(2006:193)认为,在实践中,实现反思教学的途径是多种多样的,行动研究、案例分析和教学日志是三条最基本的途径。

自杜威开始,国内外很多学者从不同的视角探讨了反思对教师专业成长的意义。笔者认为,教师课程实施中的决策反思主要指向教师对于“教什么”、“怎

么教”、“为什么教”作出选择后的合情、合理和合法理由的思考,是对选择进行反思。所谓选择的合情,就是教师作出的是基于课堂特定情境、合乎课堂特定情境的选择,教师选择受学生学情、教师自身特点、课堂时空,以及课堂文化等情境性因素的制约;所谓选择的合理,就是教师作出的教什么与怎样教的选择符合学生的心理,与课程的学科特色与教学的基本原理一致;所谓选择的合法,指的是教师是在制度下生存,课程内容的选择必须与法定课程的意识形态相吻合,课程实施的策略不能危害儿童的受教育权益。教师课程实施中的决策不是天马行空的我行我素,而是在一定社会文化背景下,基于合情合理合法原则,通过不断反思走向决策优化的过程。教师的决策,一定会受到他的过去决策经验的影响。经验具有连续性的特点,经验的连续性意味着每一种经验既从过去经验中采纳了某些东西,同时又以某种方式改变未来经验的性质。经验赋予人解放的力量。“经验代表新,令我们抛弃过去的执着,示我们以新的事实与真理。信赖经验不产生崇尚习惯的热诚,而产生前进的努力。”(杜威,2004:55)

6.2.2 课程实施决策类型反思:良构与非良构问题

在整个教师课程实施之旅中,正如有学者所描述的那样:有的课精心准备,效果并不理想,这其中必有原因;有的课准备不充分,结果却喜出望外,这当中也定有缘由。有的课重复多次教学,效果总不满意,充满了困惑,这固然需要探究;有的课屡教不爽,已成定势,自我感觉不错,这同样需要反思。教师从反思中获得回馈,自我调节,有可能促成教学互动图式的转型,进而自我生成(柳夕浪,2004)。在课程实施的旅途中,教师一直探索在自识与无知、敞亮与遮蔽之间,徘徊于会与不会的中间地带,并一再通过这种“问题解决”方式获得一种经验的内在自觉。

舍恩认为(2008:27):当我们学会如何做某事时,我们就能顺利地完成一系列的活动、辨认、决策和调整,而不必像我们说的那样去“思考”。本能的行动中识知让我们顺利地度过每一天。但是偶有例外。熟悉的常规产生了意外结果;错误顽固地抵制着修正;抑或,尽管惯常的行动产生了平常的结果,我们仍然发现其中有些意外的东西,这是因为出于某种原因我们已经开始以一种新的方式看待这些结果。所有这些经验,无论愉快与否,都包含了惊奇的成分。我们对惊奇的反应是反思。我们可以事后安静地反思行动何以造成意外结果,也可以在当下的行动过程中进行反思而不中断行动,我们的思维可以重塑我们正在进行的行动。

舍恩提及的“惊奇的成分”,往往是教师的思维出现困惑需要探究的“问题”

之处。在教师课程实施之旅中,教师在领悟课程中的决策部分在运作课程时得到了即时调整,部分通过经验课程的反思得到系统重构;而教师在运作课程中作出的即时决策因为课堂的繁忙性质和紧迫处境,只有在课后才能得到系统反思与完善。在决策的方式上,教师在上课时只能靠个人决策;在备课和评课时,除了个体决策,我国目前越来越多的中小学采用了群体决策。

课程实施中的决策按不同维度,可以有不同类型的归类,从决策者的维度,可以划分为个人决策和群体决策;从决策的流程来看,可以划分为程序型决策和非程序型决策;从决策问题的性质,可以分为良构问题决策和非良构问题决策。

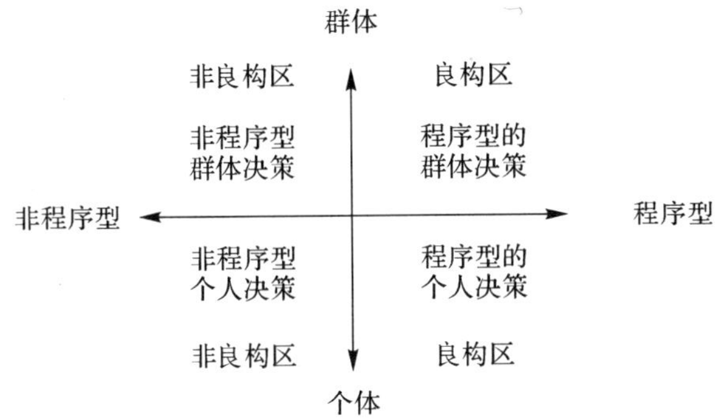

图 6.2 课程实施中的决策类型

资料来源:本研究观点。

对于课程实施中存在的良构和非良构问题,无论是问题的本质、问题解决过程,还是问题解决成分,都存在着较大的差异。

表 6.3 解决良构问题与非良构问题的差异

准　则	良构问题	非良构问题
问题的本质		
问题陈述的成分	目标状态是已知的	目标的数量是模糊的、不确定的
	良好定义的初始状态,有明确的条件限制各个具体要素,都已经明确限定	不完全的、不正确的、有歧义的、不确定的信息基于具体情境中的各种案例,在概念、规则和原理之间是不协调的、相矛盾的

续表

准　则	良构问题	非良构问题
解决方案	在最终的解决方案中,仅有唯一正确的答案会令人满意	多种解决方案、解决问题的途径,或者是一种解决方案也没有,很难在哪一种解决方案更令人满意方面达成一致
问题解决过程		
表征问题	激活图式	搜寻信息 选择信息 提出作出某一选择的论证理由
解决过程	搜寻解决方案	生成解决策略 选择解决方案
监控	实施解决过程	评估解决方案,监控解决过程,提出作出某一选择的论证理由
问题解决成分		
认知成分	具体领域的知识结构性知识	具体领域的知识结构性知识
元认知成分	关于认知的知识	关于认知的知识认知调节
情感因素		价值观、态度与信念
论证技能		使用论证说服别人的能力

资料来源:[美]Namsoo Shin Hong 著.解决良构问题与非良构问题的研究综述[J].杜娟,盛群力编译.远程教育杂志,2008(6):23—30。

对于良构问题与非良构问题的研究原来主要指向的是面向学生建构学习的教学设计(盛群力,2005:181－200;钟志贤,2003)。其实,教师在学会教学的过程中,既要针对来自学生的良构和非良构问题进行教学设计,也要面对来自自身课程实施过程中出现的良构和非良构的情境问题寻求解决问题的方案。

教师解决良构问题一般采用程序型决策模型。即通过激活图式表征问题,搜寻解决方案和执行解决方案。结构性知识与具体领域的知识是解决良构问题的主要成分。良构问题解决过程一般经历了如下(图 6.3)的思维和决策过程:

在建构问题空间的过程中,一些关键特征会激活存储在记忆中的知识。问题表征的过程中常常包含图式的式样匹配。式样匹配是指根据问题的特点、特点之间的相互联系以及问题的组成成分同解决者记忆中适当的式样相匹配的过程。如果解决者有过解决类似问题的经历,式样匹配于他而言就会简单很多,很快就能找出适当的解决问题的方案。比如,本章第一节中的王崧舟老师,在第二

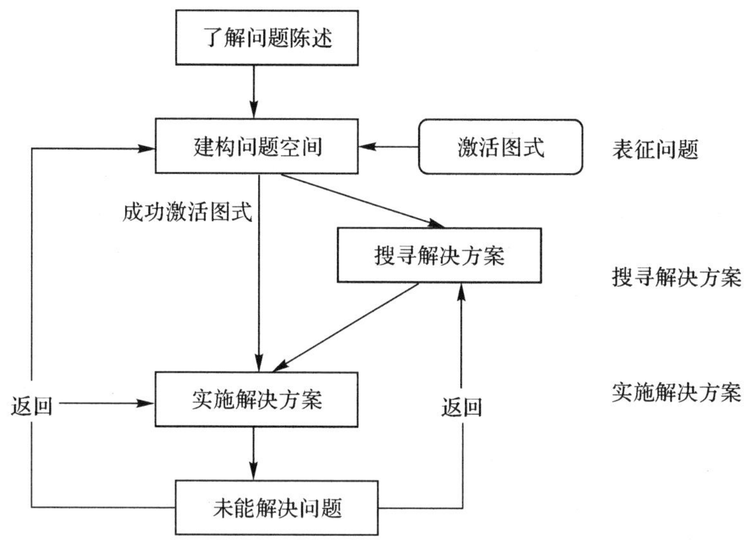

图 6.3　良构问题的解决过程

资料来源:[美]Namsoo Shin Hong 著.解决良构问题与非良构问题的研究综述[J].杜娟,盛群力编译.远程教育杂志,2008(6):23—30。

次上《我的战友邱少云》再次遭遇学生认为邱少云的做法不可取时,很快利用课后反思所得的决策解决了类似的问题。如果策略与问题并不匹配,那就需要通过选择另外的方案重新作出决策,直到满意解决为止。

在对经验课程的反思中,并不是所有的问题都会进入到教师课程实施的决策反思范畴。笔者认为,教师个人对决策问题的判断跟以下因素有关:

(1)选择性知觉。知觉的选择性是指个体只能对作用于感觉器官的部分刺激进行反应。知觉的这种选择性不仅受主体经验、兴趣、爱好等主观因素的影响,还受刺激物、环境等客观因素的制约。人们更容易看到自己心中预期会出现的事物或现象,而对预期之外的事物或现象,则更容易产生不注意视盲;对那些支持自己观念的事物或现象更容易储存在自己的记忆中,而相对忽略相反的事物或现象。教师个人对课程实施问题的知觉,受自身经验、知识基础、情感和立场的影响。比如语文老师,往往会不自觉地关注有关语文课程实施问题的讨论。

(2)重构式记忆。个人知觉到的信息,以记忆的形式储存在大脑中,供决策之用。人们最初形成的知觉在记忆中的保留和唤起过程中,会受到个人认知能力、情感和信息特征的影响,所以人们最终唤起的信息,乃是经过个人大脑不断加工后的"重构式记忆"的表现。比如我们在本章第一节中提到那位小学语文老师,发现学生在抄写生字时出现“已”、“己”混淆的现象,在第二次教学“己”的备课时,她很自然地回忆起学生曾经出现的错误,加入了对“已”和“己”进行比较的教学环节。

(3)心智模式。心智模式是深植我们心中关于我们自己、别人、组织及周围世界每个层面的假设、形象和故事,并深受习惯思维、定势思维、已有知识的局限。我们的心智模式与认知事物发展的情况相符,能有效地指导行动;反之,当我们的心智模式与认知事物发展的情况不相符,就会使自己好的构想无法实现。在长期的职业生涯中,受专业训练的影响,每个教师都会在有意与无意之中形成一套运作课程实施的思维惯性,喜欢用自己熟悉的方法思考和解决实践中遇到的新问题。在课程实施中,当教师习惯了讲授式教学的心智模式后,对探究式教学就会有一种拒斥心理。如果强制教师使用探究式,一旦课程实施中出现问题,教师很自然地将失败归因于探究。

(4)情境比照。任何决策都是在一定情境下进行的,人们的知觉、记忆、直觉依赖于一定的个人背景与外在条件,人们的判断与选择也离不开情境、方案的对比参照。每个教师都有一个对课程实施问题的决策框架,很多教师往往会以教案作为取舍课堂推进过程的参照点。在具体运作课程的课堂情境中,教师一般通过相似策略解决良构问题。所谓的相似策略是指解决者回忆以前解决过的相似的问题,借助于相似性来解决新问题。比如对于语文课程实施过程中出现的错别字问题,很多语文老师都采用形近字比较的方式加以解决。

如果相似策略解决不了教师课程实施中遭遇的现实问题,这个问题可能是非良构的,个体决策受个人自身能力的限制,不能毫无遗漏、精确无误地处理信息的限制,教师可能会从个人决策转而向同事和专家求助。

解决非良构问题的过程包括了解问题的陈述,确定问题是否存在,确定问题的本质,澄清问题产生的原因,识别与澄清不同的看法,生成与选择可能的解决方案,评估与实施解决方案。认知的调节、认知观和情感态度等非认知因素均是解决非良构问题的关键因素。非良构问题的解决过程一般经历如下(图 6.4)的思维和决策过程:

在非良构问题的具体解决过程中,对建构问题空间而言,良好的知识结构是必不可少的。完整的具体领域的知识以及结构性知识可能会提高在相关领域解决问题的能力。除此之外,还需要元认知及非认知因素的参与。当然,为了形成强有力的论据,更离不开认知观的介入,这些成分对于解决非良构问题也是非常重要的。一个非良构问题可能存在多种可能有效的解决方案,解决者可以利用一些策略来确定哪一种方案最为有效。为了在具有挑战性的真实生活情境中作

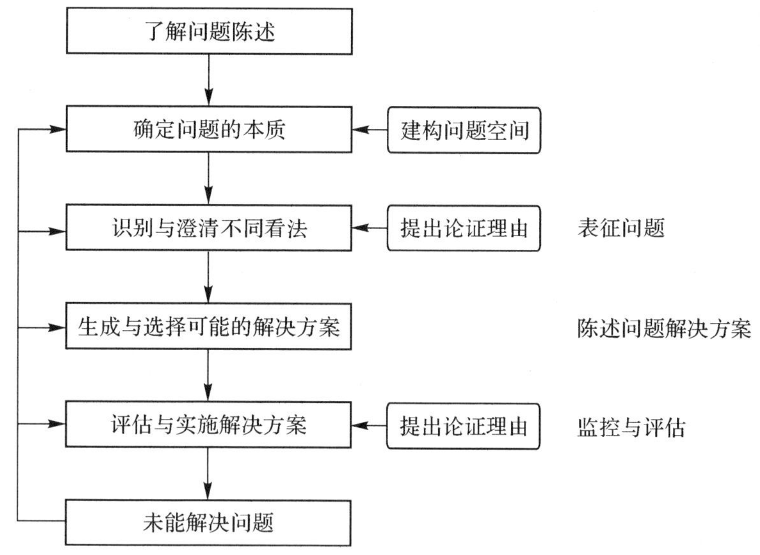

图 6.4 非良构问题的解决过程

资料来源:[美]Namsoo Shin Hong 著.解决良构问题与非良构问题的研究综述[J].杜娟,盛群力编译.远程教育杂志,2008(6):23—30.有所修改。

出明智的决策,决策者必须运用认知观、价值观、态度、信念、动机和情感等多种问题解决成分。

课程实施中存在大量的非良构问题。宏观层面的如:如何处理“知识的广博性”与“教学时空的有限性”;如何处理“知识课堂”与“生命课堂”的关系;如何把握课堂中的“控制”与“自主”;如何处理“教”与“学”的关系;微观层面的比如:如何处理教学过程的三维目标;如何处理运作课程过程中的“预设”与“生成”等。如果教师对这些问题存在困惑并且个人所制定的决策方案仍然无法达成满意的结果,教师在课间会跟其他同事讨论,或者在集体备课与评课中抛出这些问题。学校有时会就某些问题通过公开课的研讨方式进行群体决策。

课程实施的群体决策可以通过集思广益调动更多的知识和信息,形成高质量的决策。比如,目前在新课程实施中倡导的集体备课,有学者认为其理想的图景是:在和谐、热烈的研讨气氛中,教学问题被摆上桌面,通过群策群力,将课堂教学水平提升到更高层次;集体备课将教学活动由一种个人艺术,变为集体智慧的舞蹈(潘孟良,2006)。但集体备课的弊端是教案同质化。有老师指出:集体备出来的课,融汇了不同老师的风格,虽然课备得很完美,但代表小组展示的老师并不一定能把课上好,因为每个人上课有其独特的风格,只有符合自己风格的

课,才有可能发挥得更好。既然这样,那么“最满意的教学设计”和“最适合自己的教学设计”之间的矛盾如何解决?(洪春幸,2009:15)

群体决策存在的另一个危险是“群体盲思”。“群体盲思”是指心理活动的效率、对现实的检验以及道德判断的退化,这种退化来自群体内压力。也就是当群体内部高度一致时,会阻碍其成员对群体行为进行质疑,从而导致质量低劣的决策(图 6.5)。

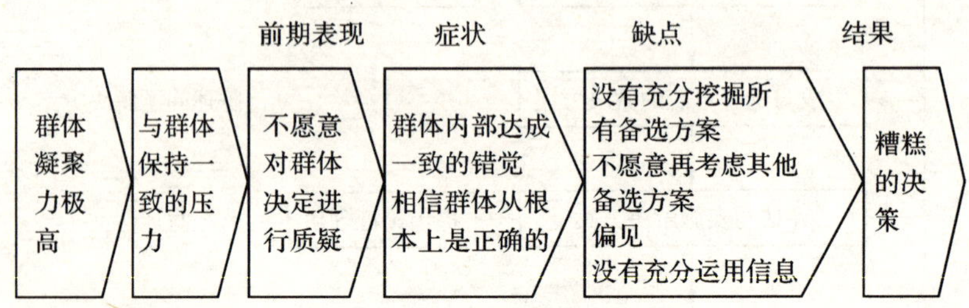

图 6.5 群体盲思概观

资料来源:[美]杰拉尔德·格林伯格,罗伯特巴伦著.组织行为学[M].范庭卫等译.南京:江苏教育出版社,2005:384。

如何既能避免个体决策因视界精力所限的不足,又能发挥群体决策的智慧,有学者提出了通过有计划地向决策群体添加新成员来提高决策质量的阶梯技术(图 6.6):

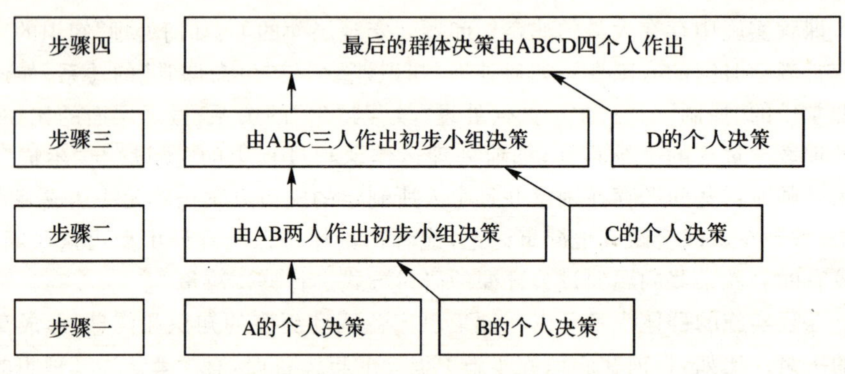

图 6.6 阶梯技术

资料来源:Rogelberg, S. G., Barnes-Farrell, J. L., & Lowe, C. A. The atep-ladder teachnique; An slternative group strccture facilitating effective group decision making[J]. Journal of Applied Psychology, 1992:77。

阶梯技术的基本思想是:在对决策群体的讨论结果一无所知的情况下,迫使

个体独立发表自己的见解,从而使个体思维不受群体的束缚,而决策群体也不断地得到新观念新思想的注入。这种方法其实在我国中小学公开课教学的集体备课中广泛存在。比如第四章中N老师备《为蚂蚁让路》的公开课时,先是自己解读文本,写出初步的教案;然后是P老师介入,对文本提出了第二重解读,N老师备出了教案二稿;再是Q老师介入,对文本提出了第三重解读,相应地产生了教案三稿;最后是R老师的介入,又一次地对文本进行了第四重解读,最终的教案融合了四位老师的集体智慧,教案在"外脑"思想不断注入的过程中得到完善和提升。

6.2.3 课程实施反思指向:基于"问题解决"的混合扫描决策

我国学者熊川武(1999:3)认为,反思性教学以探究和解决教学问题为基本点,以追求教学实践合理性为动力。反思不是一般地回想教学情况,而是探究处于教学的决策和技术以及伦理等层面的教学主体、教学目的、教学工具等方面存在的问题。教师的决策与反思虽然贯穿于课程实施的整个过程,有质量的自觉反思是通过经验课程中对领悟课程和运作课程中存在问题的深入思考,通过改善决策实现问题解决。这时的决策采用的是一种将理性决策方法和渐进直觉决策方法相结合的混合扫描决策模式。

混合扫描决策模式(mixed-scanning decision-making model),又译为综视决策模式,是由美国社会学家埃兹奥尼(Etzioni,1989)提出的。混合扫描最初来自医学领域,是最高效率的内科医生的决策方法。好医生的最终任务是要病人恢复健康,他们总是在这个任务的指导下采取渐变的措施来达到目的。医生们知道自己要治疗什么病和着重治疗机体的哪一部分。而且,他们也不会像那些追求最优化的决策者,并不把所有资料当做初始诊断的基础,也不会等到有了令人信服的病人病史和科学数据以后才开始治疗。他们观察病人的症状,分析病人的病情,尝试性地采用治疗手段,要是不起作用,再尝试别的(Etzioni,1989:122—126)。这种适应性策略"将对各种资料的浅表分析与深度考察相结合——先对大量的事实与选择进行一般性考量,随后针对重要的事实和选择进行周密的考察"。埃兹奥尼提出了混合扫描模式的七个基本原则,霍伊和塔特(Hoy and Tarter,2003)将其归纳如下:①

(1)集中尝试和纠错。首先,寻找合理的备择方案;然后,对其加以选择、实

① 转引自[美]韦恩·K. 霍伊(Wayne K. Hoy)、塞西尔·G. 米斯克尔(Cecil G. Miskel)著. 教育管理学:理论·研究·实践[M]. 范国睿主译. 北京:教育科学出版社,2007:305.

施和验证;最后,当结果清晰时,进行调整和修正。集中尝试和纠错假定,尽管缺乏重要信息,决策者也必须有所行动。因此,只能依靠部分信息进行决策,然后,再根据新的资料进行仔细的监控和修正。

在课程实施中,教师对某些问题的初次备课和经验课程后的二次备课,就是一个对决策进行不断修正的过程。

(2)谨慎尝试。时刻准备在必要时修改行动方案。决策者要把每项决策看做一项实验,期待着对其进行修改,这一点很重要。在运作课程时,教师根据课堂情境不断修改教案,教室是教师实践课程的实验室。

(3)如不确定,则尽量拖延。等待并不总是一件坏事。当情况模糊不清时,尽可能地等待,以便获取更多信息并对其进行分析,然后再采取行动。复杂性和不确定性经常使拖延合乎常理。新课程实施的效果,并不是立竿见影的,所以对于课程改革的评价,需要一定时间的等待。

(4)分步执行决策。分段执行决策,评估每一阶段的结果,然后进入下一阶段。教师从领悟课程、运作课程到经验课程的实施之旅,是一个分步决策的过程,每个阶段的决策相互影响。

(5)如果没有把握,则把决策分成几个部分。犹豫不决的决策可以分成几个部分进行试验。不要把你所有的资源都用来执行一个决策,与此相反,充分利用部分资源,直到出现令人满意的结果为止。

(6)两边下注,以避免损失。如果每一个彼此有竞争的备择方案都有令人满意的结果,就逐一付诸实施,然后再以这些结果为基础进行调整。

(7)时刻准备推翻你的决策。努力使决策处于一种实验性状态。推翻决策可以避免决策者在只能获得部分信息的情况下对行动方案的过度投入。

在相当部分决策中,都不是单纯的理性决策方法和单纯的渐进决策方法所能解决问题的,只有把两者结合起来,才能顺利地作出决策。埃兹奥尼把理性主义和渐进主义分别比作两种不同的摄像机,前者是一种对全部空间做穷尽一切细微观察的摄像机,这种摄像机的运用代价高昂;后者是一种只对熟悉地区进行大致观察的摄像机,其运用的代价较低但准确度不够。混合扫描决策模式则要求同时使用两种不同的摄像机,既要对空间进行多角度的观察,又要对某些部位进行细致观察。两种摄像机的混合扫描,既考察全面,又考察重点,有利于综合考虑以便作决策。

对课程实施中存在问题的决策,在课堂中,教师只能根据具体情境"边走边看",靠直觉作出渐进决策。但到了课后自我反思和集体评课阶段,教师就可以对课堂中出现的问题,通过查阅资料、咨询同事等方式进行理性决策。特别是对于一些跟课程实施质量直接相关的根本性问题需要进行理性决策，对于一些非根本性的细节问题则可通过渐进决策加以解决。所有的反思和决策指向更好地解决问题。我国学者崔允漷教授提出了教学决策的过程模式（图 6.7）。[①]

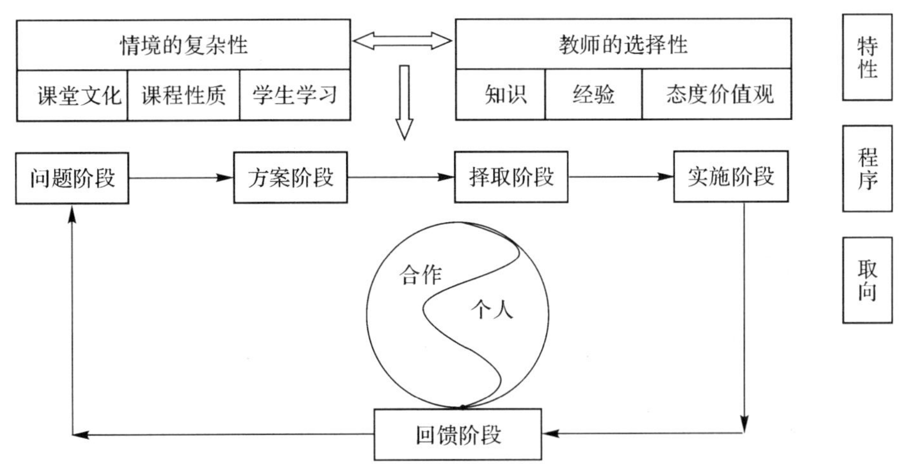

图 6.7　教学决策的过程模式

资料来源：崔允漷. 基于合作的教学决定：以课堂观察为例[A]. 霍秉坤. 课程与教学：研究与实践的旅程[C]. 重庆：重庆大学出版社，2008：439－445。

崔允漷教授（2008：439－445）认为，该模式的教学决策由三个层级组成：特性、程序和取向。

在特性上，该模式一方面强调了有限理性模式中情境性、不确定、复杂性的要义，另一方面将它与课堂教学的若干要素紧密结合。“学生学习”、“课程性质”、“课堂文化”从不同角度，全面而系统地勾勒出教师在课堂教学中所必须面对的错综复杂的关系。同时，教师自身在知识、技能结构上的差异以及态度价值观的倾向，会对问题、方案、回馈信息的判断发挥导向的作用，教师的教学决策是以它们为筛选的标准。

在程序上，该模式汲取了理性模式的合理价值。处于“问题阶段”的教师通过个人与合作的分析，主要关注教学问题性质、类别，并聚焦问题解决所需的条件。在此基础上，不同的教师在“方案阶段”从不同的维度提出多元的、指向目标达成的备课方案。教师以自身知识、技能和态度价值观为根据，或者经由协商达

① 在崔允漷教授的论文中，他将 decision making 译为“决定”，与“决策”意思相同。台湾的一些学者也采用了“决定”的译法。

成审视问题和方案的标准,在共识的基础上,备选方案不断地得以筛选,最后得出一个可以被大家所接受的措施,这是“择取阶段”。“实施阶段”、“回馈阶段”则是将教学决策转化为具体的课堂教学行动,通过教学的有效性验证决策的合理性与正确性,并将信息运用于教学决策的改进。

在取向上,教师作出教学决策的两种形式——合作或个人,镶嵌于特性、程序的核心机制。合作决策和个人决策这两种方式往往交叉进行,隐藏在其背后的是教师文化形态的深刻影响。教师习惯于哪种决策方式,波及教学决策的程序、性质,同时反过来形塑着团队文化,会对教学决策产生系统性影响。

6.3 本章小结

教师课程实施的决策反思弥散于教师课程实施的整个过程。反思以探究和解决课程实施过程中的问题为基本点,对于良构问题通过程序性决策得以解决,对于非良构问题基于混合扫描决策寻求问题的解决方法。通过经验课程的反思使得决策不断得到改善,课程实施质量不断得到提升。

表 6.4 经验课程中教师决策反思的特点

课程层次	决策关注	决策特点
经验课程	良构问题	程序性决策
	非良构问题	混合扫描决策

资料来源:本研究结论。

在整个课程实施过程中,教师对经验课程的反思通过课程实施质量的“眼睛”评价课程实施过程中的决策水平;对运作课程的反思既有教师自身在行动中的反思,也采用了基于同伴互助的课程观察;对领悟课程的反思则是一种对行动反思后的决策优化(图 6.8):

教师对课程实施中的决策反思是一个复杂的立体交叉网络,辐射于整个教师课程之旅。对领悟课程、运作课程和经验课程的决策完善,是一个复杂推进的过程。

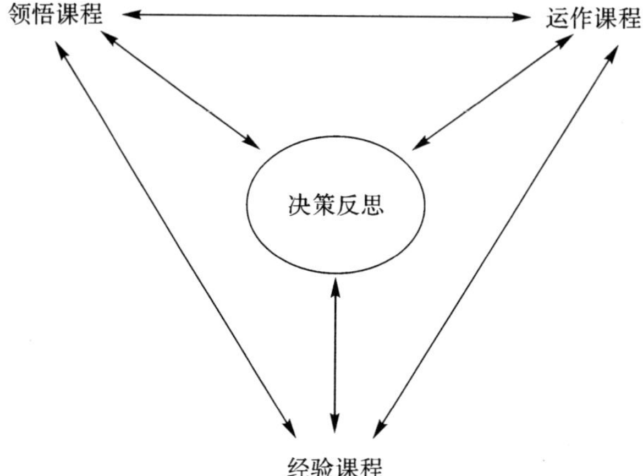

图 6.8 教师课程实施之旅中的决策反思

资料来源:本研究观点。

07 结　语

教师课程实施是一个没有终点的旅程，每一个终点又是一个新的起点，每一个起点即来自于前一个终点。台湾学者认为：课程实施像在说故事。说永远没有完结篇的故事。在故事中，讲者、听者、读者都变成主角。所有的结构都是暂时的、瞬间的，像夜空中闪烁的繁星，此起彼伏，相互辉映，不再是北极星独光（欧用生，2006）。

在课程实施中，课程滋润着教师和学生的相遇之旅；课程又在教师与学生的意义理解和对话中获得活力，走向丰富与多元。用德勒兹（Deleuze，1987）的话来说，课程像地下茎一样，是从自身发展出来的，在系统环境的环节中产生关联，让我们从线性的关系中解放出来，实现我们已经具有的多元性。地下茎以不可预测的方式生长和移动，水平的或垂直式地发展，没有固定的和最后的形式。地下茎上的每一点可连结到另外一点，这种结构是开放的，形成流动的关系。在任一地方切断它，又可以从这里发芽，开拓新的发展方向。从这里伸展到那里，到处延伸，因腐殖土而滋长，形成有结构的联接网。它们在不规则或跨越疆界的空间中蓬勃生长，没有特定的起点和终点，一直在中间，在转变中，一直在成为其他的东西，课程是地下茎是从关联性和关系性来看，而非将它视为完成的或既定的结构，有其他很多的特点。①

7.1　重新出发：我们期待怎样的课程实施之旅

教师每一次备课、上课、评课的旅程，是回归后的重新出发。在多尔（William E. Doll，Jr）看来，回归与重复不同。回归旨在发展能力——组织、组合、探究、启发式地运用某物的能力。它的框架是开放的。重复和回归的功能性差别在于反思在其中的作用。在重复中，反思发挥消极作用，它切断过程。重复具有某种自动性，保持同一过程的

① 转引自欧用生.课程实施的叙说研究[J].全球教育展望，2006(10)：12－19.

运行——一遍又一遍，如利用数目抽认卡的算术训练或利用网球机器的网球训练。在回归中，反思发挥积极作用，因为思想要返回到自身，如杜威的间接经验要返回到原初经验，或者皮亚杰的内省智力要返回到实用智力。如布鲁纳所言，从自己所做的事退后一步，“以某种方式区分自己”与自己的思想是必要的。对话是回归的绝对必要条件：没有反思——由对话引起——回归就会变得肤浅而没有转变性；那将不是反思的回归，而只是重复(2000：254)。

库巴(Cuban，1983)在考察了1965年之后的教学后认为，在中学的课堂中，很难看到对占主导的教学模式有什么改变。

> 自从本世纪初，无论是在小学还是中学的课堂，占主导的教学实践的核心在延续着。这些实践(教授全体学生、依赖教科书、排列整齐的课桌、以问题——回答的公式推进对话，等等)在不同的情境中坚持了太长的时间，尽管教师教育有一些变化，尽管有把学生带到学校和主要的社会文化运动中去的知识变革。
>
> 总之，教学的制度化实践在一百年变化很小。

台湾学者欧用生(2002)也指出，台湾自1998年进行的以学校为本位的课程发展是“披着羊皮的狼”。带有后现代性格的校本课程改革彰显着后现代教育双重的符码：一方面是诉诸民主和消费主义的口号，强调希望、选择、多元、拥有、自我和民主；另一方面是经济符码，强调效率、效果和技术。课程和教学的改革似乎是这两种符码的混合和混种，课程改革是科技主义的狼披上了进步主义的羊的外衣，即使教育改革了，但并没产生不同和改变。

教师的课程实施，一方面逃不脱现代社会关于技术、产品、效率的理性追求，一方面又受后现代关于自我、多元、对话的召唤，在传统与现代、效率与公平、改革与传承、控制与自主、确定与不确定的两难困境中艰难抉择。经过个体或集体反思之后的回归，真能帮助我们摆脱课程实施的两难困境吗？每一次回归之后的重新出发，我们期待怎样的课程实施之旅？

7.1.1 课程实施：优质教学之旅

虽然有句广告词很流行：人生就像一场旅行，不必在意目的地，在乎的是沿途的风景和看风景的心情！虽然有人不断地在追问：旅行的意义是什么？也有歌曲回应：“我们似乎对相对于我们自己显得遥远的事情了如指掌，却对自己真正的渴望选择逃避。也许追寻的过程、放弃的勇气，迷恋着永远无法完成的旅

行,走在一段尽管迷茫,自己却清楚明了的路上,就是旅行的意义。"(陈绮贞,《旅行的意义》)。

但正如有网友所说:钱包决定旅行的长度,目光决定旅行的宽度,心灵决定旅行的深度。真正的旅行是从眼睛开始的,用眼睛发现美,发现价值和意义,最后在心里找到归宿。人生本身何尝不是一段没有回程的旅行?(郭郭,2010)

这位网友提到的钱包问题涉及的其实是一个理想与现实的悖论。教师的课程实施之旅也一样。尽管追求有效教学被一些后现代课程学者抨击为工业时代追求技术理性的产物,但在制度下生存的教师,他的课程实施之旅不得不关注目的地,老师追求教学的有效性就像我们每个人追求幸福一样,哪个老师不愿意自己的教学有效呢?通过优质教学促进学生的学业优秀是社会、学校、校长、家长、学生的共同期待,也是教师的立身之本。世界上第一本教育学著作《大教学论》的作者夸美纽斯,为了实现"把一切事物教给一切人们"的教育理想,在他的《大教学论》一书的扉页上指出:"寻求并找出一种教学的方法,使教员因此可以少教,但是学生可以多学;使学校因此可以少些喧嚣、厌恶和无益的劳苦,多具闲暇、快乐和坚实的进步;并使基督教社会因此可以减少黑暗、烦恼、倾轧,增加光明、整饰、和平与宁静。"(1999,扉页)虽然我们还不敢肯定地说一定能找到这样一种真正有效的方法,但是,怀揣"有效教学"的理想也就成为一代又一代教育学人的一种自觉的行动追求。

笔者觉得,无论是现代还是后现代,我们都需要优质的课程实施。优质教学有别于有效教学。关于有效教学,我国学者崔允漷(2001:222—225)认为所谓"有效",主要是指通过教师在一段时间的教学之后,学生所获得的具体的进步或发展,也就是说,学生有无进步或发展是教学有没有效益的唯一指标。教学有没有效益,并不是指教师有没有教完内容或教得认真不认真,而是指学生有没有学到什么或学生学得好不好。如果学生不想学或者学了没有收获,即使教师教得很辛苦也是无效教学。同样,如果学生学得很辛苦,但没有得到应有的发展,也是无效或低效教学。具体地说,"有效教学的理念"关注学生的进步或发展;有效教学关注教学效益;有效教学更多地关注可测性或量化;有效教学需要教师具备一种反思的意识;有效教学也是一套策略。

在现实的课程实施中,"有效教学"存在的现实问题是由于学生的"分数"高低是衡量一切"教学效果"的最终"标杆",所以,我们老师往往不计成本、不计学生的身心健康、不计学生的幸福指数,把对可以量化的分数的追求当做了唯一。关注"学生的进步和发展"或许只能算作是一个"悬置"的理想。

关于优质教学,德国奥尔登保终身教授迈尔(2002)提出"优质教学"是指"有助于人们获得持续有效的认知、情感以及(或者)社会方面的学习成就的教学活动,它是建立在教学经验研究的基础上的。”它的主要内涵如下:具备民主的课堂文化;建立在教育责任和义务基础上;形成有成效的工作同盟;有助于学生学习动机和兴趣的提高;能够使所有学生的各项能力得到持久发展。同时,迈尔教授还提出了优质教学的十条标准:①体现相互尊重、自觉遵守制度、承担责任、公正合理以及相互帮助的学习氛围;②清晰的教学内容;③明确清晰的教学结构;④提高学生的净学习时间的比例;⑤有助于学生学习动机与兴趣提高的交流;⑥方法的多样性;⑦个别的促进;⑧思考型的练习;⑨明朗的成绩期待;⑩学习环境的准备。[①]

我国学者余文森(2007)认为优质教学,即高质、高效、高水平、高境界的教学,优质教学必然是有效教学,但有效教学未必是优质教学。优质教学坚持三维目标整合的整体发展观,秉承注重思维过程、生活经验、开放建构和整体联系的知识观,倡导主动性、交往性、创新性和体验性学习的学习观,要求教师由传授者走向促进者,由拥有知识到拥有智慧。优质教学的核心是学生的优质发展,而促进学生的优质发展则需要优质的知识、优质的学习和优质的教师。

本研究所期待和理解的“优质教学”,既关注学生的学,也关注教师的教。首先在质量维度上,超越有效教学的统一量化性评价,从多元智能的视角,关注学生的个性化发展和个性化评价;关注教师的个性化教学与个性化专业发展。其次,在时间维度上,既关注课程教学给学生带来的当下幸福,也期待课程教学给学生的持续旅程留下美丽印痕;既关注课程教学带给教师当下的满足感,也期待课程教学给教师整个生涯的课程实施之旅留下成就感。第三,在策略维度上,既给学生提供一张复杂的、不断变动的世界地图,又提供有助于在这个世界上航行的指南针;教师既有优质的课程实施理念,也有优质的课程实践能力。

7.1.2 课程实施:心灵对话之旅

在这个资讯膨胀的时代,各种信息塞满了我们的大脑,越来越多的知识教学似乎遮蔽了心灵的空间。马尔库塞(1968)认为,工业时代“单向度的社会”和“单向度的思想”造就了“单向度的人”。

从文化的视角来看,人类文化可以粗略地分为工具理性文化和情感精神文化。工具理性文化是指人类为了更好地生存和发展所创造的有效地征服自然、

---

① 转引自邓志伟,吴敏.优质教学的特征——德国学者迈尔教授访谈[J].全球教育展望,2006(5):3-7

改造自然,提高人类生存质量的文化体系,如自然科学与技术等。人要生存,就要征服自然,否则,人类就没有办法解决温饱和生存发展问题,而要达到这个目的,就要靠发展工具理性文化来解决。然而,人毕竟是情感的动物,人不是机器,人要追求心灵的快感满足和宁静,他不以理性为唯一的活动原则。目前,工具理性文化对于数字化、功利化、最优化、技术化的追求,对于性能与功效的偏爱,对于物欲性、占有性的强调,使得人类生存活动中的另一向度,即体现人类生存发展的非功利性、非实用性、非工具性和非技术性的精神方面,即指人类为精神生活而创造的文化体系,如宗教、文学、艺术、哲学等受到了忽视、排挤。科技的发展,使得人类两大本性文化的内在不一致性日益突出。

有学者认为,这种文化现象带给现代教育的一个悖论是:一方面它确实需要培养有能力、有教养的专门科技人才,但同时又存在着使人工具化、单面化的陷阱与危险。因为我们现存的教育一方面对于知识能力的训练陷入了繁琐哲学;另一方面又忽略、排除了作为教育根本的对人的心灵、智慧的开发,对人的性情的陶冶,对人个性的培养以及独立自由精神的养成,甚至有可能走向窒息和控制学生心灵的反面(于伟,2001)。

如果仅仅是把各种知识硬塞进学生的头脑,每一种知识互不联系,那么知识塞得越多,心灵中自我思考、自我想象、自我判断的领地就越小,当心灵完全被塞满时,“自我”就被完全排斥了。其结果只能培养出单视野的人、生物人、文明的野蛮人、破碎的人、考试人、有 IQ 而没有 EQ 的人。相反,如果各种知识在人的头脑中建立联系,具有碰撞、对话和交融的机会,就有可能产生智慧,人就有可能变成一个智慧的人(滕守尧,2003)。

在社会化生存中的教师,他或她的课程实施故事,主要书写的是两种声音:一种是经济的故事,以功利的标准来判断课程实施的价值,将学生视为完成工作的工具,或追求自由的消费主义的商品手段,教养沦为谋生市场的技能;第二种是技术性的故事,充满管理的、绩效责任的语言,缺少教学的道德的专业的层面,没有说社会的政治的建构的故事,丧失了说的时候应有的声音,只是孤立的技术能力的声音(Dale, 2004)。

课程实施期待交响乐的合奏,需要我们带着心灵去旅行,让心灵跟各种声音对话,在旅途中与“知识相遇”,与“你——我”相遇,与“自我”相遇,多向度地敞开心灵的对话,在交流与沟通中实现意义理解。雅斯贝尔斯(1991:12)认为,对话之于人存在的意义在于“对话便是真理的敞亮和思想本身的实现。对话以人及环境为内容,在对话中,可以发现所思之物的逻辑及存在的意义”。

我们的课程实施之旅,从教师的维度,通过课程,教师首先与作者和编者相

遇。课程之所以是课程，而不是普通的书本，是因为它以尚未掌握相应知识的学生为对象，将经验与知识等生命精神能量体组织、改造得更适合教师去实施，更适合学生去理解，进而赋予学生以这样的潜在可能性，通过教学，课程内化为自己生命的一部分。静态化为文字、图表等符号形式的文本，静默地守候在书本之中，等待与读者的心灵相遇。如果未经生命主体的展开、阅读和意义理解，它们就永远只是文字、书本，而不是课程。课程中凝结的人类精神，通过与教师相遇，通过教师的心灵与作者和编者对话，在意义理解中实现“视域融合”，并通过教师的意义理解逐渐使静态的知识变得丰富和灵动起来，充满鲜活的生命气息。

其次教师与学生的心灵相遇。在“我——你”的课堂，教师既与学生个体敞开面对面地对话，这种活动，在英文里称为“tailoring”，即“服装剪裁”，像按照每个人的身体尺寸量体裁衣那样去对应每个学生的个性，这是一种不断地从个体出发又回归个体的对话，在相互交流中，师生双方敞开了自己的精神世界，接纳着对方，同时又把自己投向对方，获得理解和沟通。这种相互作用使双方的活动、精神都伸向对方，对对方的活动产生影响，因此双方的活动受对话的引导，双方在对话中都获得了精神的交流和意义的分享。还有一种是让各种学生的看法和想象相互碰撞激荡，回响共鸣的活动，佐藤学称之为“交响乐团”，如文字所示，好像不同乐器的声音相互协调地鸣响而产生了交响乐那样。在课堂里，各种各样的意见、想法相互呼应便产生了如同交响乐一般的教学(2003:46)。

我们的课程实施之旅，从学生的维度，学生通过自己的经验既与课程相遇，他有着“自我”对文本的独特理解；也与教师的心灵相遇，在与老师的心灵对话中，他可能会转换对文本的认识，重新认识文本；还与同学一路同行，相似的年龄，不同的背景，既竞争又合作，在学习共同体中的对话既容易共鸣与共识，也容易各显旨趣丰富理解。

在课程实施中，夹杂着各种不同的声音，混杂着各种不同的对话，教师、学生与文本交互作用，在意义理解中将文本解构和再建构，在心灵的对话中实现视域的融合，文本中特定的文字、感情和形式，在此过程中个人的故事鲜活了起来，文本也开始呼吸，与光线、声音和动作一起活在空间和深度的世界，心灵的感觉在多向度敞开。学生学着去寻求文本中隐含的线索、理念和影像，他们透视文字的意义，应用想象的力量，创造或再创造活的文本。

我们期待课程实施之旅丰富我们的心灵、丰富旅程的意义，有时旅行的意义就在旅行本身。课程实施之旅，需要教师整个心灵的参与：

只有通过充满感情地与学生、学科内容和环境融合在一起，我们才能形

> 成理想的教学。教师每天应用想象和直觉对引导的、真实的教学来说是必要的。真正的教育是把人们从黑暗引向光明,它是与直觉的灿烂的火苗相伴随的,是与想象的热情的火焰相伴随的,是与和蔼的关爱相伴随的,是与容光焕发的爱的火焰相伴随的。(Virginia Jagla,1992:78)

真正的教育需要爱的供养、心的交融,需要教师在课程实施时进入一种畅神的境界:当教师褪去权威、放下架子,与学生就学习、社交、情感等多方面的话题进行真诚平等的对话时,他就使自己,也使学生在师生互动中印证了彼此的存在;当教师在教学活动中不仅向学生展示出知识的力量、科学的理性、世界的浩瀚,宇宙的无限,而且与学生共同探讨其对生命存在的内在价值时,他就以细腻的人文关怀走入了学生敏感丰富的心灵;当教师执著地、专注地、投入地、深情地在教育舞台上耕耘、体验、品味、沉醉时,他就为自己寻到了一个美轮美奂的意义世界,并使自己的人生获得了"爱"的延伸,这就是畅神境界。它使教育的时空充满着生命的韵律,使逐物的私欲获得灵魂的洗涤,使主体的心灵在交融中超越小我,使师生双方在互动中得到升华(王枬,2002)。课程实施,让我们带着心灵去旅行!

7.1.3 课程实施:智慧生成之旅

在课程实施的场域,有教师形容:"喧嚣与繁华的社会让我们心浮气躁,现代快节奏的生活让我们慢不下来,也静不下来。我们就像一台永不停止的机器,转、转、转,忙、忙、忙,眼花缭乱,应接不暇。知识的洪水淹没了我们的大脑,也淹没了我们的智慧。我们的大脑几乎成为了别人思想的跑马场。"①

我们的课程实施是向未知方向推进的探险之旅,处于复杂的课程情境的模糊地带,随时都有可能发现意外的通道和充满挑战的图景。作为教师,我们经常会遭遇一些这样的尴尬:提问某个学生时,学生爱理不理,以怪腔怪调引起哄笑挑战你的管理;故意出一个难题掂量你,让你感受在众人面前不知所措的窘迫;批评某个好学生,语气重了点,学生泪眼婆娑令你左右为难。此外,我们也经常遭遇因自己在讲课过程中发现内容较深学生一时理解不了而出现的断裂和冷场;使用多媒体死机而导致兴趣盎然的课堂一片骚乱……这些看似小事,却都需要我们运用智慧沉着应对,化险为夷。正如苏霍姆林斯基所说的:"教育的技巧并不在于能预见到课的所有细节,而在于根据当时的具体情况,巧妙地、在学生

① 转引自邓友超.教师实践智慧及其养成[M].北京:教育科学出版社,2007:8

不知不觉之中做出相应的变动。一个好的教师，并不见得能明察秋毫地预见到他的课将如何发展，但是他能够根据课堂本身所提示的学生的思维的逻辑和规律性来选择那唯一必要的途径而走下去。”(1984:227—228)

旅途上的未知和不确定性，需要我们通过实践的“智慧”穿越课程实施的沼泽地。对于“智慧”，不同的学科有不同的解释。哲学中的“智慧”是一种觉悟和探寻的过程，属于精神层面，哲学在古希腊语中是“philosophia”，本义是“对智慧的爱”或“爱智慧”。希腊人把惊奇看做是智慧之母，把怀疑看做是智慧之父，并在解释对世界的惊奇和怀疑中探索着智慧。正如毕达哥拉斯所说：人不是智慧的拥有者，而是智慧的热爱者和追求者，正是在此意义上，哲学被称为“爱智慧之学”。

心理学把“智慧”等同于“智力”与“智能”，在《中国大百科全书·心理学》一书中，在解释“智力”时说“智力”又称“智慧”，定义为“人们获得知识和运用知识解决实际问题时所必须具备的心理条件或特征”。加德纳(1999:1)所定义的“智能”即指：一种处理信息的生理心理潜能(biopsy chological potential)，这种潜能会在某种文化情境下被激发，去解决问题或创作该文化所视的产品。这个定义体现智能的特点包括：智能是看不到，也无法计算的；它们可能是神经方面的潜能；这些潜能可能会被激发；需视某种特定文化的价值观，及其所提供的机会以及自己受个人、家庭、教师和其他人影响所做的决定。[①] 他提出了人类的智能包括语言智能、逻辑数学智能、空间智能、身体动觉智能、音乐智能、人际智能、内省智能、自然观察智能。

教育学把“智慧”理解为个体生命活力的象征，“是个体在一定的社会文化心理背景下，在知识、经验习得的基础上，在知性、理性、情感、实践等多个层面上生发，在教育过程和人生历练中相承的应对社会、自然和人生的一种综合能力系统。”(田慧生，2005，丛书序言:3)智慧不是一般意义上的聪明，甚至也不只是心理学概念中的智商，它是每个个体安身立命、直面生活的一种品质、状态和境界。知识不等于智慧，智慧不能像知识一样直接传授，但它需要在获取知识、经验的过程中经由教育的悉心呵护而不断得到开启和发展。

在课程实施之旅中，我们一方面通过课程实施，不断促进学生的智慧生成；另一方面，我们通过体验与反思，不断生成自己的教育智慧。叶澜教授(1998)认为，教师的教育智慧集中表现在教育教学实践中：他具有敏锐感受、准确判断生成和变动过程中可能出现的新情况和新问题的能力；具有把握教育时机、转化教

① 加德纳的“智能”概念转引自郑博真.多元智能统整课程与教学[M].长春：长春出版社，2002:1.

育矛盾和冲突的机智;具有根据对象时机和面临的情境及时作出决策和选择、调节教育行为的魄力;具有使学生积极投入学校生活,热爱学习和创造,愿意与他人进行心灵对话的魅力。教师的教育智慧使他的工作进入到科学和艺术结合的境界,充分展现出个性的独特风格。

在教育智慧的科学与艺术问题上,伯恩斯坦(1992:204)认为:没有智慧,技术便是盲目的;没有技术,智慧便是空洞的。教师的智慧可以通过学习获得,但这种学习首先必须立足于个体经验,外来的知识只有通过在和教师的个体经验结合的时候,才能被内化。智慧在本质上是高度个性化的,没有完全相同的智慧,每个人的智慧都是深深打上自己的烙印的。一个教师最值得珍惜、能够反映和代表他教育生涯价值及一生教学最宝贵财富的就是他的教学经验。

田慧生教授(P.11)认为,在现存体制中,阻碍教师教育智慧的因素表现为三大方面:第一是传统经典教学体系的束缚。狭隘、片面的教学理论认识束缚了教师的理论视野,影响了教师对于教育意义、价值及教学活动丰富内涵的全面认识与把握;传统教学操作体系高度的技术取向和工业化生产特征束缚了教师创造性的发挥。第二是教学改革和教育科研的功利性取向。第三是教师在传统教学背景下形成的一些习惯工作方式。

智慧是一种心灵的活动。它由感悟人生的深刻头脑、洞晓事理的聪慧心灵、触摸脉搏的人文关怀、飞扬跳荡的激情热血所构成;它表现为对真理的探索、对意义的追问、对思想的寻觅、对价值的追求。在教育中,智慧更是体现为一种自由创造的生命活动。其中,创造是智慧的精髓,生命是智慧的灵魂。因了创造,智慧才富有活力;因了生命,智慧才得具润泽。(王枬,2006:310)

课程实施之旅,我们需要保持一颗觉悟和探寻智慧的神圣之心。帕尔默(P.111—112)认为,“在错综环绕的神圣的景观里,惊喜是位长时间的伙伴,它悄悄地等在转弯处,或隐藏在下一道山谷中;虽然它有时让我们吃一惊,但常常给我们喜悦。”但如果“世界没有了神圣,内在景观不再是丰富多彩,就没有奥秘可言了。漫游世界不再是走过大草原,穿过森林,跨洋过海;不再是走过沙漠,跨过高山,穿过峡谷;不再是从深耕细作的肥美良田到原始荒原。非神圣化的景观是极其单调乏味的,没有了纹理和凌乱,没有了色彩和灵光——穿越的旅程很快就变得说不出的沉闷了。”课程实施,我们期待旅途中的精彩迭出,智慧生成!

7.2 重新出发:我们怎样踏上新的课程实施之旅

仰望星空,我们心潮澎湃,我们对课程实施未来之旅充满着梦想;脚踏实地,

我们该怎样踏上新的课程实施之旅，成就心灵的期盼？

课程实施的场域是复杂的，各种因素交互混杂影响着课程实施。有时它需要我们拥有捕捉课程事件的教育敏感性；有时它需要我们拥有即兴演奏和创作的教学机智；有时它需要我们具有带着学生去探险的教学勇气；有时它又需要我们展开课程实施的想象力！课程实施需要我们在适当的时候、适当的情境，作出适当的决策。

7.2.1 带着经验上路

经验在本研究中不断被提及，它是一个我们经常使用却难以驾驭的词汇，也是一个众多学科、众多学者不停追寻的问题。哲学上关于经验的认识主要有三种：①经验即经历、体验；②经验泛指由实践得来的知识或技能，有时也指由历史证明的结论；③经验通常指感觉经验，即感性认识，是人们在实践过程中，通过自己的肉体感官直接接触客观外界而获得的对各种事物表面现象的初步认识（魏宏聚，2009）。人们对经验的传统认识存在着误区，例如柏拉图、亚里士多德等，他们都认为经验是变动不居的、模糊的、不确定的，因崇尚理性而贬抑经验。所以，在传统的知识观中，经验被认为是非理性的结果而被排斥在知识家族之外，低估了经验的意义与价值。

一般来说，教师是根据自身经验对课程实施情境做出判断，采取行动的，所以，教师的日常课程实施总带有一种经验的品质。课程实施中的经验真实地存在着，但却以一种潜在的方式隐匿于个体的日常实践中。有研究结合布迪厄的场域和惯习的理论，认为从静态的角度来说，教学经验是教师个体在日常教育实践过程中所形成的认识与行动图式，是一种被建构化了的结构；从动态的角度来说，教师的教学经验是教师在自身的日常教育实践中，通过学习、交流与实践，不断反思、体悟被塑造与生产，是一种建构中的结构。（张涛，2008）

笔者认为，教师在课程实施中形成的经验既是在实践中建构的，又是关于实践的，同时还是指向实践的。经验具有鲜活的实践品格，经过反思性理解的经验存在于“自我”看待经验的方式中，是带有个性特征的教师个人实践知识。新任老师与资深教师的最大区别在于，资深教师在实施课程的过程中形成了比较丰富的实践知识（图 7.1）。

从职初教师发展到有经验教师及专家教师，教师的专业成长与知识结构有着明显的差异。职初教师的知识结构以原理知识为主，包括学科的原理、规则，还有一般教学法知识，均属于显性知识。有经验教师在教学实践中逐步积累案例知识，即关于学科教学的特殊案例、个别经验。专家教师则不同，他们还具备

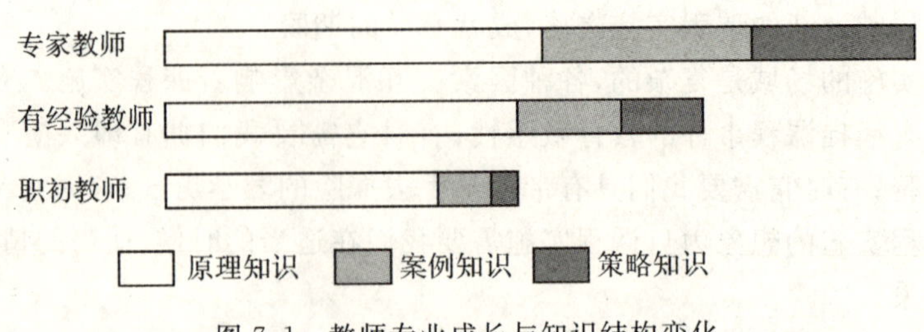

图 7.1　教师专业成长与知识结构变化

资料来源:顾泠沅.教学任务的变革[J].教育发展研究,2001(10):5—12。

丰富的策略知识,也就是运用教育学、心理学原理于特殊案例的策略,来自于对课程实践的反思。案例知识和策略知识,很大部分是教师的亲身经验,以缄默知识居多。它被镶嵌于真实的教育情境,是情境性的和个体化的,常常是不可言传的,依附于教师的教学行为之中而无法剥离。

教师的经验除了自身的积累,还可以通过"学习他人经验"的方式获得。他人的经验既存在于书本的文字之中,需要教师保持一种持续向书本学习的状态;也大量存在于学校专业共同体的同事之中,需要教师加强跟同事的学习与交流;当然学习他人的经验还存在一个适用性的问题,这又需要教师具有一种批判性精神选择性地借鉴。我国中小学为帮助新老师成长采用的"师徒制",就是希望"徒弟"通过结对的方式向"师傅"学习有益的经验。

教师每一次课程实施后的回归,是一个将沿途的经验加以反思内化为个人实践知识和实践智慧的过程。教师每一次课程实施回归后的重新出发,则是一次带着反思经验上路的新的课程实施之旅。

教师除了自己带着经验上路,课程实施不应遗忘学生的经验。赫尔巴特认为:多年来学校中以记忆孤立事实为特征的教学,没有任何教育和道德的价值。在赫尔巴特看来,大脑是在已有的知识基础上统觉或理解新知识。他强调教师必须运用儿童的统觉团以使儿童学到新知识;教师必须发展这个统觉团以使儿童学到新知识。① 我国学者金生鈜(P.164)认为,学习课程,必须依赖于已知,从已知起步,而经验正是学生在理解课程前的已经具有的精神储备,只有经验才能说明已经知道了什么,还不知道什么,经验的本质就是不完全性,它总是向未知开放,向新经验开放,总是使经验者向未知前进。课程一方面使学生感到已有经验的欠缺,从而在课程中探索未知,另一方面以已有经验作为参照系,使课程作

① 赫尔巴特的观点转引自F·派纳等著.理解课程[M].钟启泉等译.北京:教育科学出版社,2003:78.

为未知的领域，通过学生已有经验的参照被学生理解，从而与已有的经验融合在一起。更重要的是，经验对未知的参照作用意味着学生对未知世界具有一种开放性，也就是对课程具有一种开放性。在经验的参照中，课程通过学生的理解，使经验更新和扩大，也就是扩大了学生理解的视野，从而在课程中发现新的未知，进行新的理解，获得新的意义，扩展新的经验，学生的经验就在教育的过程中不断发展和重建。

杜威(1960:10—11)认为，经验"不仅包括人们做什么和遭遇些什么，他们追求什么，爱什么，相信和坚持什么，而且也包括人们是怎样活动和怎样受到反响的，他们怎样操作和遭遇，他们怎样渴望和享受，以及他们观看、信仰和想象的方式——简言之，能经验的过程。'经验'指开垦过的土地，种下的种子，收获的成果以及日夜、春秋、干湿、冷热等等变化，这些为人们所观察、畏惧、渴望的东西；它也指这个种植和收割、工作和欣快、希望、畏惧、计划、求助于魔术与化学，垂头丧气或欢欣鼓舞的人"。在杜威看来，"经验"既包括了被经验的"材料"也包括了能经验的主体及其活动；既包括了物理的东西也包括了心理的东西，它既不是单纯"主观的"也不是单纯"客观的"，而是"整体的"。

杜威同时认为经验具有连续性和能动性，经验的连续性意味着每一经验都对过去的经验有所吸取，同时通过某种方式对那些随后而来的经验的特点予以更改。但杜威反对纯粹的经验主义，"纯粹的经验思维的种种缺点是明显的，其中三点值得注意：第一，它具有引出错误信念的倾向；第二，它不能使用于新异的情境；第三，它具有形成思想懒惰和教条主义的倾向。"(2005:160)"那种满足于重复过去事实的经验主义是没有给可能性和自由留下任何余地的。"(Cornell，1989:88)

所以，对于课程实施中的经验，我们既要重视经验对教师课程实施的意义，又要看到经验的局限性以及经验定势给教师课程实施带来的消极影响。爱泼斯坦(Epstein，1992)指出：经验系统一般被认为有一个非常长的进化发展史，这一系统一般被认为有一个非常长的进化发展史，这一系统既存在于人类当中，也存在于非人类当中，因为人类有一个高度发展的大脑，因此经验系统的运行会更加复杂。在经验系统运行的低级水平上，实现对信息的自动、迅速、不需付出努力并且有效的加工；在经验系统运行的高级水平上，尤其在与理性系统的相互作用中，经验系统是直觉和创造性的来源。虽然他对事物的表征一般都是具体的、形象的，但是它可以通过原型、隐喻、脚本乃至叙述实现抽象和一般化。与之相对，爱泼斯坦也描述了自己对分析系统的观点：理性系统是一个深思熟虑，需要付出努力、加工抽象信息的系统，它主要借助语言这一中介实现对信息的加工，并且具有一个非常短暂的进化发展史，它可以实现高水平的抽象、并忍受对满足的长时间滞后，但是在应对日常事务上，它不是一个非常有效的系统，从时间上来说，它的适应性有待进一步检验。

课程实施需要在经验与理性的中间地带找到新的生长点重新出发，教师带着新的经验踏上新的课程实施之旅。

7.2.2 减少决策偏差

教师的课程实施面临着各种各样的决策。小到上课该用怎样的表情，该叫谁回答问题；大到课程实施目标的取舍，课程实施内容的选择……决策贯穿于教师课程实施的整个过程。如果把这些大大小小的决策看做是点，那么由这一个个的点所连成的线便构成了教师课程实施的旅途。有些教师的旅途一帆风顺，有些教师几经周折才勉强到达景点。这一切，很大因素是因为每个教师所做的一个个大小不同的决策使然！教师的决策水平直接影响着教师课程实施的质量，影响着学生是否能够享受到优质的课程教学。

影响教师决策的因素很多。教师的个性、经验、价值观、性情、看待和处理问题的方式都会影响教师的决策风格。比如，人的气质有胆汁质、多血质、粘液质、抑郁质之分，这些气质特征反映在决策行为上就有果断型、顽强型、多虑型、温和型等不同风格。同时，教师的决策行为还受到他在面对和处理信息时的心理制约。在课程实施过程中，我们要尽量避免心理偏差导致的决策行为偏差。

有研究认为(孙多勇，2007：115－120)，一般的个体行为偏差主要来自两个方面：一是直觉导致的偏差，即决策者在形成认知和作决策时存在着一些经验规则及由此联系的系统性偏差；二是框架依赖导致的偏差，即个体因为情境和问题的陈述与表征不同而做出不同的选择所导致的偏差。心理学上将外部信息呈现形式称为外部框架，将信息的内部表征称为心理框架。心理偏差的一般表现如下图(图7.2)：

面对不确定和不可预测的前景时，外在的课程政策、媒体导向、专家观点等环境因素和个体的知觉、记忆、框架等认知特点会导致决策时的心理偏差及偏差行为。

过度自信是指决策者因为对自己的假设和意见过于肯定，高估自己的知识和优势，从而夸大了控制事件的自我能力，低估了风险，忽略了自身的缺陷(罗宾斯，2004：78)。在公开课上，有些教师觉得自己的教案是出自众多高手磨课之后的集体智慧，往往就会表现得过度自信，在评课时出现质疑教案的不同声音，上课老师因为过度自信不一定会采纳对方的合理意见。

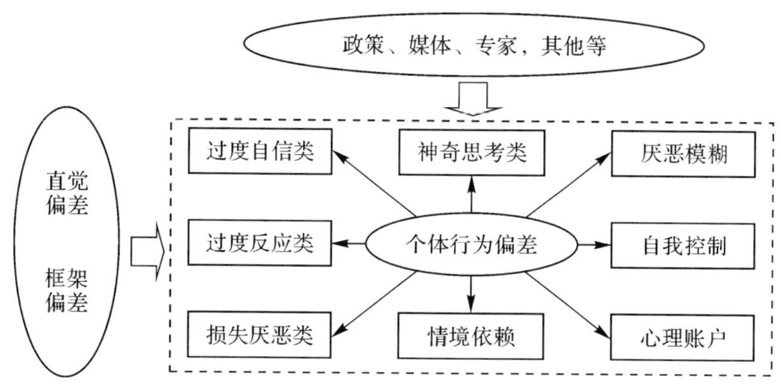

图 7.2 个体决策心理及行为

资料来源：孙多勇.突发事件与行为决策[M].北京：社会科学文献出版社，2007：115.

过度反应包括反应过度和反应不足两类。在课程实施中，教师对公开课往往表现为反应过度，老师们往往会不计成本地追求“最优化”决策，恨不得把跟上课内容有关的所有资料都网罗名下，但是，往往有时备选方案越多，做出判断与选择就越难，特别是在各方案都很不错，甚至越变越好时，教师反而就越难作决策。反应不足恰恰反应在常态课上，面对一些新的理念，教师表现得比较保守，不会轻易加以改变。

损失厌恶在心理学上指人们决策时对得失的看法是不对称的，即同样一件东西，人们失去它所经历的痛苦会大于得到它所带来的快乐。这种赋予效应导致人们不愿意去作决策改变现状，人们对于改变带来的不利之处的感觉要超过带来的有利之处，所以，除非改变现状能够带来更大的利益，否则人们不会轻易改变现状。在课程实施中，教师对外在改革表现的排斥心理，在一定程度上跟损失厌恶有关。在上课时，教师倾向于“预设”放弃“生成”，既跟教师不愿意沉没在备课时投入的时间精力的成本损失有关，也跟教师在面对信息时，当信息不符合教师心中的信念、预期和期望的时候，人们会倾向于有益或无意地忽视它，而有选择性地感知与自己心中信念、预期、期望和兴趣相一致的信息有关。

神奇思考指的是对表面看来具有因果关系的心理变化和强化，是缺乏逻辑的一种行为模式。比如，在课程实施中，张老师认为提问可以活跃课堂气氛，于是增加了提问的次数，课堂也确实热闹了一些。于是张老师的想法得到加强，会不断重复这样的决策，而实际上，课堂气氛跟提问并不存在严格的逻辑关系。

情境依赖是指一种刺激所产生的作用在很大程度上取决于人们当时所处的

情境,个体对新的外来信息的感知并不是孤立的,而是依据事件当时发生的情境和过去获得的经验去理解信息的分量和价值。在课程实施中,为什么特级教师的教案搬到自己班里就不行,这里有个教案的情境依赖问题,特级教师的教案适应于特级教师自身的素质和他所营造的情境。脱离了具体的情境盲目照搬,就会出现"东施效颦"的尴尬。

厌恶模糊是指人们不喜欢概率分布不确定的情况,大多数人的决策都会偏好已知概率(风险)为依据,不喜欢未知概率(不确定)为依据。由于事件发生和影响的不确定性,会加剧人们恐惧的心理。在课程实施中,由于教师觉得课程改革存在诸多的不确定因素,改革的很多东西都是未知数,比如改革能不能成功?自己能不能适应新课程的理念?能不能将课程改革倡导的教学方法运用自如?因为没有安全感,教师在本能中也会表现出对课程改革的不欢迎态度。

自我控制指的是对自己情绪的控制,由于受到多种因素的影响,个人往往难以控制好自己的情绪,而产生控制幻觉和失去控制等偏差。在运作课程时,对于课堂管理,因为教师担心课堂失去控制,所以在决策时往往采用比较容易控制课堂的保守方法而抑制了学生的积极参与。

心理账户是人们简化处理复杂问题的一种方式。当一个人面临几个不确定的决策问题时,通常不会按照完全理性去考虑所有可能发生的结果,而是将决策分成几个小部分,然后针对不同部分采取不同的对策,这种被划分的部分就是心理账户(孙多勇,2007:124)。在课程实施目标上,面对新课程提出的"知识与技能"、"过程与方法"、"情感态度价值观"的三维目标,教师划分的心理账户是不一样的。教师往往还是会把知识放在最重要的位置考虑,如果在经验课程中反映出学生的知识没有掌握,教师会再花时间加以弥补。而对于另外的两维目标,则容易被忽视或者持一种附属的态度。

在课程实施过程中,教师的课程实施决策行为都会有意与无意地受到直觉偏差和框架偏差的影响。存在偏差并不可怕,可怕的是我们对偏差的不觉察,并顽固地坚持偏差而带来的非理性行为。在教师的课程实施之旅中,要完全避免决策心理偏差带来的偏差行为也不现实。我们所能做到的,就是尽量减少决策偏差,使自己的课程实施行为不断有助于学生的学习和发展!

7.2.3 优化实施过程

最优化概念反映了人类实践活动中的一种普遍现象,即在一定的社会经济条件和人力、物力及实践因素的约束下,人们总是希望自己的工作效果达到最好。20 世纪 70 年代,前苏联学者巴班斯基(2007:3—4)曾进行过"教学过程最

优化”的研究。他所提出的教学过程最优化，指的是根据培养目标和具体的教学任务，考虑学生、教师和教学条件的实际，按照教学的规律性和教学原则要求，来选择一个最好的工作方案，然后灵活地实施这个方案，以期用不超过规定限度的时间和精力，取得对具体条件来说是最大可能的最佳效果。虽然他的研究带有控制论的色彩，虽然在现实中我们很难达到“最优化”的目标。但优化课程实施，促进学生发展应该是任何时代的不二法则！

在课程实施过程中，要学会识别和洞察各种信息，做出合理的解释和加工。认知心理学认为，人的认知过程可以看成是人脑中信息处理的过程，它有四个环节：信息获取、信息加工、信息输出和信息反馈。尽管在运作课程时教师做的是直觉的即时决策，但这之中也经历了信息处理过程，只不过这一信息获取、加工、输出、反馈的过程非常短暂。在这四个环节中，大脑对信息的不同加工策略导致了不同的决策过程，不同的决策导致了不同的实施过程。

福加斯（Forgas，1995）提出的情绪浸润模型（the Affect InfusionMode，AIM）旨在解释情绪对决策的影响，该模型假设即人是吝啬的信息加工者，个体在加工信息的过程中会尽量减少认知努力，采用既容易又简单的加工策略满足环境的最低要求。情绪影响个体建构性加工，它有选择地影响个体的学习、记忆、注意和联想，并最终使得个体的认知结果向着与情绪相一致的方向倾斜。AIM 区分了四种信息加工策略，我们这里主要以该模型的四种加工策略来解释教师在课程实施中的决策过程（图 7.3）：

直接进入加工策略依赖明显的线索提取已贮存的知识，是产生观点或评价的最简单方法。一般来讲，每个人都有一个存取丰富的仓库，贮存着晶体化的知识，在不允许进行深加工的条件下，个体就从仓库中提取现成的知识。当认知任务是高度熟悉的、低个体相关的或者没有任何动机、认知、情感、情境上的额外要求时，个体就会采用直接进入加工策略。教师在课堂上作出的很多决策，就是运用了直接进入加工策略。

动机驱动加工策略假设了一种指导信息加工的强烈的先定目标，因此极少允许建构性、非方向性的加工出现。比如，在课堂教学中，以效率为导向的课程实施，就极少允许课堂意外的生成，课程实施使用高度选择的信息整合策略，以达到完成教学任务的结果。动机驱动加工过程不仅包括要求准确的动机，还包括由具体目标控制和导引的信息搜索和判断过程。

启发式加工策略发生在当任务相对简单或较为典型，与个体有较低的关联性，或个体缺少与任务有关的晶体化知识，又没有强烈的动机目标，认知资源有限，对任务没有精确或深加工的要求时。个体会运用最小努力，依赖有限信息，

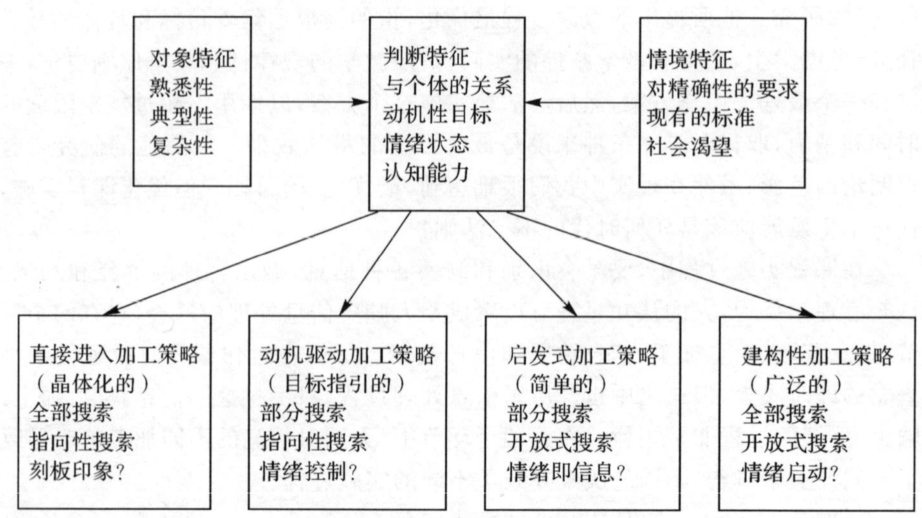

图 7.3　四种信息加工策略及过程

资料来源:转引自庄锦英.决策心理学[M].上海:教育科学出版社,2006:192。

走任何可用的捷径。在课程实施中,为应付学校的备课检查,教师有时会直接向上过这门课的老师借教案,采用最便捷的复制方式应付检查。

建构性加工策略亦称冗繁加工,一般出现在下列情形中:任务是复杂的、非典型的、与个体密切相关,或者个体具有足够的加工资源,但缺少具体的动机目标。在建构性加工中,情绪启动最有可能影响对信息的选择、学习、诠释以及对新信息的同化。在课程实施中,教师对学生学习过程中出现的厌学状态,在策略的选取上需要考虑如何通过调动学生的情绪积极参与课程的学习。

总之,任务的熟悉性与复杂性、任务与个体的相关性、个体对完成任务的动机及加工能力、个体的情绪等等因素都会影响决策过程,整个影响过程可以描述为下图(图 7.4):

课程实施中的决策是一个复杂的过程,它不是线性流程能轻易表达的,在决策过程中,思维对于加工策略的运用,往往也是各种策略复杂地混杂在一起"整个儿"的综合物。每一次回归之后的反思,需要我们根据具体的情境,根据问题的不同性质,综合运用与情境相匹配的多种信息加工策略,做出合理判断,优化课程实施的决策过程,重新踏上新的旅程!

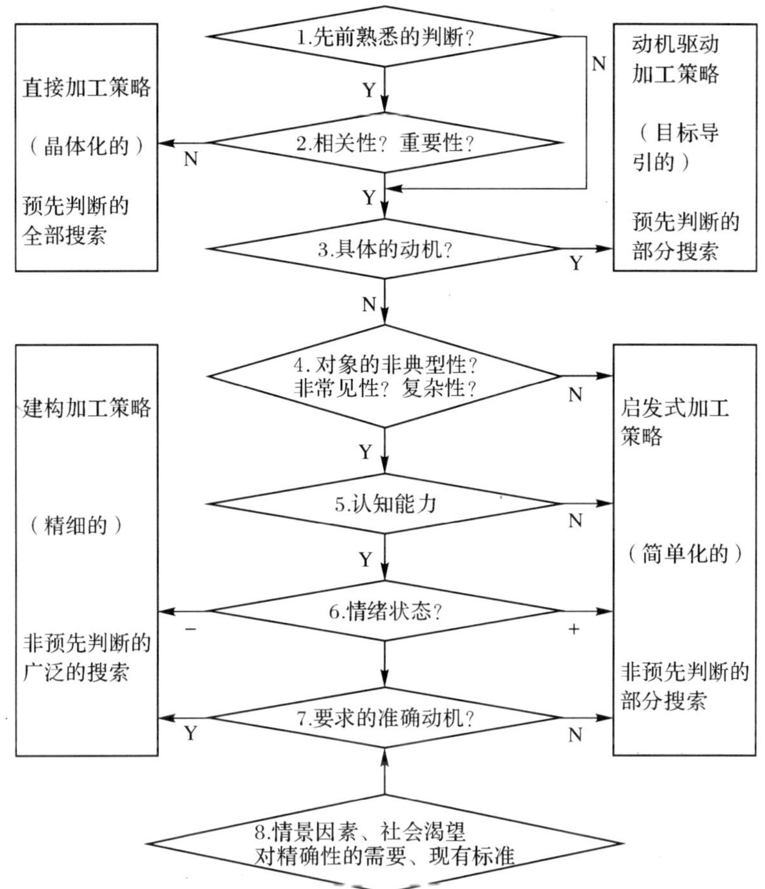

图 7.4 影响过程选择的因素及相互关系

资料来源：转引自庄锦英.决策心理学[M].上海：教育科学出版社，2006：196，有改动。

7.3 本研究聚焦与辐射

行文至此，笔者对教师课程实施之旅的研究暂告结束。如果要对整个研究作一总结与反思的话，本研究的主要创新与发现可以归纳为这样的几个方面：

第一，基于决策的描述性范式，运用“课程实施”的概念工具，从课程与教学整合论的视角概括了教师课程实施之旅的决策特点。

受前苏联教学理论的影响,对于教师教学过程的研究,我国学者从教学论视角研究教学的成果颇为丰富。21 世纪前后,受第八次新课程改革的影响,很多学者开始转向课程论视角。本研究对教师教学过程的描述,选用的是“课程实施”这一概念工具,因为在笔者看来,“课程”属于“课程论”概念,而“实施”可归属于“教学论”范畴,研究“课程实施”不得不关注“课程”与“实施”两个方面,所以这一学术术语很自然地将课程与教学论融于一体,是实现课程与教学整合研究的可能概念工具。

中小学教师对于国家课程实施,在课程层次上始发于领悟课程,行动于运作课程,反思于经验课程;在教学实践上是一个从备课、上课到评课的过程。教师课程实施过程是一个不断作出决策并加以执行的过程,在这一过程的不同阶段,教师的决策关注重点各不相同,表现出了不同的决策特征(表 7.1)。

表 7.1　教师课程实施之旅的决策特点

课程层次	教学行为	决策关注	决策特点
	教什么	理解与重构正式课程	
领悟课程	备　课	怎么教	风险规避的决策心理
	教　案	有限理性决策	
	教案调适	锚定效应	
运作课程	上　课	课堂管理	直觉决策
	时空调控	渐进决策	
经验课程	评　课	良构问题	程序性决策
	非良构问题	混合扫描决策	

资料来源:本研究结论。

在领悟课程的备课阶段,教师的决策主要关注的是“教什么”、“怎么教”以及“形成教案”的过程。教师决策“教什么”主要基于对正式课程的理解与重构;对于“怎么教”的策略选择基于“风险规避”的决策心理;对“教案设计”体现的是追求“满意”的有限理性决策。

在运作课程的上课阶段,教师的决策重点一般放在“教案的调适”、“课堂秩序的管理”以及“课堂时空的调控”等方面。面对课堂情境的紧迫性和多变性,教师对于“教案调适”具有一种决策的“锚定效应”;对“课堂管理”表现的是一种经验的“直觉决策”;对“时空调控”体现的是一种边走边看的“渐进决策”性格。

在经验课程的反思阶段,教师通过自我反思与集体课堂观察评课的方式进行“经验课程”、“运作课程”、“领悟课程”的反思，整个课程实施过程表现为基于良构和非良构问题解决的“混合扫描”的决策特征。教师课程实施的质量在很大程度上取决于教师课程实施过程中的决策水平，而教师决策水平的改善依赖于教师是否能够对自己课程实施中的决策做出反思。

同时，在课程实施的每个阶段，我国教师对待常态课和公开课的实施态度是截然不同的，居家过日子的常态课决策表现了教师课程实施的真实水平和生存状态，期望给人“眼睛一亮”的公开课虽然存在不少诟病，但确实是产生决策创新思想和传播创新行为的超级高速公路。

第二，基于复杂理论概括了教师课程实施中影响决策与执行的复杂因素。

教师课程实施过程中的决策不断受到各种因素的影响。除去决策过程中的心理因素，笔者将之主要归为四类：①教师自身因素，如教师的知识、经验、信念、价值观、个性等；②学生因素，比如学生在课堂的表现，学生的能力、心理特点、思维的活跃性等；③教材因素，比如教材的难易度、资源的丰富性等；④课程实施环境因素，包括学校文化、课程文化、教学文化、课堂文化等。这些错综复杂的因素既互相影响，又交混地糅合在一起影响着教师课程实施中的判断和决策（图7.5）。

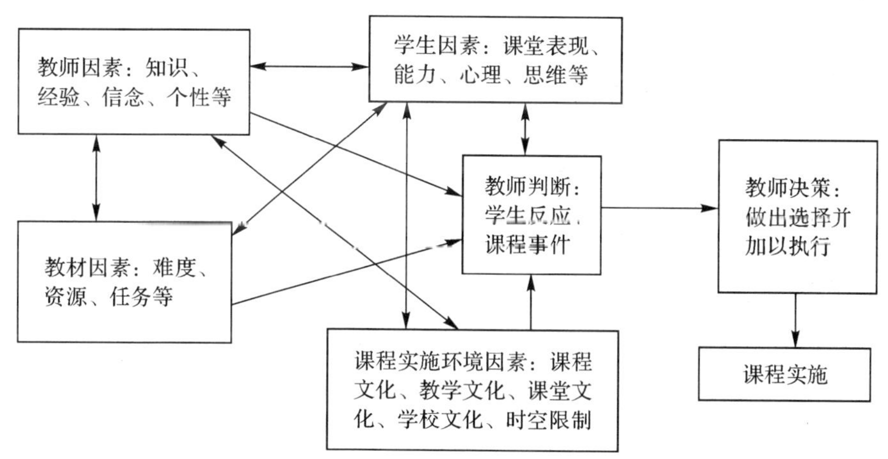

图7.5 教师课程实施中影响决策与执行的复杂因素

资料来源：本研究结论。

这些因素交互影响着教师课程实施的整个决策与执行过程。但在课程实施的不同阶段，针对需要决策的具体情境，各种因素的影响程度又不尽相同。如果一定要析出课程实施不同阶段影响教师决策与执行的三个关键因素，那么，本研

究认为:

在领悟课程的备课阶段,影响教师决策的主要因素包括:①教师自身的专业知识,②教师对教材的理解程度,③教师对学生先行知识和认知心理的把握程度。教师自身的专业知识直接制约着教师将正式课程领悟为“我的课程”中的决策;教师对教材和学生特点的把握影响着教师将“我的课程”重构为“学生可接受的课程”中的决策。

在运作课程的上课阶段,影响教师决策与执行的三个关键因素是:①课堂情境因素,②时间因素,③教师的课堂经验。课堂情境往往因学生而起,课堂教学是坚持预设还是选择生成?课堂管理中的纪律问题是忽略不计还是即时处理?教师对这些课堂事件的决策受当时课堂的情境、教学时间是否允许以及教师潜意识中积淀的直觉经验的影响。

在经验课程的反思阶段,影响教师对整个课程实施过程进行决策反思的主要因素有:①学生所获得的经验课程,②问题的性质,③教师自身与同伴群体的反思能力。教师课程实施的价值追求在于帮助学生获得经验课程,所以教师对整个课程实施的决策反思会以“经验课程”为基点,而课程实施过程中遭遇的问题性质以及自身与同伴群体的评课反思能力直接影响着二次决策的水平。

第三,形成了研究教师课程实施之旅的理论图景。

笔者将教师的课程实施隐喻为“旅”之行程。教师整个课程的实施之旅是一个不断作出决策并加以执行的过程,在这一过程的不同阶段表现出了不同的决策特征。领悟课程中的备课过程体现的是一种追求满意的有限理性决策;运作课程的上课过程展现的是一种边走边看的渐进决策性格;而经验课程的反思过程则主要呈现的是一种基于问题解决的混合扫描的决策。整个研究的基本图景可以概括成图 7.6:

课程实施需要教师在适当的时候、适当的情境,作出适当的决策。不同的决策导致教师不同的课程实施行为,决策的改变意味着教师课程实施行为的改变,教师课程实施行为的改变也就意味着静悄悄的变革正在自觉与不自觉中慢慢地发生……教师课程实施是一个没有终点的旅程,每次回归后的重新出发,仰望星空,期待新的课程之旅是优质教学之旅,是心灵对话之旅,是智慧生成之旅;脚踏实地,优质的课程实施需要教师合理利用沿途的积极因素,化解消极因素,除了技术层面的努力,更需要教师通过向自我、向同事、向理论、向实践学习的方式解放自我,提升课程实施智慧,叙写课程实施的意义故事。教师带着经验上路,通过减少决策偏差,优化实施过程迈步新的旅程。

本研究对于教师课程实施的研究只是基于一般课程与教学论的描述,后续

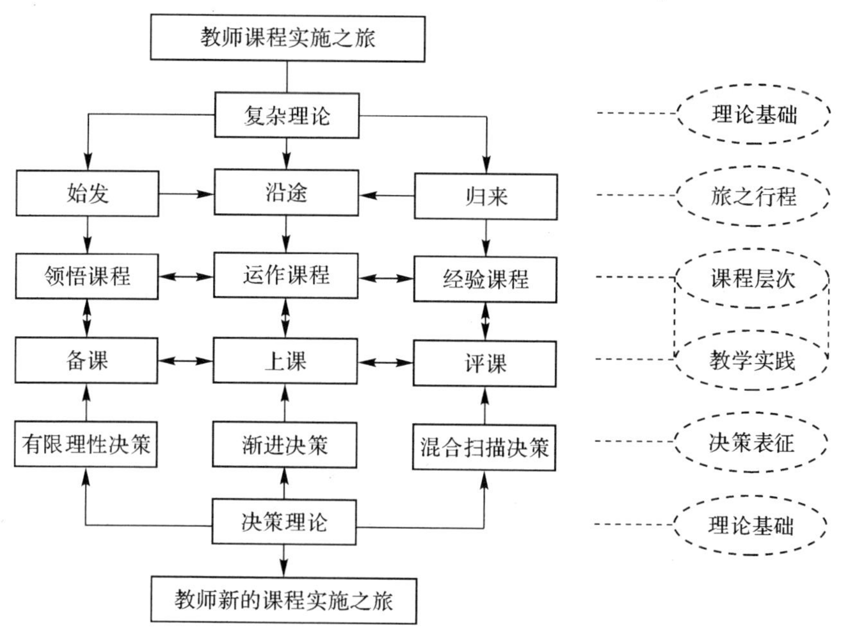

图 7.6 本研究理论图景

资料来源:本研究结论。

关于这一主题的研究可以辐射到不同阶段具体的学科课程与教学论。比如小学语文学科教师课程实施之旅研究、初中数学学科教师课程实施之旅研究、高中英语学科教师课程实施之旅研究……笔者相信,浸入到不同学科带有不同学科身份的教师课程实施之旅研究,将更具"和而不同"的学科个性与学科韵味。

教师课程实施是一个没有终点的旅程,对于教师课程实施的研究也是一个没有终点的旅程。虽然研究者一直在寻求表达教师课程实施的思想家园,但研究一直在路上,总是处于旅途之中,处于变化与未完成之中。

参考文献
B ibliography

[1] Alan, Tom. Teacher Reaction to a Systematic Approach to Curriculum Implementation [J]. Curriculum Theory Network, 1973(11)

[2] Apple. Ideology and Curriculum RCH [M]. Section education, 1990

[3] Arieh, Lewy(ed.). The International Encyclopedia of Curriculum Oxford [M]: Pergamon Press, 1991

[4] Barthes. R. The rustle of language [M]. New York: Hill and Wang, 1986

[5] Basil Bernstein. The Structuring of Pedagogic Discourse: Class, Codes and Control [M]. Vol. IV, London: Routledge, 1990

[6] Bourdieu. P. An invitation to reflexive sociology [M]. Hica-go: University of Chicago, 1992

[7] Bridges, W. & Mitchell, S. Leading transition: A new model for change [A]. HesselbeinF. & Johnston, R. (Ed.), On leading change: A leader to leader guide [C]. San Francisco: Jossey-Bass. 2002

[8] Benner. P. From Novice to Expert [M]. Menlo Park: Addison Wesley Publishing, 1984

[9] Clark, C. Asking the right questions about teacher preparation: Contributions of research on teacher thinking [J]. Educational Researcher, 1988, 17(2)

[10] Clark. C. M. & Peterson. P. L. Teachers' thought processes [A]. In MC. Wittrock(Ed.), Handbook of Research on Teaching(3rd ed), 1986

[11] Connelly, F. M. & Ben-Peretz, M. Teachers' Roles in the Using

and Doing of Research and Curriculum Development [J]. Journal of Curriculum Studies,1980(2)

[12]Connelly. F. M. & Clandinin. D. J. Stories of Experience and Narrative Inquiry [J]. Education Researcher,1990,19(5)

[13] Connelly. F. M. & Clandinin. D. J. Narrative Inquiry [A]. in torsten Husen & Neville Postlethwaite. Eds. The International Encyclopedia of Education 2nd Edition Volum7, Oxford:Pergamon Press,1994

[14] Cornell. West Americau Evasion of Philosophy [M]. Wisconsin University Press,1989

[15] Dale, M. Tales in and out of school[A]. In Liston, D. & J. Garrison (Eds). Teaching, learning and lovin-Reclaiming passion in educational practice [C]. N. Y. Rout ledRe Falmer. 2004

[16] Dawson, K. Best Discipline is Good Curriculum [J]. Rething Scool Online:An Urban Education Resource,2002

[17] DoyJe W. Classroom Organization and Management [A]. in MC. Wittrock (Ed.),Handbook of Research on Teaching [C]. New York:Macm

[18] Doyle,W. Curriculum and Pedagogy [A]. In Jackson. P. W. Handbook of research on Curriculum [C]. new York:Macmillan,1998

[19] Dunkin,M. J. & Iddle B. J. The Study of Teaching[M]. New York:Holt, Rinerchart & Winston,1994

[20] Eisner, E. Aesthetic Modes of Knowing [M]. Chicago,I. L:University of Chicago Press,1985

[21] Etzioni,A. Humble decision making[J]. Harvard Business Review,1989

[22] Evertson,C. Classroom management for elementary teachers:4th edition [M]. Need-ham,MA:Ally & Bacn,1997

[23]Eggleston. The Sociology of the School Curriculum,RKP [M]. 1999

[24]Epstein,S. Lipson,A. ,Holstein,C. & Juh,E. Irrational Reactions to Negative OutcomesEvidence for Two Conceptual Systems:Journal of Personality and Social Psychology,1992(62)

[25]Forgas JP. Mood and Judgment:The Affect Infusion Model(AIM) [J]. Psychological Bulletin,1995,117

[26] Fullan,M. Curriculum Implementation. In Lewy,A(ed) [J]. The International Encyclopedia of Curriculum. Oxford: Pergamum Press

[27] Fullan,M. G. & Pomeret,A. Research on curriculum and instruction implementation[J],Re-view of Educational Research,1977(2)

[28] Fullan,M. & Pomfret,A. Research on Instruction Implementation[J], Review of Educational Research,1977(4)

[29] Goodlad, John. I. Curriculum Inquiry the study of curriculum Practice [M]. New York: McGraw-Hill Book Company,1979

[30]Goodlad,John. I. Curriculum Making as a Sociopolitical Process[A]. In M. F. Klein(Eds), The Politics of Curriculum Decision-making[C]. Allbany: State University of New York. 1991

[31] Hall. G. E. The local educational change process and policy implementation [J]. Journal of Research in Science Teaching,1992,29(8)

[32] Hargreaves. A. & Earl. L. & Schmid. M. Perspectives on Al-tentative Assessment Reform[J]. American Educational Research Journal, 2002, 39 (1)

[33]Hastie,R. Problems For Judgment and Decision Making[M]. Annual Review of Psychology,2001

[34] House, E. R. 'Technology versus craft: A ten-year Perspective on innovation' [J]. Journal of Curriculum Studies,1979

[35]Housner,L. D. & Griffey,D. G. Teacher cognition. Differences in paining and interactive decision making between experienced and inexperienced teachers[J]. Research Quagterly for Exercise and Sport,1985(56)

[36] Hunter, M. Knowing, Teaching, and Supervising [A], In P. Hosford (Ed.), using what Know About Teaching[C], Alexandria, VA: Association for Supervision and Curriculum Development,1984

[37] Jackson: W. Handbook of Research on Curriculum[C]: New York: Macmillan Publishing Company,1992

[38] John. D. McNeil. Curriculum,A Comprehensive Introduction. 4thed. Glenview,Il:Scott,Foresman,1990

[39]Jeff W Trailer, James F Morgan; Making "Good" decision: intuition physics reveals about the failure of intuition [J], The Journal of American Academy of Business, 2004, 3

[40] Kinchel,J. Teachers as Researchers:Qualitative Inquiry as a Path to Empowerment,2nd edn. New York:Falmer,2003

[41]Klein. M. F. A. Conceptual Framework for Curriculum Decision-Making. In M. F. Klein(ed) The Politics of Curriculum Decision-making[C]. New York:state University of New York. 1991

[42] Kounin,J. S. Disciple and Group Management In classroom[M]. New York: Holt, Rinehart & Winston,1970

[43] Kuris Lewin. Field Theory in Social Sciences[M]. New York:Harper & Row,1951

[44] Leithwood, K. ed. 1986. Teachers, their world and their work: Implications for school improvement. Alexandria,Va:Association for Supervision and Curriculum Development

[45] Lindblom,C. E. The science of muddling through Public Administrative Review, 1959

[46] Lortie,Dan. The Balance of Control and Autonomy in Elementary School teaching In The Semi-Professions and Their Organizations: Teachers, Nurses and Social Workers, ed. A. Etzionni [M]. New York: Free Press,1969

[47] Maloy, R. W, and B. L. Jones. Teachers, Partnerships and school improvement [J]. Journal of Research & Development in Education,1987,20(2)

[48] McCulloch. G, Helsly. G, & Knight: The politics of professionalism: Teachers and curriculum. London:continuum. 2000

[49] McIntyre,A. After Virtue: A study in moral theory [M]. Notre Dame:University of Notre Dame Press,1981

[50]McNeil. J. Curriculum: A Comprehensive Introduction. The fifth edition [M]. Harper Collins College Publishing,1996

[51]M. Fullan,Leading in a culture of change[M]. San Francisco:Jossey-Bass. 2001

[52]Munger,L. Support structure for cooperative learning [J]. Journal of Staff Development,1991,12(2)

[53]Oliva. P. F. Developing the Curriculum(3nd ed) [M]. New York:HarperCollins Publishers Inc,1992

[54] Parsons, C. The Curriculum Change Game [M], London, Flamer press. 1987

[55] Peterson, P L. Manc, R. W & Clark. C. M. Teacher Planning, Teacher Behavior, and Student Achievement[J]. American Educational Research Journal. 1978(3)

[56] Pinar, W. F. Sanity, madness, and the school [A]. In Pinar(Ed.), Curriculum theorizing: The reconceptualists. 1975

[57] Pinar, W. F. & Grumet, M. R. Toward a poor curriculum [M]. Dubuque, A: Kendal / hunt, 1976

[58] Pinar. W. F. What is curriculum theory? [M]. Mahwah, NJ: Lawrence Erlbaum, 2004

[59] Piner, W. F. The Synoptic Text Today and Other Essays: Curriculum Development after the Reconceptualization [M]. New York: Peter Lang, 2006

[60] Portelli. J. P. On Defining Curriculum [J]. Journal of Curriculum and Supervision 1987

[61]Rhodes, G. L, and D. B. Young. Making curriculum development work again [J]. Educational Leadership. 1981, 38(8)

[62] Robert Chin. Basic Strategies and Procedures for Effecting Change. In: E. L. Morphet and C. O. Ryan, eds. Planning and Effecting Needed Changes in Education 1967

[63] Rogelberg, S. G., Barnes-Farrell, J. L., & Lowe, C. A. The atepladder teachnique; An slternative group strccture facilitating effective group decision making[J]. Journal of Applied Psychology, 1992

[64] Saylor, J. G. et al. (4th. ed.), Curriculum Planning: for better Teaching and Learning, 1981

[65] Scoffer. R. D. V and Others. Foundations of Education: Social Perspectives [M]. 1979

[66]Shavelson, R. J. What Is The Basic Teaching Skill? [J]. Journal of Teacher Education. 1973, (14)

[67] Shavelson, R. J. Review of research on teachers' pedagogical judgments, plans, and decisions[J]. Elementary School Journal, 1983, 83(4)

[68] Snyder, J., Bolin. F. & Zumwalt, K. Curriculum implementation [A]. In P. J ackon(Ed.), Handbook of research on curriculum [C]. New York: Macmillan, 1992

[69] Snyder, J. F. Bolin. & K. Zumwalt. Curriculum Implementation. In P Jackson(Ed.), Handbook of research on curriculum. New York: Macmillan. , 1992:402—435

[70] Tanner, D. & Tanner, L. Curriculum Development: Theory into Practice [M]. New York, Mscmillan, 1980

[71]Tarter, C. J. & Hoy, W. K. a contingency theory of decision making[J]. Journal of Educational Administration, 1998(36)

[72] Taylor, J. Linguistic Categorization: Prototypes in Linguistic Theory [M). Beijing: Foreign Language Teaching Research Press, 2001

[73] Tyler, R. Basic Principle of Curriculum and Instruction[M]. Chicago and London: The University of Chicago Press, 1949

[74]Van Manen, M. Linking ways of knowing with ways of being practical. Curriculum Inquiry, 1977

[75]Vroom, V. H, & Yetton: W. Leadership and decision making [M]. Pittsburgh, PA: University of Pittsburgh Press, 1973

[76] Warren Bennis. Changing Organizations [M]. New York: McGraw-Hill, 1966

[77] Wayne, W. K. Hoy & Miskel C. G. Educational Administration: Theory, Research and Practice[M]. Xi'an: Shanxi Normal University Press, 2005

[78] Weade, R. Curriculum'n' instruction: The Construction of Meaning [J]. Theory into Practice, 1987, 26(1)

[79] Weber, s. & Mitchell, C. Using drawing to interrogate professional identity and the popular culture of teaching. In I. F. Goodson & A. Hargreaves (Eds.), Teachers' Professional lives. London: The Falme Press, 1996

[80][澳]科林·兰克希尔(Conlin Lankshear),米歇尔·诺贝尔(Michele Knobel)著.教师研究:从设计到实施[M].刘丽译.北京:北京师范大学出版社,2007

[81][德]马丁·海德格尔著.存在与时间[M].陈嘉映等译.北京:三联书店,2006

[82][德]黑格尔著.哲学史讲演录:第1卷[M].贺麟,王太庆译.北京:商务印书馆,1981

[83][德]黑格尔.逻辑学(上卷)[M].北京:商务印书馆,1996

[84][德]伽达默尔著.真理与方法(下卷)[M].洪汉鼎译.上海:上海译文出版社,1999

[85][德]马克斯·韦伯著.社会科学方法论[M].韩水法,莫茜译.北京:中央编译出版社,2002

[86][德]雅斯贝尔斯著.什么是教育[M].邹进译.北京:三联书店,1991

[87][法]埃德加·莫兰著.复杂性理论与教育问题[M].陈一壮译.北京:北京大学出版社,2004

[88][法]埃德加·莫兰著.复杂思想:自觉的科学[M].陈一壮译.北京:北京大学出版社,2001

[89][法]福柯著.福柯集[M].杜小真编选.上海:上海远东出版社,2003

[90][法]帕斯卡尔著.思想录[M].何兆武译.北京:中国国际广播出版社,2009

[91][法]皮埃尔·布迪厄,[美]华康德著.实践与反思——反思社会学引导[M].李猛等译.北京:中央编译出版社,2004

[92][法]皮埃尔·布迪厄.资本的形式[A].薛晓源,曹荣湘主编.全球化与文化资本[M].北京:社会科学文献出版社,2005

[93][加拿大]富兰(Fullan)著.教育变革新意义[M].赵中建等译.北京:教育科学出版社,2005

[94][加]马克斯·范梅南著.教学机智——教育智慧的意蕴[M].李树英译.北京:教育科学出版社,2001

[95][加]马克斯·范梅南著.生活体验研究——人文科学视野中的教育学[M].宋广文译.北京:教育科学出版社,2003

[96][加]马克斯·范梅南.教育敏感性和教师行动中的实践性知识[J].北京大学教育评论,2008(1)

[97][捷]夸美纽斯著.大教学论[M].傅任敢译.北京:教育科学出版社,1999

[98]联合国教科文组织国际教育发展委员会编著.学会生存——教育世界的今天和明天[M].华东师范大学比较教育研究所译.北京:教育科学出版社,1996

[99]联合国教科文组织中文科.教育——财富蕴藏其中[C].北京:教育科学出版社,1996

[100][美]艾伦·C.奥恩斯坦,费郎西斯·P.汉金斯著.课程:基础、原理和问题[M].柯森主译.南京:江苏教育出版社,2002

[101][美]安迪·哈格里夫斯(Any Hargreaves)著.知识社会中的教学[M].熊建辉等译.上海:华东师范大学出版社,2007

[102][美]艾伦・布洛克著.拼贴的课程:大众文化与身份[A].派纳.课程:走向新的身份[C].陈时见等译.北京:教育科学出版社,2008

[103][美]M.阿普尔,L.克丽斯蒂安—史密斯著.教科书政治学[M].侯定凯译.上海:华东师范大学出版社,2005

[104][美]布鲁克菲尔德著.批判反思型教师 ABC[M].张伟译.北京:中国轻工业出版社,2002

[105][美]查尔斯・林德布洛姆.决策过程[M].上海:上海译林出版社,1988

[106][美]David H. Jonassen 著.基于良构和劣构问题求解的教学设计模式[J].钟志贤,谢榕琴译.电化教育研究,2003(10)

[107][美]戴维・索萨.脑研究的分支[A].钟启泉.多维视角下的教育理论思潮[C].胡芩英等译.北京:教育科学出版社,2004

[108][美]F.戴维著.课堂管理技巧[M].李彦译.上海:华东师范大学出版社,2000

[109][美]吉纳・E.霍尔著.实施变革:模式、原则与困境[M].吴晓玲译.杭州:浙江教育出版社,2004

[110][美]赫伯特 A.西蒙著.管理行为[M].詹正茂译.北京:机械工业出版社,2007

[111][美]赫舍尔著.人是谁[M].隗仁莲等译.贵阳:贵州人民出版社,1994

[112][美]胡文松著.课程、超越和禅宗/道教:自我的批判本体论[A].派纳.课程:走向新的身份[C].陈时见等译.北京:教育科学出版社,2008

[113][美]杰拉尔德・格林伯格,罗伯特・巴伦著.组织行为学[M].范庭卫等译.南京:江苏教育出版社,2005

[114][美]理查德・I.阿兰兹(Richard I. Arends)著.学会教学[M].丛立新等译.上海:华东师范大学出版社,2007

[115][美]理查德・迈・英索尔(Richard M. Ingersoll)著.谁控制了教师的工作——美国学校里的权利和义务[M].庄瑜等译.上海:华东师范大学出版社,2009

[116][美]理查德・沙沃森,丽萨・汤.教育的科学研究[M].曹晓南译.北京:教育科学出版社,2006

[117][美]马尔库塞著.单向度的人[M].上刘继译.海:上海译文出版社,1989

[118][美]马文・哈里斯著.文化唯物主义[M].张海洋等译.北京:华夏出版社,1989

[119][美]内尔・诺丁斯(NeJ Noddings)著.学会关心——教育的另一种模式

[M]. 于天龙译. 北京:教育科学出版社,2003

[120][美]Namsoo Shin Hong 著. 解决良构问题与非良构问题的研究综述[J]. 杜娟,盛群力编译. 远程教育杂志,2008(6)

[121]波斯纳(Gerge J. Posner). 课程分析[M]. 仇光鹏等译. 上海:华东师范大学出版社,2007

[122][美]帕克·帕尔默著. 教学勇气[M]. 吴国珍等译. 上海:华东师范大学出版社,2005

[123][美]Russo J,E. 著. 决策行为分析[M]. 安宝生等译. 北京:北京师范大学出版社,1998

[124][美]R. A. 罗宾斯著. 决策的陷阱[M]. 袁汝涛阐释. 长春:吉林文史出版社,2004

[125][美]唐纳德·A. 舍恩著. 培养反映的实践者——专业领域中关于教与学的一项全新设计[M]. 郝彩虹译. 北京:教育科学出版社,2008

[126][美]唐纳德·A. 舍恩著. 反映的实践者——专业工作者如何在行动中思考[M]. 夏林清译. 北京:教育科学出版社,2007

[127][美]Thomas J,Good,Jere. E. Brophy. 透视课堂[M]. 陶志琼等译. 北京:中国轻工业出版社,2002

[128][美]威廉 F. 派纳等著. 理解课程[M]. 钟启泉,张华等译. 北京:教育科学出版社,2003

[129][美]威廉·维尔斯曼(Willam Wiersma)著. 教育研究方法导论[M]. 袁振国主译. 北京:教育科学出版社,1997

[130][美]唐纳德·R. 克里克山克(Danald R. Cruickshank)著. 教师指南(第四版)[M]. 祝平译. 南京:江苏教育出版社,2007

[131][美]威廉·威伦,贾尼丝·哈奇森等著. 有效教学决策[M]. 李森等译. 北京:教育科学出版社,2008

[132][美]小威廉姆·E. 多尔著. 后现代课程观[M]. 王宏宇译. 北京:教育科学出版社,2000

[133][美]WayneK. Hoy,C. John Tarter 著. 学校决策者[M]. 廖申展译. 北京:中国轻工业出版社,2005

[134][美]约翰·杜威著. 经验与自然[M]. 傅统先译. 北京:商务印书馆,2005

[135][美]约翰·杜威著. 民主主义与教育[M]. 王承绪译. 北京:人民教育出版社,2001

[136][美]约翰·杜威著. 哲学的改造[M]. 许崇清译. 北京:商务印书馆,2004

[137][美]约翰·杜威著.学校与社会·明日之学校[M].赵祥麟译.北京:人民教育出版社,2005

[138][美]约翰·杜威著.我们怎样思维·经验与教育[M].姜文闵译.北京:人民教育出版社,2005

[139][美]约翰·D.麦克尼尔著.课程:教师的创新[M].徐斌艳等译.北京:教育科学出版社,2008

[140][日]佐藤学著.课程研究与教师研究[J].钟启泉译.全球教育展望,2002

[141][日]佐藤学著.静悄悄的革命——创造活动、合作、反思的综合学习课程[M].李季湄译.长春:长春出版社,2003

[142][日]佐藤学著.课程与教师[M].钟启泉译.北京:教育科学出版社,2003

[143][日]佐藤学著.学习的快乐——走向对话[M].钟启泉译.北京:教育科学出版社,2004

[144][瑞典]托斯坦·胡森.论教育质量[J].华东师范大学学报(教育科学版),1987(3)

[145][苏]瓦·阿·苏霍姆林斯基著.给教师的建议[M].杜殿坤编译.北京:教育科学出版社,1984

[146][苏]尤克·巴班斯基著.教学过程最优化——一般教学论原理[M].张定璋等译.北京:人民教育出版社,2007

[147][希腊]柏拉图著.理想国[M].郭斌和等译.北京:商务印书馆,1986

[148][英]伯恩斯坦著.超越客观主义和相对主义[M].郭小平译.北京:光明日报社,1992

[149][英]安德鲁·伯克.专业化:对发展中国家教师和师范教育工作者的重大意义[J].教育展望(中文版),1997(3)

[150][英]James Mckernan 著.课程行动研究[M].朱细文等译.北京:北京师范大学出版社,2004

[151][英]John Elliott.课程实验——迎接社会变革之挑战[M].赵中建等译.上海:华东师范大学出版社,1998

[152][英]培根.培根论说文集[M].北京:商务印书馆,1958

[153][意]布鲁诺·塞维.建筑空间论[M].北京:中国建筑工业出版社,1985

[154]蔡清田.从课程革新的观点论教师专业角色[A].师范教育学会.中华民国(教育专业)[C].台北:师大书苑,1992

[155]操太圣,卢乃桂.抗拒与合作:课程改革情境下的教师改变[J].课程·教材·教法,2003(1)

[156]陈彬.走出“价值中立”的认识误区[J].唯实·哲学视界,2010(2)

[157]陈杰琦等.多元智能的理论与儿童学习活动[M].北京:北京师范大学出版社,2004

[158]陈时见.课堂管理论[M].桂林:广西师范大学出版社,2002

[159]陈侠.课程论[M].北京:人民教育出版社,1989

[160]陈向明.质的研究方法与社会科学研究[M].北京:教育科学出版社,2000

[161]陈向明.质的研究中的“局内人”与“局外人”[J].社会学研究,1997(6)

[162]陈晓波.影响课程实施的因素:基于实施取向的探讨[A].霍秉坤等.课程与教学:研究与实践的旅程[C].重庆:重庆大学出版社,2008

[163]程凤春.教学全面质量管理——理念与操作策略[M].北京:教育科学出版社,2004

[164]崔允漷.构建新的听评课范式的实践探索[A].池春燕.切磋:教师如何做教研[C].北京:中国人民大学出版社,2007

[165]崔允漷.基于合作的教学决定:以课堂观察为例[A].霍秉坤.课程与教学:研究与实践的旅程.重庆:重庆大学出版社,2008

[166]崔允漷.课程实施的新取向:基于课程标准的教学[J].教育研究,2009(1)

[167]崔允漷.谁来决定我们学校的课程:一种分析的框架[J].全球教育展望,2001(1)

[168]崔允漷.学校课程规划的内涵与实践[J].上海教育科研,2005(8)

[169]崔允漷.有效教学:理念与策略[A].钟启泉.为了中华民族的崛起,为了每一位学生的发展——《基础教育课程改革纲要(试行)》解读[C].上海:华东师范大学出版社,2001

[170]陈桂生.常用教育概念辨析[M].上海:华东师范大学出版社,2009

[171]陈蓉辉.幼儿园教师课程决策的个案研究[D].博士学位论文,东北师范大学,2009

[172]邓志伟,吴敏.优质教学的特征——德国学者迈尔教授访谈[J].全球教育展望,2006(5)

[173]邓友超.教育解释学[M].北京:教育科学出版社,2009

[174]邓友超.教师实践智慧及其养成[M].北京:教育科学出版社,2007

[175]刁生富.科学的价值中立与价值负载[J].学术研究,2001(6)

[176]丁邦平.教学(理)论与课程论关系新探:基于比较的视角[J].比较教育研究,2009(12)

[177]丁钢.声音与经验——教育叙事研究[M].北京:教育科学出版社,2008

[178]丁念金. 课程论[M]. 福州:福建教育出版社,2007
[179]丁念金. 试论我国基础教育课程决策机制的转变[J]. 课程·教材·教法,2001(5)
[180]丁念金. 西方中小学课程决策机制的转变及启示[J]. 外国中小学教育,2005(6)
[181]丁念金. 作为课程决策主体的中小学教师专业发展[J]. 河北师范大学学报(教育科学版),2009(4)
[182]杜志强. 领悟课程研究[D]. 博士学位论文,西南大学,2006
[183]冯发柱,艾国清. 我们该怎样认识和处理小学语文教材——兼谈《猴王出世》等略读课文的教学[J]. 小学语文,2009(5)
[184]傅佩荣. 哲学与人生[M]. 上海:三联书店,2008
[185]高峡. 活动课程的理论与实践初探[J]. 教育研究,1996(2)
[186]宫留记. 布迪厄的社会实践理论[D]. 博士学位论文,南京师范大学,2007
[187]顾泠沅. 当代教学策略[J]. 上海教育,1997(11)
[188]顾泠沅. 教学任务的变革[J]. 教育发展研究,2001(10)
[189]顾泠沅,王洁. 教师在教育行动中成长——以课例为载体的教师教育模式研究[J]. 课程·教材·教法,2003(1)
[190]顾明远. 教育大辞典[M]. 上海:上海教育出版社,1990
[191]郭初阳,蔡朝阳,吕栋. 救救孩子:小学语文教材批判[M]. 武汉:长江文艺出版社,2010
[192]郭郭. 旅行的意义是什么[EB/OL]. http://www.rmdbw.gov.cn/2010-08-10/2011-4-6
[193]郭金明. 由《猴王出世》引发的争鸣及其他[J]. 小学语文,2009(5)
[194]郭元祥. 论活动课程[J]. 课程·教材·教法,1994(11)
[195]洪汉鼎. 伽达默尔的前理解学说[J]. 河北学刊,2008(1)(2)
[196]洪春幸. 我为课狂,研犹未尽[A]. 崔允漷等. 我思故我教的校本教研的故事[C]. 上海:华东师范大学出版社,2009
[197]侯钧生. "价值关联"与"价值中立"——评韦伯社会学的价值思想[J]. 社会学研究,1995(3)
[198]华应龙. 特别策划:每一次抵达高峰的背后:我是怎么想到的——讲述公开课里新点子的来历[J]. 人民教育,2009(10)
[199]黄甫全. 大课程论初探——兼论课程(论)与教学(论)的关系[J]. 课程·教材·教法,2000(5)

[200]黄小莲.三十年回眸:语文课,怎么上[J].小学语文教学,2009(11)
[201]黄小莲.教学决策水平:教师专业成长的标志[J].课程·教材·教法,2010(3)
[202]黄小莲,王怡芳.基于多元智能理论的校本光谱课程规划与实施研究[J].中小学理,2010(3)(4)
[203]黄欣荣.复杂性科学的方法论研究[M].重庆:重庆大学出版社,2006
[204]黄政杰.多元社会课程取向[M].台北:师大书苑,1995
[205]黄政杰.课程设计[M].台北:太旺东华书局,1991
[206]黄忠敬.我国基础教育课程政策:历史、特点与趋势[J].课程·教材·教法,2003(1)
[207]季苹.教什么知识——对教学的知识论基础的认识[M].北京:教育科学出版社,2009
[208]贾国英.教育质量标准的国家监控构想[J].教育评论,1996(3)
[209]姜荣华.课程实施程度的评价工具研究[D].博士学位论文,东北师范大学,2008
[210]教育部.教育部关于印发《义务教育课程设置实验方案》的通知[Z].教基[2001]28号,2008-11-19
[211]金生鈜.理解与教育——走向哲学解释学的教育哲学导论[M].北京:教育科学出版社,1997
[212]靳玉乐,黄清.课程研究方法论[M].广西:西南师范大学出版社,2000
[213]靳玉乐,杨红.当前活动课程建设的问题与对策[J].中国教育学刊,1997(6)
[214]靳玉乐.反思教学[M].成都:四川教育出版社,2006
[215]柯森.基础教育课程标准及其实施研究[D].博士学位论文,华东师范大学,2004
[216]赖配根.解放教师,解放语文[J].人民教育,2009(2)
[217]李定仁,徐继存.教学论研究二十年(1979—1999)[M].北京:人民教育出版社,2001
[218]李定仁,徐继存.课程论研究二十年(1979—1999)[M].北京:人民教育出版社,2004
[219]李臣之.课程实施:意义与本质[J].课程. 教材. 教法,2001(12)
[220]李臣之.试论活动活动课程的本质[J].课程·教材·教法,1995(12)
[221]李成良.聊聊"懒"课[J].人民教育,2009(1)

[222]励汾水.也谈略读课文教什么——以《猴王出世》一课教学为例[J].小学语文教师,2009(06)
[223]李金.为“价值中立”辩护[J].社会科学研究,1994(4):58－63
[224]李小红.教师与课程:创生的视角[M].桂林:广西师范大学出版社,2009
[225]李政涛.论“教育田野”研究的特质——兼论田野工作中人类学立场和教育学立场的差异[J].教育研究与实验,2007(6)
[226]李子建,黄显华.课程:范式、取向与设计[M].香港:香港中文大学出版社,1996
[227]林存华.听课的变革[M].北京:教育科学出版社,2007
[228]林培英.课堂决策——中学教师课堂教学行为及案例透视[M].北京:高等教育出版社,2004
[229]林润生.学习略读与浏览是略读课教学的逻辑起点——兼评王春燕老师《猴王出世》一课[J].福建教育,2009
[230]林湘.课堂教学时间是这样流失的[J].广西教育,2007(1)
[231]廖哲勋.关于中小学正确开设活动类课程的几个问题[J].课程·教材·教法,1998(11)
[232]刘广第.质量管理学[M].北京:清华大学出版社,1996
[233]刘桂辉.教师课程权利的缺失原因及对策分析[J].教育研究与实验,2006(8)
[234]刘李胜.决策认识论引论[D].博士学位论文,中央党校,1990
[235]刘力.课程与教学辨[J].杭州教育学院学报,1999(9)
[236]刘力,黄小莲.新课程实施中教师的改革与抗拒[J].教育发展研究,2007(4B)
[237]刘良华.改变教师日常生活的“叙事研究”[J].全球教育展望,2003(4)
[238]刘徽.教学机智论[M].上海:华东师范大学出版社,2008
[239]柳夕浪.教学惯习·教学专业·学会教学[J].教育科学研究,2004(9)
[240]罗晓杰.三级课程管理体制下教师课程决策权问题探析[J].教师教育研究,2006(11)
[241]李晓文,王莹.教学策略[M].北京:高等教育出版社,2000
[242]马云鹏.课程实施及其在课程改革中的作用[J].课程·教材·教法,2001(9)
[243]马云鹏.中国内地课程实施的策略与特征[A].霍秉坤.课程与教学:研究与实践的旅程[C].重庆:重庆大学出版社,2008

[244]马云鹏,唐丽芳.课程实施策略的选择[J].比较教育研究,2002(1)
[245]梅汝莉.现代德育中的悖论——由一位美国教师对《灰姑娘》故事的讲解谈起[J].中小学管理,2001(1)
[246]欧用生.课程实施的叙说研究[J].全球教育展望,2006(10)
[247]欧用生.披着羊皮的狼——校本课程改革的台湾经验[J].全球教育展望,2002
[248]裴新宁.多元智能:教育学的关注与理解[A].钟启泉.多维视角下的教育理论思潮[C].北京:教育科学出版社,2004
[249]潘孟良.集体备课的方法探讨[J].广东教育,2006(3)
[250]全国十二所重点师范大学联合编写.教育学基础[M].北京:教育科学出版社,2002
[251]单文经.我的课程实施之旅[A].霍秉坤等.课程与教学:研究与实践的旅程[C].重庆:重庆大学出版社,2008
[252]单文经.析论抗拒课程改革的原因及其对策:以国民中小学九年一贯课程为例[J].教育研究集刊,2000
[253]单丁.课程流派研究[M].济南:山东教育出版社,1998
[254]申继亮.教学反思与行动研究[M].北京:北京师范大学出版社,2006
[255]盛群力.教学设计[M].北京:高等教育出版社,2005
[256]施良方.课程理论:课程的基础、原理与问题[M].北京:教育科学出版社,1996
[257]施良方,崔允漷.教学理论——课堂教学的原理、策略与研究[M].上海:华东师范大学出版社,1999
[258]石中英.教育学的文化性格[M].太原:陕西教育出版社,2007
[259]石中英.教育哲学导论[M].北京:北京师范大学出版社,2004
[260]石中英.教育学研究中的概念分析[M].北京师范大学学报(社会科学版),2009(3)
[261]宋德云.教师教学决策研究[D].博士学位论文,西南大学,2008
[262]孙多勇.突发事件与行为决策[M].北京:社会科学文献出版社,2007
[263]孙平.课程实施中的教师主体性及其发展研究[D].博士学位论文,华中科技大学,2007
[264]孙双金.啊,我魂牵梦萦的课堂[J].人民教育,2004(3—4)
[265]刘志军.课堂评价论[M].桂林:广西师范大学出版社,2002
[266]滕守尧.论生态式艺术教育[J].陕西师范大学学报(哲学社会科学版).

2003(3)
[267]田慧生.时代呼唤教育智慧及智慧型教师[A].邓友超.教师实践智慧及其养成[M].北京:教育科学出版社,2007
[268]田燕.幼儿园教师课程决策研究[D].硕士学位论文,南京师范大学,2002
[269]涂元玲.解释学视野中的“文本观”及启示[J].教育研究与实验.2003(4)
[270]万伟.试论综合实践活动课程的实施模式[J].课程·教材·教法,2006(2)
[271]王春燕.人教版五年级下册《猴王出世》教学实录[J].福建教育,2009(1)a
[272]王春燕.语文不能得鱼而忘筌——由重“内容”到重“形式”[J].人民教育,2009(2)b
[273]魏金玲.论伽达默尔的前见理论[D].硕士学位论文,山东师范大学,2003
[274]王枬.教师发展:从自在走向自为[M].桂林:广西师范大学出版社,2007
[275]王枬.教育智慧:教师诗意的栖居[J].社会科学家,2002(3)
[276]王枬.智慧型教师的诞生[M].北京:教育科学出版社,2006
[277]王道俊,王汉澜.教育学[M].北京:人民教育出版社,1989
[278]王鉴.课程论热点问题研究[M].桂林:广西师范大学出版社,2008
[279]王鉴.教学论热点问题研究[M].桂林:广西师范大学出版社,2008
[280]王洁,顾泠沅.行动教育——教师在职学习的范式革新[M].上海:华东师范大学出版社,2007
[281]王葎.价值权威及其可能——从韦伯的“价值无涉”说起[J].哲学动态,2008(6)
[282]王崧舟.长相思的精神三变——我的备课叙事[J].小学语文教师,2006(6)(7)
[283]王崧舟.诗意语文——王崧舟语文教育七讲[M].上海:华东师范大学出版社,2010
[284]王崧舟.听王崧舟老师评课[M].上海:华东师范大学出版社,2005
[285]汪霞.课程实施:一个值得关注的问题[J].教育科学研究,2003(12)
[286]汪霞.我们的课堂生态了吗[J].全球教育展望,2005(5)
[287]魏宏聚.经验、知识与智慧——教学经验的价值澄清与意义重估[J].教育理论与实践,2009(03)
[288]吴刚平.校本课程开发的机遇与挑战[J].教育评论,1999(1)
[289]吴康宁.课堂教学社会学[M].南京:南京师范大学出版社,1999
[290]吴康宁.教育研究应研究什么样的“问题”[J].教育研究,2002(11)a
[291]吴康宁.教师是社会代表者吗[J].教育研究与实验,2002(2)b

[292]吴永军.课程社会学[M].南京:南京师范大学出版社,1998
[293]谢翌.教师信念:学校教育中的“幽灵”[D].博士学位论文,东北师范大学,2006
[294]夏江旗.对“价值无涉”方法论的检讨——兼及马克斯·韦伯的学术失误[J].上海行政学院学报,2004(3)
[295]夏雪梅.四十年来西方教师课程实施程度研究的回顾与评论[J].全球教育展望,2010(1)
[296]项保红.管理决策行为[M].上海:复旦大学出版社,2005
[297]熊川武.反思性教学[M].上海:华东师范大学出版社,1999
[298]徐继存,车丽娜.课程与教学论问题的时代澄明[M].济南:山东教育出版社,2008
[299]徐佳.西方校本课程开发的回落与转型[J].当代教育科学,2007(5－6)
[300]许卫兵.从“入文”到“示理”:语文教学的应有之道——关于《猴王出世》的“另类”解读[J].江苏教育研究,2009(8B)
[301]杨光.直觉决策及其影响因素研究[D].硕士学位论文,东北大学,2006
[302]杨海燕.新课程背景下高中化学教师教学决策的个案研究[D].硕士学位论文,东北师范大学,2009
[303]杨兰.关于内地和台湾地区课程觉得研究的评述[A].霍秉坤.课程与教学:研究与实践的旅程[C].重庆:重庆大学出版社,2008
[304]杨明全.革新的课程实践者——教师参与课程变革研究[M].上海:上海科技教育出版社,2003
[305]杨明全.教师的课程角色:一个倍受关注的课程话题[J].全球教育展望,2003(1)
[306]杨庆余.活动课程实施中若干问题的思考[J].教育理论与实践,1998(1)
[307]杨豫辉.数学教师教学决策研究[D].博士学位论文,西南大学,2009
[308]叶澜.让课堂焕发出生命活力——论中小学教学改革的深化[J].教育研究,1997(9)
[309]叶澜.教师角色与教师发展新探[M].北京:教育科学出版社,2001
[310]叶澜.世纪初中国教育理论发展的断想[J].华东师范大学学报(教育科学版),2001(1)
[311]叶澜.新世纪教师专业素质初探[J].教育研究与实验,1998(1)

[312]叶绍钧.略读指导举隅[M]。上海:商务出版社,1946
[313]尹弘飚.基础教育新课程实施个案研究[D].硕士学位论文,西南大

学,2003
[314]尹弘飚,靳玉乐.课程实施的策略与模式[J].比较教育研究,2003(2)
[315]尹弘飚,李子建.论课程改革中的教师改变[J].教育研究,2007(3)
[316]尹弘飚等.再论课程实施取向[J].高等教育研究,2005(1)
[317]殷鼎.理解的命运[M].北京:生活·读书·新知三联书店,1988
[318]游淑燕.国民小学教师课程决定权取向及其参与意愿研究[D].博士学位论文,台湾政治大学教育研究所,1992
[319]俞红珍.教材的“二次开发”:涵义与本质[J].课程·教材·教法,2005(12)
[320]俞红珍.论教材的“二次开发”——以英语学科为例[D].博士学位论文,华东师范大学,2006
[321]于伟.终极关怀性教育与现代人“单向度”性精神危机的拯救[J].东北师范大学学报(哲学社会科学版),2001(9)
[322]余文森.论以校为本的教学研究[J].教育研究,2003(4)
[323]余文森.有效教学十讲[M].上海:华东师范大学出版社,2010
[324]余文森.优质教学的教学论解读[J].教育研究,2007
[325]于泽元,靳玉乐.探寻课程与教学的复杂关系——基于第十一届两岸三地课程理论研讨会的思考[J].课程·教材·教法,2009,(2)
[326]杨小微.教学论[M].北京:人民教育出版社,2007
[327]张朝珍.论教师教学决策思想的历史嬗变与现实意义[J].上海教育科研,2009(1)
[328]张朝珍.教师教学决策研究[D].博士学位论文,华东师范大学,2009
[329]张楚廷.教育研究中一个难以无视的问题[J].教育研究,2010(2)
[330]张华.课程与教学论[M].上海:上海教育出版社,2000
[331]张善陪.课程实施程度的测量[J].基础教育学报,1998,26(1)
[332]张晓峰.多元智能实验:美国的实践与效果[A].钟启泉.多维视角下的教育理论思潮[C].北京:教育科学出版社,2004
[333]张新海.新课程实施中的教师阻抗研究[D].博士学位论文,西北师范大学,2008
[334]张祖庆.“略读课文不能上成精读课”是铁的定律吗[J].福建教育,2009(1)a
[335]张祖庆.中国语文岂能一张脸——由王春燕老师《猴王出世》一课说开去[J].人民教育,2009(2)b
[336]张涛.论教师的教学经验[D].硕士学位论文,河南大学,2008

[337]张迎凯.复杂性视阈下的教师教学决策研究[D].硕士学位论文,河南大学,2004
[338]占丰菊.课堂教学中教师互动性决策的初步研究[D].硕士学位论文,华东师范大学,2004
[339]赵一红.浅论社会科学方法论中的价值中立问题[J].暨南大学学报哲社版,1999(1)
[340]郑杭生.究竟如何看待"价值中立"?——回应《为"价值中立"辩护》一文对我观点的批评[J].社会科学研究,2000(3)
[341]郑金洲.说课的变革[M].北京:教育科学出版社,2007
[342]郑博真.多元智能统整课程与教学[M].长春:长春出版社,2002
[343]中国大百科全书出版社.中国大百科全书(教育卷)[M].北京:中国大百科全书出版社,1985
[344]中国社会科学院研究所词典编辑室.现代汉语词典[M].北京:商务出版社,2005
[345]钟启泉等.为了中华民族的复兴,为了每位学生的发展——基础教育课程改革纲要(试行)解读[M].上海:华东师范大学出版社,2001
[346]钟启泉.现代课程论[M].上海:上海教育出版社,2006
[347]朱葆伟.价值判断与社会科学研究[J].求是学刊,2000(6)
[348]朱敏.田野研究的扎根与扩展[J].理论界,2009(1)
[349]周淑卿.课程发展与教师专业[M].北京:九州出版社,2006
[350]庄锦英.决策心理学[M].上海:上海教育出版社,2006

致　谢

我想过一种简单的生活，但世界充满了复杂性。我的选题“教师课程实施过程”是复杂的，对教师课程实施的研究也是复杂的，我一边读书一边工作一边家庭的个中感受更是一种复杂的滋味。面对学业，总感到自己愧对导师的殷殷期待，有很多该精读的专业名著或无暇顾及或囫囵吞枣，担心积累不够思考不深而使自己的博士学位含金量不足；面对工作，尽管尽心尽力比较有质量地完成了分内的教学和科研任务，但一心不能两用总是事实；面对家庭，给予父母、先生和女儿的关爱被打折扣，所幸总算在夹缝中跑完了这场学业马拉松。

硕博连读五年的求学生涯也算是我人生中的一段重要旅程。这五年中一路走来，需要感谢的人实在太多：

最要感谢的是我尊敬的导师刘力教授！导师给了我硕博五年能够一直跟读的机会，实在是我学术人生中最幸福的一件事！导师智慧过人，点评教育问题的穿透力经常给人一种“耳目一新”豁然开朗的清新感！我很想从导师那儿获得真传，导师每次面授都悉心指点，传授真经。只叹我自己慧根太浅，功力不足，每次只能习得点皮毛，尚不能由此及彼，实在惭愧于自己辜负了导师的苦心栽培。导师可能顾及我已是老师的身份和年龄不小的面子，尽管内心失望但从不曾批评我，我只有通过以后的努力回报导师的培养。

盛群力教授在课程教学论设计领域鼎鼎有名。我要感谢的是在我专业成长的每一步，都有盛老师给予的帮助和支持！1993 年我来原杭州大学攻读“教育管理”本科专业，我的第一篇学术小论文就是在盛老师的指导下发表的。在我申请博士连读的关键点上，盛老师又助了我一臂之力。在教学设计课程学习中，一边聆听盛老师颇具信息量的教学，一边阅读盛老师一本又一本的著述，对后生的激励实在是此时无声胜有声啊！

在我硕博连读期间，感谢浙大教育学院各位老师给我们上课带来的精神大餐！感谢课程所刘正伟教授、盛群力教授、吴华教授、张文军老师、刘徽老师在博士论文开题与预答辩时提出的宝贵意见！感谢匿名评审专家和答辩委员会专家从不同角度的合理化建议使整个研究更趋缜密！周谷平教授是我大学本科的班主任，一直对我的学业非常关心并给予了支持；研究生院老同学胡大慧和甘露老师在我申请博士连读过程中给予了帮助，在此真诚地道一声“谢谢”！

在整个研究成文的过程中，还要感谢另一个默默帮助和支持着我的群体。首先是来自杭州卖鱼桥小学的王怡芳校长和学校的老师们，浙江武阳中学的老师们，他们不但贡献了大量的草根资料，他们的实践智慧也丰富了我对研究问题的认识。其次是我的一帮已经毕业的亦师亦友的学生们，魏芳芳、钱宗禹、方芳不但接受了我的访谈，还提供了自己上公开课的反思日记！还有浙大教育学院的师弟师妹们，我的同门戎庭伟出国期间，在英文资料方面给我很大的帮助，当我因选题视角与之邮件讨论时，他总是积极地做出质疑与回应。程艳、费春梅、郑玲、王良辉、高淮微、陈红燕虽然偶尔相遇，但师门之情无需言表。同时还要感谢在课程实施的理论与实践领域已经做出贡献的先行开拓者，正是沿着你们留下的足迹，我的研究才可以走得更远。

朋友圈里，乐先莲、王曦、黄文芳等几位好友，一直关注着我的论文进展并不断鼓励我。朱小玲和项正巧在我刚刚撰写博文之时，就期待着我的论文能够成书，预约帮我校对文字。我还很感谢我所在学院所在系的同事，在我读博期间，她们默默承担了一些本该我也应承担的分外工作！在我人生旅途上，不忘裴文敏和谢广田两位教授在我工作调动中的提携！本书能够顺利出版，感谢周卫群编辑的热心付出！

写在最后的这份感谢是特别的，我把这份爱和感谢留给我亲爱的先生、我至爱的女儿以及我的亲人！先生不但勤快地分担了大部分家务，而且容忍了家中到处堆满书籍的不堪；面对女儿总是心怀一份内疚，经常无暇关心女儿的学业觉得愧对自己是教师的母亲身份，然女儿总给我很多惊喜，她在习作上初显的才情在一定程度上减少了我对自己只忙于学业是不是太自私的自责。每逢寒暑假，我的母亲和姐姐早早地来接女儿去老家，以便我有个安静的学习环境。每每想起这些，一种散发着幸福与感恩的复杂情愫在悄然中涌动……

黄小莲

2012 年 6 月 6 日

图书在版编目（CIP）数据

教师课程实施之旅：决策与执行/黄小莲著.
—杭州:浙江大学出版社，2012.6
ISBN 978-7-308-10023-6

Ⅰ.①教… Ⅱ.①黄… Ⅲ.①课程—教学研究—中小学 Ⅳ.①G632.3

中国版本图书馆 CIP 数据核字（2012）第 108881 号

教师课程实施之旅:决策与执行
黄小莲 著

责任编辑 周卫群
封面设计 刘依群
出版发行 浙江大学出版社
（杭州天目山路 148 号 邮政编码 310007）
（网址:http://www.zjupress.com）
排　　版 杭州中大图文设计有限公司
印　　刷 杭州半山印刷有限公司
开　　本 710mm×1000mm 1/16
印　　张 17.25
字　　数 310 千
版 印 次 2012 年 6 月第 1 版 2012 年 6 月第 1 次印刷
书　　号 ISBN 978-7-308-10023-6
定　　价 48.00 元

版权所有 翻印必究 印装差错 负责调换

浙江大学出版社发行部邮购电话 （0571)88925591